自動運転と社会変革

法と保険

明治大学自動運転社会総合研究所 監修
中山 幸二・中林真理子
柳川 鋭士・柴山 将一 編

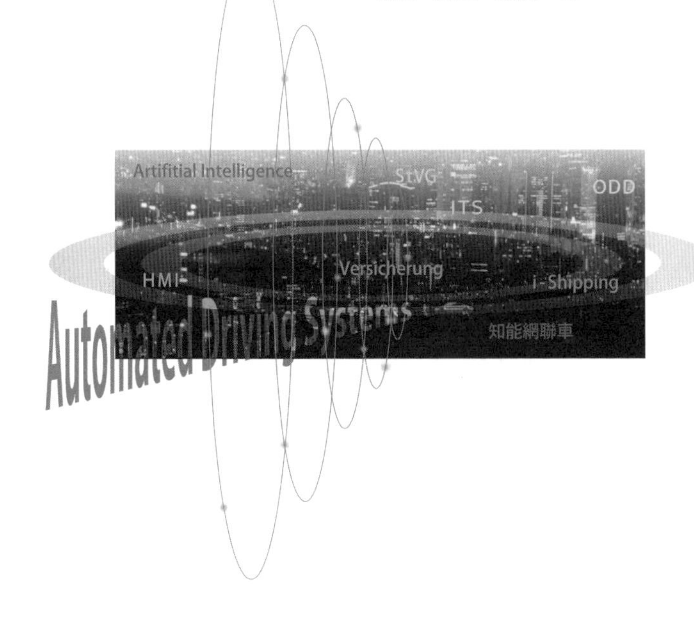

商事法務

はしがき

「自動運転」はイノベーションであり、単なる技術に留まらず、社会インフラの一つとなり、社会変革の契機となる。いま、自動車業界は100年に一度の大変革期にあるといわれ、CASE革命とともに、MaaSの世界が切り拓かれようとしている。

自動運転に期待されるのは、まず第一に交通事故の削減、さらに渋滞の緩和、環境負荷の低減、高齢者の移動確保、労働力不足の補完などが並ぶ。しかし、いくら安全機能を高めても、事故ゼロの実現は難しい。その場合の被害者救済はどうするか、事故責任はだれが負うのか、自動運転を実用化するにはこれらの課題も合わせて解決されねばならない。

明治大学自動運転社会総合研究所は、このような変革期にあって、技術と法律の架橋を目指し、保険によるリスク分配と被害者救済を明確にし、さらに地域の実情に合った自動運転の実装化と地方創生まちづくりを総合的に検討するため、2018年4月に設立された。爾来、技術・法律・保険・地方創生の4部門を中心に、地方の自治体や事業者さらに他大学とも連携しつつ、共同研究や実証研究を実施してきた。本書は、その成果の一部を世に問う第一弾である。

本書の役割は、現在のわが国が抱えている法律と保険の課題を具体化し、自動運転の社会受容性に向けた議論のたたき台を提示することにある。読者諸氏には、本書を手掛かりに、批判や修正も含めぜひ積極的に議論に参加していただければ幸いである。

本書の基礎となった共同研究の一部については、2018年度明治大学教育研究振興基金、2015年度～2019年度科研費基盤研究（S）「人の認知・判断の特性と限界を考慮した自動走行システムと法制度の設計」（代表・筑波大学稲垣敏之教授）より助成を受けた。記して謝意を表したい。

2019年6月

明治大学自動運転社会総合研究所

所長　中山　幸二

目　次

序（柴山将一）……………………………………………………………………… 1

1　本書のねらい ……………………………………………………………… 1

2　本書の内容 ………………………………………………………………… 3

3　本書を読むに当たって …………………………………………………… 4

⑴　自動化（自動運転）レベル……………………………………………… 4

⑵　政府の主な動向 …………………………………………………………… 6

⑶　ロードマップ……………………………………………………………… 7

第Ⅰ部　民事責任

第1章　自動運転の事故責任と模擬裁判の試み（中山幸二）…………10

1　はじめに ……………………………………………………………………10

2　現行法の構造と将来の変容可能性 ………………………………………11

3　自動運転車の事故と民事責任――模擬裁判の狙い ……………………13

⑴　【事例1】　レベル3：車線変更に伴う事故 …………………………15

⑵　【事例2】　レベル2：システムの過信・誤信による事故……………19

⑶　【事例3】　レベル5：混在交通下での事故 ……………………………22

⑷　【事例4】　レベル4：指定道路での事故………………………………27

⑸　【事例5】　遠隔監視型無人バス …………………………………………29

第2章　自動運転車による交通事故訴訟における証拠の役割と課題
――模擬裁判事例を契機として（柳川鋭士）…………………………33

1　はじめに ……………………………………………………………………33

2　裁判における証拠の役割 …………………………………………………34

3　自動運転車における交通事故訴訟における立証対象――請求権者はいかなる事実を証拠によって証明しなければならないか ………36

⑴　運行供用者責任（自賠法3条本文）……………………………………36

a　立証対象　36　　b　証拠の種類とその変容──免責要件の立証　37
⑵　製造物責任……40
4　自動運転車事故訴訟に係る電子証拠の特質や課題……42
⑴　現段階でのデータ保存に関する国内の検討状況……42
⑵　電子保存証拠（ドライブレコーダー、EDR、DSSAD）……44
a　ドライブレコーダー　44　　b　EDR　46　　c　DSSAD（自動運転分科会（ITS/AD）の議論）　48
5　模擬裁判事例から見えた解決すべき証拠法上の課題……51
⑴　模擬裁判事例における争点と証拠──証拠法上の観点からの整理……51
⑵　証拠法上の問題に対する検討……52

第Ⅱ部　保険関係

第1章　自動運転に向けた損害保険業界の対応──自賠責保険・自動車保険に関する対応（大良美徳）……56
1　はじめに……56
2　自賠責保険、自動車保険の機能……56
⑴　自賠責保険……57
a　特　　徴　57　　b　補償内容　60
⑵　自動車保険……61
a　自動車保険と自賠責保険　61　　b　補償内容　61
3　自動運転に対する損保協会の取組み……65
⑴　「自動運転に関する法的課題について」のとりまとめ……65
a　現行法における損害賠償責任の根拠　66　　b　自動運転レベルごとの損害賠償責任の考え方　66　　c　自動運転の検討において特に注意が必要になる個別の課題　68
⑵　政府の自動運転関連会議での情報発信……71
⑶　HP等による自動運転の理解促進……71
4　国土交通省「自動運転における賠償責任に関する研究会」への対応……72
⑴　論点1：運行供用者責任……72

(2) 論点2：ハッキングによる事故 …… 73
(3) 論点3：自損事故 …… 73
(4) 論点4：注意義務 …… 74
(5) 論点5：構造上の欠陥又は機能の障害 …… 74
5 自動運転に対する保険会社の取組み …… 74
(1) 被害者救済特約 …… 75
(2) 自動運転実証実験における保険 …… 77
(3) 自動運転車の事故等におけるサポートの強化 …… 78
6 自動運転車による事故に対する今後の課題 …… 80
(1) 事故原因を把握するための情報の確保 …… 80
(2) 求償権行使の実効性確保 …… 80

第2章 自動運転車が社会実装された後の自動車保険契約の変貌（肥塚肇雄） …… 82
1 はじめに …… 82
2 自動運転車と自賠法 …… 83
(1) 混合交通 …… 83
(2) 自動運転車事故と原因究明の限界 …… 86
(3) 新リスク――サイバーリスク …… 88
(4) 自賠法は必要か …… 92
3 完全自動運転事故のための保険契約の最適化――任意自動車保険契約 …… 93
(1) 第三者の傷害の自動車保険契約の創設 …… 93
(2) 自損事故の場合 …… 95
(3) 完全自動運転車 対 マニュアル車 の事故の場合 …… 95
(4) 選択民保論 …… 96
4 MaaS における“Sharing Cars”事故被害者救済 …… 97
5 結びにかえて …… 100

第3章 自動運転と損害保険会社の企業倫理（中林真理子） …… 102
1 はじめに …… 102
2 自動運転が損害保険会社をめぐる倫理的課題となる理由 …… 103

⑴　自動運転導入による損害保険市場の経済的変化……………………… 103
⑵　企業の法的責任と倫理的責任 ……………………………………………… 104
3　自動運転の社会実装化に向けた倫理的課題 …………………………… 106
⑴　トロリー問題 ……………………………………………………………… 107
⑵　自動運転をめぐるトロリー問題………………………………………… 109
a　ジャン・フランソワ・ボンヌフォンらによる自動運転の社会的ジレンマについての調査　109　　b　各種アンケートの活用　111
⑶　フォード・ピント事件……………………………………………………… 112
a　概　　要　112　　b　倫理的論点　113
4　自動運転の社会実装化と損害保険会社の企業倫理 …………………… 113
⑴　「ドイツ自動運転とコネクテッドカーに対する倫理コード」からの示唆 ‥ 114
⑵　消費者保護と完全自動化に向けた支援のあり方……………………… 115
⑶　製造物責任と求償権問題 ………………………………………………… 116
a　過渡期の対応　116　　b　被害者救済特約　117　　c　求償権行使の実効性確保のための取組み　117
⑷　サイバーリスク対策 ……………………………………………………… 118
5　むすびに ……………………………………………………………………… 119

第Ⅲ部　刑事責任

第1章　刑事責任（中川由賀）…………………………………………… 122
1　はじめに ……………………………………………………………………… 122
2　刑事責任と民事責任の相違 ………………………………………………… 122
3　現行の関連法規 ……………………………………………………………… 125
⑴　交通事故時の過失責任に関する法律…………………………………… 125
a　自動運転死傷行為等処罰法　125　　b　刑法 211 条前段　125
⑵　規 制 法……………………………………………………………………… 126
a　概　　観　126　　b　道路交通法　126　　c　道路運送車両法　127
d　道路運送法および貨物自動車運送事業法　128
4　関連法規の改正等の動向 …………………………………………………… 128
⑴　技術開発および社会実装に向けた動向 ………………………………… 128

(2) 交通事故時の過失責任に関する法律……129
(3) 規 制 法……130
a 道路交通法 130 b 道路運送車両法 131 c 道路運送法および貨物自動車運送事業法 133
5 2019年改正の内容……134
(1) 道路交通法……134
a 自動運行装置の定義規定等の整備 134 b 運転者の義務規定の整備 135 c 作動状態記録装置による記録等に関する規定の整備 136
(2) 道路運送車両法……137
a 保安基準対象装置への自動運行装置の追加 137 b 電子的な検査に必要な技術情報の管理に関する事務を行う法人の規定 137 c 分解整備の範囲の拡大および点検整備に必要な情報の提供義務規定 137 d プログラムの改変による改造等に係る許可制度 138 e そ の 他 138
6 自動運転導入後の運転者の刑事責任……139
(1) 交通事故時の過失責任……139
(2) 規制法違反……141
a 道路交通法違反 141 b 道路運送車両法 142
7 自動運転導入後のメーカー関係者の刑事責任……143
(1) 交通事故時の過失責任……143
a 処罰対象 143 b 運転者の過失責任と製造者の過失責任の相違 144
c 自動運転車の刑事製造物責任の立証・法的評価の難しさ 145
(2) 規制法違反……145
a 処罰対象 145 b 罰則規定 146
8 自動運転導入後のサービス事業関係者の刑事責任……147
(1) 自動運転導入に伴うサービス化……147
(2) 当面の方針……148
(3) 実証実験段階から社会実装段階への移行に伴って生じる問題点……149
(4) 安全性確保のあり方……150
9 おわりに……151

第Ⅳ部　自動運転車を巡る国際的動向

第1章　自動運転車に係るドイツおよびイギリスの動向（柴田　龍）……154
1　はじめに……154
2　ドイツ改正道路交通法……155
(1)　従来の交通事故に対する補償制度……155
(2)　道路交通法改正までの経緯……155
(3)　ドイツにおける自動運転技術段階と改正道路交通法の対象……156
(4)　改正道路交通法の内容……158
a　1a条（高度または完全に自動化された運転機能を備えた車両の運行許可等）158　b　1b条（高度または完全に自動化された運転機能を使用する運転者の権利および義務）159　c　63a条（高度または完全に自動化された運転機能を備えた車両のデータ処理）160　d　63b条（授権の根拠）161
(5)　改正道路交通法の評価……161
a　運転者の権利と義務　161　b　製造業者の責任　162
3　イギリスAEV法……166
(1)　従来の交通事故に対する補償制度……166
(2)　AEV法成立までの経緯……167
(3)　AEV法の内容……167
(4)　AEV法の評価……169
a　寄与過失　169　b　因果関係　170　c　データの保存　170
d　製造業者の責任　171
4　今後の製造業者の責任の展開……172
(1)　自動化……172
(2)　コネクティビティ……173
5　おわりに……174

第2章　ITS・自動運転の国際動向（欧州連合、米国、中国）と課題（佐藤昌之）……176
1　はじめに――自動運転の実現に向けた準備……176
2　国際動向……176

(1) EU（欧州連合）……………………………………………… 177
a　政　　策　177　　b　技術開発支援策　178
(2) アメリカ合衆国 ……………………………………………… 179
a　政　　策　179　　b　Automated Vehicles 3.0　182
(3) 中華人民共和国 ……………………………………………… 184
a　政策系統　185　　b　試　　験　186
3　今後検討すべき課題 …………………………………………… 187
(1) ITS 世界会議 2018 SIS09 における議論 ……………………… 188
a　テーマ「自動運転車が含まれる交通事故が起きたら」　188　　b　原因究明の仕組み　189　　c　紛争解決　191
(2) おわりに ……………………………………………………… 192

第Ⅴ部　自動運転社会とAI、その将来

第1章　自動運転に関する AI と法と実務（後藤　大）……………… 196
1　自動運転における AI の適用場面 ………………………………… 196
(1) AI および AI 技術の定義 ……………………………………… 196
(2) 運転行動の 3 要素と自動運転における AI 技術の適用 ………… 197
a　運転行動の 3 要素　197　　b　機械学習・深層学習　198
(3) 自動運転における AI 技術の適用 ……………………………… 201
a　認　　知　201　　b　判　　断　203　　c　認知、判断および制御　204　d　データフュージョン　205　　e　HMI　205
2　AI（学習済みモデル）の生成と学習用データ ………………… 206
(1) 概　　説 ……………………………………………………… 206
(2) 個人情報に該当する学習データ ………………………………… 206
a　定　　義　206　　b　規　　制　207
(3) 個人情報以外の学習用データ …………………………………… 209
a　種　　類　209　　b　著 作 物　209　　c　営業秘密　209　　d　限定提供データ　209
3　出荷時の AI の性能保証・瑕疵・欠陥 ……………………………… 210
(1) 外注時（開発契約と権利帰属）………………………………… 210

a　AI 開発契約の法的性質　210　　b　性能保証　211　　c　権利帰属と利用条件　211　　d　損害賠償責任　213　　e　他社開発 AI 利用時との比較　214

(2)　内製時または利用時 …… 214

4　学習済みモデルの認証とアップデート／継続学習 …… 214

(1)　学習済みモデルの認証とアップデート …… 214

(2)　継続学習 …… 215

第 2 章　自動運転車の社会的意義と社会実装時のルールについて（吉田直可）…… 216

1　はじめに …… 216

2　模擬裁判【事例 5】を通じた考察 …… 218

(1)　模擬裁判のシナリオについて …… 218

(2)　模擬裁判を通じて検討 …… 219

a　データ記録装置の存在について　219　　b　運行管理センターを巡るルール　221　　c　障害物の高さについて　221　　d　無人走行が可能となる自動運転車の制御ルールについて　222

3　社会受容性をめぐる基準について …… 223

(1)　ODD の設定について …… 223

(2)　自動運転車にかかる表示装置について …… 225

(3)　安全審査基準について …… 227

(4)　運転者の安全運転義務から乗員のシステム監視責任へ …… 229

4　遠隔監視型低速車両について …… 231

(1)　はじめに …… 231

(2)　遠隔監視型のレベル 4 の自動運転車について …… 231

(3)　走行速度による安全性の差異について …… 234

(4)　路面電車に関する法的規制について …… 235

(5)　軌道法の適用の許容性や自動運転車の新規性について …… 237

(6)　小　括 …… 238

5　自動運転車の未来 …… 238

6　ま と め …… 240

第3章　自動運転社会の進展――さまざまな分野における自動運転（柴山将一）……242
1　はじめに……242
2　船舶の自動運転（自動運航、自律化）……242
(1)　世界と日本の海運等……242
(2)　海運・船舶が抱える問題と解決手段としての自動運航……244
(3)　自動運航船を取り巻く環境と日本国内外の動向……245
a　海事イノベーション部会の設置と海事生産性革命　245　b　変化する世界の潮流と日本の対応　246　c　最近の動向　247
(4)　自動運航船の開発に向けて……248
a　自動運転車と自動運航船の相違　248　b　ガイドライン等　248
c　実用化に向けたロードマップ　250　d　自動化（自律化）レベル　252
(5)　今後の法（海法）整備と保険……253
3　宇宙からつながる自動運転……255
(1)　準天頂衛星「みちびき」（QZSS：Quasi-Zenith Satellite System）……255
(2)　みちびきと自動運転・自動運航……256
(3)　みちびきと農業……256
4　これからの自動運転社会……258

執筆者紹介……261

序

1　本書のねらい

「自動運転社会」が到来した。もう後戻りはできない。

これは紛れもない事実であろう。日本でも、政府から民間まで、自動運転社会の実現に向けたさまざまな取組みが進んでいる。インターネットや新聞等で「自動運転」の文字を見かけない日はなく、「自動運転」という言葉はそこかしこから聞こえてくる。これが現状である。

日本はいま「課題社会」である。高齢化に続く人口減少、都市部と地方の格差の拡大、国際競争力の低下が危惧される産業等々。これらの課題を一挙解決する魔法は残念ながら存在しないが、解決に向けた鍵となるのが「自動運転」である。

自動運転の主役であり花形である自動運転車を具体例に取れば、自動運転の直接の効用は交通事故の削減や渋滞緩和等の効率的な交通システムの構築を図ることにより、安全かつ効率的で快適な交通社会を実現することにあろう。不可避的に人命につながる重大事故を発生させる可能性を有する自動車をその有する優れた効用に鑑み、交通事故は「許された危険」とされてきた。死亡事故は減少しながらも未だ存在し、失われなくてよい人命が今も失われている。そこで、事故の原因はさまざまあるものの、自動運転によって除去できるものは除去し、可能な限り失われなくてよい人命を失われないようにすることが社会命題である。

また、コストや技術等の関係で、手動ではなしえなかったきめ細やかな移動・物流等のサービスを自動運転を利用することにより提供できるようになれば、それが市民生活にもたらす効用はもちろんのこと、新しい産業となっていく。詳しいことは、適宜本書にて触れるが、MaaS（Mobility as a

Service) = サービスとしての移動、という考えもあり、より多様な移動手段における利用者の利便性の向上を自動運転を中心にして図っていく社会が目の前まで来ている。

さらに、高齢化や人口減少等がもたらす問題は、地方でより顕著でありより早期に現れる。過疎や限界集落の問題（地方だけでなく都市部でも）等、人がいなくなり産業がなくなり、そして町が村がなくなっていく。人は移動することができない場所に住むことはできない。したがって、重要なのは移動手段が確保されていることである。最も頼りになるのはバス等の公共交通機関であるが、それまできめ細やかであった日本の公共交通機関網はすでに失われつつある。これを補完することができる可能性を持つのが自動運転である。現在も多くの自動運転の実証実験が日本各地で行われているが、その多くはそれまでの公共交通機関に代替する移動サービスを提供するための、ラスト（ワン）マイル問題を解決する手段を提供するものである。離島等では自動車だけでなく、さらに船舶や航空機といった移動手段も含めて考えなくてはならない（まさしくMaaSである）。このような自動運転の持つ効用が「地方再生」「地方創生」に活かされていくはずである。

加えて、自動運転は高付加価値を有している（将来、汎用化・陳腐化することがあるとしても）。技術面でみれば、日本の自動車産業、造船産業といった主力の「ものづくり」産業に競争力を与え、熾烈な国際競争において日本に主導権を持たせ、有利に導くものである。もちろん、「ものづくり」だけではない。移動サービスやインフラとなる法制度といったソフト面も「輸出」することができるのであり、大きな利益を日本にもたらし、輸入した先も大きな恩恵をうけることになろう。

以上のように、自動運転が起こすものは改革であり、一種の「革命」である。「移動」に革命が起こるとき、それはその社会が、世界が、大きく発展していくときである。

本書はそのような自動運転に深い関わりを有する各分野についてそれぞれテーマを持って論じることにより、これからますます発展していく自動運転社会に対する一助となることをねらいとしている。

2　本書の内容

それでは、本書の内容について説明したい。

前述したとおり、自動運転でまず関心を持たれるのは、残念なことであるが、交通事故の問題である。本書では、民事責任、刑事責任それぞれの分野から特色ある議論をしている。

民事責任では、交通事故の模擬裁判を通じて、浮き彫りになる問題、見えてきた課題について詳しく論じている（第Ⅰ部第1章・第Ⅴ部第2章)。この模擬裁判の多くは未来形、すなわち予想される本格的な自動運転社会が訪れた時代を前提にしている。未来の予想だからといって意味の無いことではない。そこから得られる示唆、気づきは非常に大きいものである。また、裁判のあり方自体にも大きな影響を与えることになることから、その中でも交通事故訴訟においてとりわけ重要な「証拠」をテーマに第Ⅰ部第2章で論じている。

また、どちらかと言えば、今まで交通事故賠償等の民事責任のほうが関心を持たれ多くの議論がなされてきたが、交通事故により実際に犯罪となり刑罰を受けることになる刑事責任の問題は非常に重大である。この点について、道路交通法等の改正等の現在のトピックも含めて第Ⅲ部第1章にて詳しく論じている。

交通事故では、損害保険、特に自動車保険の有する役割の大きさは言うまでもないところであり、現実的な損害填補としての被害者救済の役割を果たすのは保険である。そこで、まず自動運転に向けた損害保険業界の対応等について詳しい説明を受けた上で（第Ⅱ部第1章)、実際に自動運転車が社会実装された後の自動車保険の変化の可能性について詳しく論じ（第Ⅱ部第2章)、そしてこれまであまり議論がなかったところであるが、法律だけではなく企業倫理の観点から自動運転を巡る保険会社の課題について論じる（第Ⅱ部第3章)。

以上は主として国内に関するものであるが、自動運転は日本だけの議論ではなく、全世界における次世代のテーマであり、主要産業国の焦眉の課題となっている。そこで、ドイツ・イギリスについては第Ⅳ部第1章にて、アメリカ・EU・中国その他 ITS（Intelligent Transport Systems：高度道路交通システム）全体の動向については第Ⅳ部第２章にて、詳しく論じ、国際的な観点からも自動運転についての理解を深められる。

さらに、自動運転の要であり、それ自体が自動運転と並び社会を変革する大きなトピックでもあるAIについて、自動運転との関連もふまえて、第Ⅴ部第１章で論じている。

また、自動運転車の社会実装について、紛争解決の有効手段やルール作り、さらにはまちづくりにも目配りをする興味深い論考として第Ⅴ部第２章がある。

最後に、一般的な自動運転車だけなく、海・空・宇宙という陸上とは異なる空間から自動運転に着目し、船舶や準天頂衛星などにスポットを当てて論じたのが第Ⅴ部第３章になる。

専門的な議論から一風変わった興味深いものまで多種多様な議論が詰まっている。興味、関心を持ったものから是非ご覧いただきたい。

3　本書を読むに当たって

(1)　自動化（自動運転）レベル

これまで本書の中身について説明を行ってきたが、本書をご覧いただくに当たって、共通の前提認識となるのが、自動化（自動運転）レベルに関する考え方である。すでに、「官民ITS構想・ロードマップ2017」以来、公式となっている自動化レベルの定義があるが、読者の理解の一助として、政府全体の動向の概説ともにここで簡単に触れておく。

前述の「官民ITS構想・ロードマップ2017」、これに続く「2018」において、自動化レベルの定義としては、SAE（Society of Automotive Engineers）インターナショナルのJ3016（2016年９月）[1)]およびその日本語参考訳であるJASO TP18004[2)]の定義が採用されている[3)]（以下「SAEレベル」という）。

SAEレベルでの自動化レベルに関する説明は各マスコミ等でも一般的

1)　それ以前は、米国運輸省国家道路交通安全局（NHTSA）が発表した５段階（レベル０〜４）の定義づけを参考にしてきた（人工知能法務研究会編『AIビジネスの法律実務』（日本加除出版、2017）51頁）。

になっていることから、多言を要しないが、いわゆる運転支援にとどまるレベル2までと、一部または全部においてシステムに自動車の機能（動的運転タスク）が委ねられるレベル3以上で大きく変わってくる。

また、（自動運転）システム等の設計として定められている作動条件（設計限定領域：ODD（Operational Design Domain））がレベル1〜4までは存在している（レベル5はODDが存在しない真の意味での「完全」自動運転となる）。したがって、ODDの広狭それ自体がレベルを決定するものではないため、たとえレベルが高くともODDが狭いのであれば、求められている技術が必ずしも高くなるとは限らなくなる[4]。

加えて、自動運転には、車両自体が自律的に制御されること以外に、車外から監視・制御される「遠隔監視・操作」がある。したがって、レベル0以外のレベルにおいてはすべて遠隔監視・操作が考えられるのであり、特定のレベル、たとえばレベル4以上から遠隔監視・操作が自動化レベルを判断する要素として含まれるようになるというわけではない[5]。

自動運転レベルの定義の概要

レベル	概要	安全運転に係る監視、対応主体
運転者が一部又は全ての動的運転タスクを実行		
レベル0 運転自動化なし	・運転者が全ての動的運転タスクを実行	運転者
レベル1 運転支援	・システムが縦方向又は横方向のいずれかの車両運動制御のサブタスクを限定領域において実行	運転者
レベル2 部分運転自動化	・システムが縦方向及び横方向両方の車両運動制御のサブタスクを限定領域において実行	運転者
自動運転システムが（作動時は）全ての動的運転タスクを実行		
レベル3 条件付運転自動化	・システムが全ての動的運転タスクを限定領域において実行 ・作動継続が困難な場合は、システムの介入要求	システム （作動継続が困難な場合は運転

2）　JASOテクニカルペーパ「自動車用運転自動化システムのレベル分類及び定義」（2018年2月）。

3）「官民ITS構想・ロードマップ2018」4〜5頁（https://www.kantei.go.jp/jp/singi/it2/kettei/pdf/20180615/siryou9.pdf）。

4）　前掲注3）6頁。

5）　前掲注3）7頁。

	等に適切に応答	者）
レベル 4 高度運転自動化	・システムが全ての動的運転タスク及び作動継続が困難な場合への応答を限定領域において実行	システム
レベル 5 完全運転自動化	・システムが全ての動的運転タスク及び作動継続が困難な場合への応答を無制限に（すなわち、限定領域内ではない）実行	システム

なお、J3016における関連用語の定義は、以下のとおり

語句	定義
動的運転タスク （DDT：Dynamic Driving Task）	・道路交通において、行程計画並びに経由地の選択などの戦略上の機能は除いた、車両を操作する際に、リアルタイムで行う必要がある全ての操作上及び戦術上の機能。 ・以下のサブタスクを含むが、これらに制限されない。 1）操舵による横方向の車両運動の制御 2）加速及び減速による縦方向の車両運動の制御 3）物及び事象の検知、認識、分類、反応の準備による運転環境の監視 4）物及び事象に対する反応の実行 5）運転計画 6）照明、信号及び身ぶり手ぶりなどによる被視認性の向上
対象物・事象の検知及び応答 （OEDR：Object and Event Detection and Response）	・運転環境の監視（対象物・事象の検知、認識及び分類並びに必要に応じて応答する準備）及びこれらの対象物・事象に対する適切な応答（動的運転タスク及び/又は動的運転タスクの作動継続が困難な場合への応答を完了するために必要に応じて）を実行することを含む動的運転タスクのサブタスク
限定領域（ODD：Operational Design Domain）	・ある運転自動化システム又はその機能が作動するように設計されている特定の条件（運転モードを含むが、これには限定されない）。 注1：限定領域は、地理的、道路面の、環境的、交通の、速度上の、及び/又は時間的な制約を含んでもよい。 注2：限定領域は、一つ又は複数の運転モードを含んでよい。

出典：「官民ITS構想・ロードマップ2018」5〜6頁（https://www.kantei.go.jp/jp/singi/it2/kettei/pdf/20180615/siryou9.pdf）。

(2) 政府の主な動向

日本政府は、2014年以来毎年「官民ITS構想・ロードマップ」にて自動運転に関する戦略を決定し、発表している。

「官民ITS構想・ロードマップ」は、2013年に閣議決定された「世界最先

端IT国家創造宣言」の中で「世界で最も安全で環境にやさしく経済的な道路交通社会の実現」の項において「高度運転支援技術・自動走行システム」の開発・実用化等を推進し、府省横断的なロードマップの策定を謳った所から具体的にスタートしたものであり、2014年の「官民ITS構想・ロードマップ」（高度情報通信ネットワーク社会推進戦略本部）は、技術面のみならず法制度面についても言及し、自動運転に関する具体的な国家戦略を明らかにしたものである。

また、戦略的イノベーション創造プログラム（SIP）自動走行システムも同じ時期に開始し、自動走行システム推進委員会が開催され自動運転に関する議論が進められることとなり、開催回数はすでに30回を超えている。

国土交通省・経済産業省では、2015年から自動運転に対する取組み等を検討する「自動走行ビジネス検討会」の開催も始まり、警察庁での本格的な検討会も開催されるようになった。

その後は、これらの省庁において、民事責任や自賠法・自賠責、道交法、社会受容性、社会実装等の研究・検討等をテーマとする各種検討会・研究会・委員会等が次々と発足していった（詳細は、第Ⅱ部第3章、第Ⅲ部第1章等の該当箇所を参照）。国土交通省では2016年に自動運転戦略本部が設置され、自動運転の実現に向けた同省の取組みを推進している。

また、2017年から始まった未来投資会議においても自動運転は重要な投資対象の一つである。

2018年には「自動運転に係る制度整備大綱」（高度情報通信ネットワーク社会推進戦略本部・官民データ活用推進戦略会議）により、自動運転の技術開発や法制度整備に向けての大方針が示され、同大綱を基にさまざまな取組みが推進されている。

⑶　ロードマップ

本稿執筆時点（2019年3月）における最新の自動運転の開発・普及等に係るロードマップは、「官民ITS構想・ロードマップ2018」で示されているものである。2020年までの段階では、自家用車については一般道ではレベル2、高速道路でもレベル2から3までであり、レベル4は2025年を目途としている。先に自動運転の導入・普及が進むことが計画されている物流サービスにおける高速道路利用においても、やはり本格的な普及は2020年以降となりそうである。他方、過疎地等の限定地域（ODD）での無人自動運転移動サービスについては2020年までにレベル4の導入を目指しており、今まさにさまざまな公道実証実験が行われている。

2025年完全自動運転を見据えた市場化・サービス実現のシナリオ

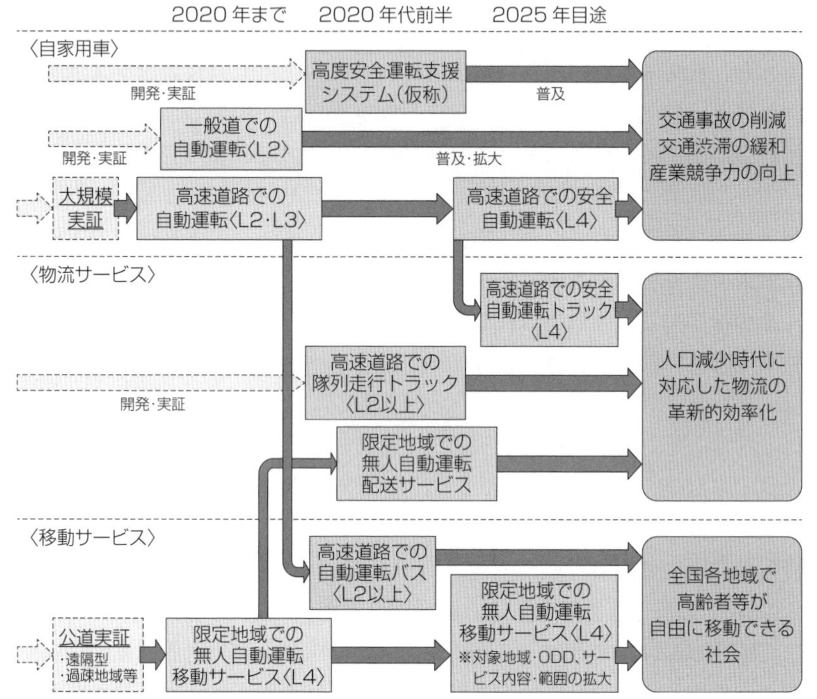

（注）関係省庁は、上記スケジュールを踏まえつつ、民間と連携して、民間の具体的な開発状況、ビジネスモデル（事業計画を含む）に応じて必要な施策を推進する。その際、官民で情報共有を進め、必要に応じて、関係省庁はアドバイスや制度・インフラ面の検討を行う。

出典：「官民ITS構想・ロードマップ2018」27頁

（柴山将一）

第 I 部

民事責任

第1章　自動運転の事故責任と模擬裁判の試み

1　はじめに

自動運転の公道での実証実験は、ここ数年、大きく進展した。つい数年前には、ハンドルから両手を外した手放し運転やペダルから足を外して胡坐をかくなどの行為は、たとえ実験であっても、公道では許されない、というのが道路交通法の解釈であり、法令違反として取り締まりの対象となった。ところが、2013年の秋から、こと実証実験に限っては大きく様相が変わった。各種の特区を活用して特定の地域で実験が行われるようになり、その後、法律の改正でなくガイドラインを指針として、公道での実証実験が広く認められるようになった。道路交通の規制官庁たる警察庁および国交省のスタンスは、この間に規制から黙認へ、さらにガイドラインによる推進へ、と大きく変貌してきた。今では、世界で最も公道実験がしやすい国との評価もある。他方、自動運転車を市販し実用化するには、多数の法令の改正が必要となる。そこで2015年以降、各省庁に法律家を加えた有識者会議が設置され、法律の観点から検討がなされてきた。そのような中、2018年4月、法整備に向けた政府の全体方針として「自動運転に係る制度整備大綱」が取りまとめられ公表されるに至った。これに基づき、各関係法規の所轄官庁を中心に、2020年の実用化に向けた法整備の動きが急ピッチで進められている[1)]。

1)　これまでの法整備の動向と政府および関係省庁の取組みについては、中山幸二「車の自動運転をめぐる法整備の動向と課題」自動車技術73巻3号（2019）48頁を参照。今般の道路交通法改正法案は、禁止⇒黙認⇒許容、という変遷の中で、ついに自動運転の「一部許容」に至ったことを意味する。これが現段階の法的位置づけである。※脱稿後、遂に改正道交法が国会を通過し成立した。

2　現行法の構造と将来の変容可能性

わが国の従来の法体系は、自動運転（自動車の自律走行や無人運転）を予定しておらず、基本的に「クルマは人が運転するもの」という前提の下に各種の法律や制度が構築されている。現行法の体系をざっくりと分類すると、〔1〕自動車の運転と交通に関する法規制と、〔2〕交通事故が生じた場合の法的責任の規律に分けられる。

自動車の走行に関わる法規制〔1〕には、（道路網の整備や道路の構造を定める）道路法、（自動車の定義や運転者の義務を定める）道路交通法、（自動車の構造や車両の保安基準を定める）道路運送車両法、（旅客運送や貨物運送事業を規律する）道路運送法などがあり、それらの下に施行法や省令、各種規則さらに通達などが網の目のように張り巡らされている。

他方、交通事故に関わる責任の規律〔2〕には、刑事法・民事法・行政法による規律があり、一口に「法的責任」と言っても、刑事責任と民事責任では大きく性質が異なる。刑事責任は加害者に刑罰（懲役や罰金等）を科して懲罰を与えるものである。長い間、刑法の業務上過失致死傷の一類型として処罰していたが、相次ぐ悲惨な事故を契機に厳罰化が進み、2013年には刑法典から独立させて「自動車の運転により人を死傷させる行為等の処罰に関する法律」が制定された。この刑事責任は、その名のとおり、人身事故を起こした運転者を対象としており、経済犯罪等と異なり、法人が罪に問われることはない。他方、欠陥車両を製造・販売したり、点検・検査を怠り、または欠陥を放置し回収しない場合には、運転者以外の個人（設計者や販売者、所有者や検査員、品質保証担当者や経営者）や法人（製造業者や運送事業者）が責任を問われることがある。

これに対して民事責任は、事故で発生した被害を誰に填補させるのが公平かという観点から、過失ある運転者やその使用者（法人含む雇用主）に損害賠償の支払い義務を負わせるものである（民法709条、715条：一般の不法行為責任と使用者責任）。ただ、自動車事故の場合は、被害者救済のため、自動車損害賠償保障法（自賠法）という特別法があり、自動車の持ち主（車検証の名義人）に強制的責任保険を掛けさせるとともに、被害者に事故原因と過失の証明責任を免除し（証明責任の転換）、損害賠償を迅速に得られるよう配慮している〔運行供用者責任〕。このほか、自動車の欠陥で事故となったときは、メーカーに賠償責任を負わせる製造物責任法がある〔製造物責任〕。道路の設置・管理に瑕疵があって事故が起きたときは、国家賠償法で国や地方自治体の管理責任が問われる〔営造物責任〕。このように、民事責任は多重構造となっている点に留意を要する。

自動運転が進化すると、上記のような現行法の内容が大きく変質すると予想される[2)]。道路や交通に関わる規制法〔1〕のうち、道路法について言えば、道路の機能が今までのように静止的な単なるインフラでなく、車線の磁気や白線で車を誘導したり、信号や路車間通信で車を走らせる機能を分担する。隊列走行の車両には特別な高速道路の駐車基地や合流分流の道路が必要になるし、専用レーンなら割込み禁止のルールも定めなければならない。現在の道路交通法は、運転者が常に周囲の状況を確認し「ハンドル、ブレーキその他の装置を確実に操作しなければならない」としているが、自動運転のレベル３以上になると、周囲の監視義務をシステムが代替し、ハンドル操作もブレーキ制動等もシステムが行うから（次頁の図参照）、根本的に新たな規律を必要とする。とくにレベル３では、システムからドライバーへの権限移譲が安全に行われるよう、その時間的余裕やサブタスクの規制などが最大の課題となる。免許制度や教習制度にも大幅な変革が必至となる。道路運送車両法はすでに国際基準に応じてたびたび保安基準をバージョンアップしているが（たとえば大型バスへのドライブレコーダー装着義務等）、今後さらに標準化・基準化の国際協調に合わせて自動運転車の構造と装置を定めることになる。自動運転車として認証する基準が、市販化への決め手になる。無人バスの営業には道路運送法に新たな許認可制の導入が必要となろう。

交通事故の法的責任の規律〔2〕についても、自動車工学上、運転者の過失責任からITSのシステム責任に段階的に移行するに伴い、法的責任の所在と責任の内容が大きく変容することが予想される。従来、過失の中身である注意義務違反につき、予見義務と結果回避義務を前提に理解されてきたが、運転支援機能の向上により運転者の予見可能性と結果回避可能性自

2）　現行法の構造と自動運転の未来に向けた変容可能性については、中山幸二「自動運転をめぐる法整備状況と法的責任のあり方」技術情報協会編『車載センシング技術の開発とADAS、自動運転システムへの応用』（技術情報協会、2017）508頁参照。

体がすでに大きく変容しつつある。将来は、運転者の過失責任から、ITSのシステム責任へと徐々に移行するものと予測される。刑事責任については、自動車事故における運転者の過失の余地が減少し「運転責任」が縮小するとともに、運行事業者等の予見義務と結果回避義務が強化され「運行責任」の比重が増大するであろう。民事法の領域では、被害者救済の政策的配慮からすでに「過失」責任主義が修正され、「通常有すべき安全性」を基準とする「欠陥」責任ないし事実上の無過失責任が導入されている〔製造物責任・営造物責任〕。過渡期として、今後は、その「通常有すべき安全性」の程度と基準が問題となってくる。

図

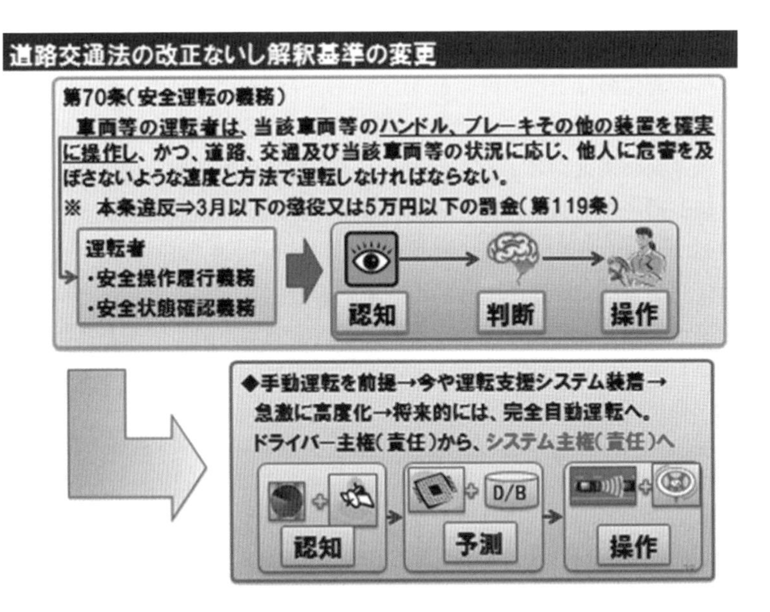

3　自動運転車の事故と民事責任
——模擬裁判の狙い

前に触れたように、交通事故が起きた場合の法的責任には、刑事責任（刑罰）と民事責任（損害賠償）、さらに行政法上の責任（免停や免許取消）があるが、それぞれ目的と機能が異なり、責任基準も大きく異なる。自動運転の進展と普及により、誰がどのような責任を負うか。これは関係者（車両の運転車と所有者、製造者と設計者、完成車メーカーと部品メーカー、販売店と整備業者、道路管理者・通信事業者・デジタル地図業者、さらには共済・保険会社等々）にとって大きな関心事である。

このうち、民事責任については、現行法上、被害者救済のため複合的で多重的な構造を用意している（運転者の不法行為責任・雇用主の使用者責任・自動車の運行供用者責任・メーカーの製造物責任・道路の営造物責任など）。事故によっては責任者が多数併存することもある。

工学的には、レベル３以上の自動運転ではドライバー責任からシステム責任に移行する。他方、自賠法に関する現在の議論動向では、自動運転でもユーザーが責任を負うとされる〔運行供用者責任〕。自動運転モードではシステム責任のはずなのに、どうしてユーザーが損害賠償責任を負うのか。この点がまず工学技術者や消費者からしばしば投げかけられる疑問である。

自動運転の未来を考えるうえでは、工学と法学の架橋、技術者と法律家の対話が不可欠である。社会的受容のためには、専門家と消費者との対話も必要である。そこで、私の主宰する研究グループ「自動運転・法的インフラ研究会」は、仮想の具体的事故事例を設定し、技術と法律の両面から光を当てようと、これまでいくつかの模擬裁判を実験してきた。以下にその一部を紹介し、技術と法律の融合を目指し、両者の対話の叩き台に供したい。

＜模擬裁判チーム＞

中山幸二、天海義彦、佐藤昌之、中川由賀、柳川鋭士、柴山将一、吉田直可、金子磨美、足木良太、後藤　大、吉直達法、若林靖巳、小林史明、柴田　龍、長島光一

模擬裁判の様子

(1)　【事例 1】　レベル 3：車線変更に伴う事故

1 例目は、2016 年 2 月に実施した最初の模擬裁判である[3)]。模擬の事例とはいえ、日時・場所・状況を具体的に設定している。技術的にも法律的にも未来形であるが、ここでは一応、模擬裁判の約 1 年前（平成 27 年 12 月 6 日）に長野県飯田市の中央自動車道で事故が起きたと仮定して、模擬裁判を実施した。

3)　この模擬裁判の事例設定と裁判資料（訴状・答弁書・準備書面等）については、経済産業省委託事業報告書（株式会社デンソー）「平成 27 年度グリーン自動車技術調査研究事業・自動走行の安全に係るガイドライン及びデータベース利活用の調査」（2016 年 3 月）に収載され、経産省のホームページに掲載されている（http://www.meti.go.jp/meti_lib/report/2016fy/000506.pdf）。

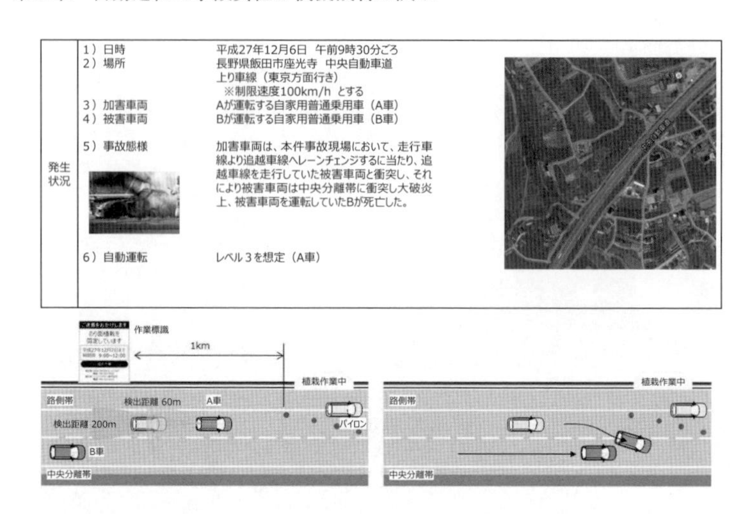

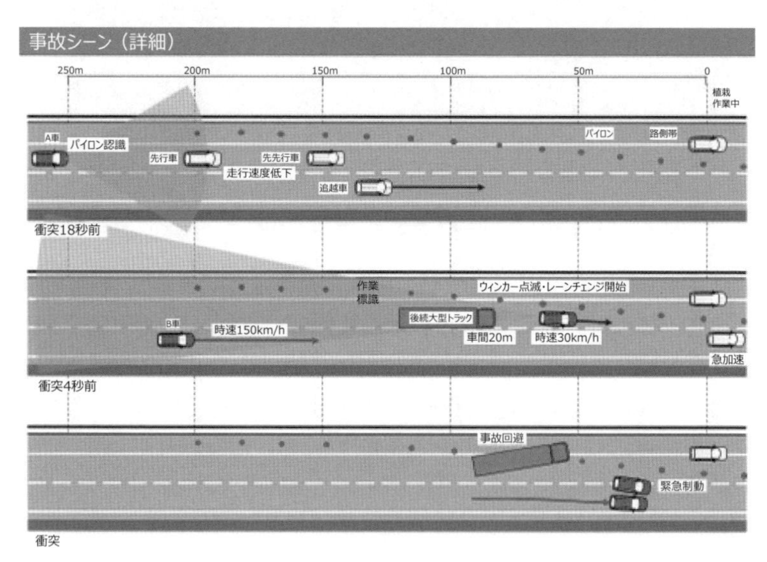

これは上空から見た想定図で、A 車が自動運転車（レベル 3）であり、進行方向の先に植栽作業中でパイロンが並べてある。カメラ・センサーがこのパイロンを検知したので、後方も確認したうえで自動的に減速し、車線変更をした。ところが予想以上の速度で後ろから追越し車線を走ってきた車両とぶつかったという事故である。

当該自動運転車のセンシング・検知性能

<前提条件>
・自律型自動運転システムで、自動運転レベル3を対象とする
・自動運転を開始した後は、解除されるまでシステムが判断し運転する
・レベル3定義に沿って、ドライバはシステムからの交代要求に対応する役割を担う
・運転交代できない場合、システムは機能を縮退し、減速/回避行動を取り、車両を停止

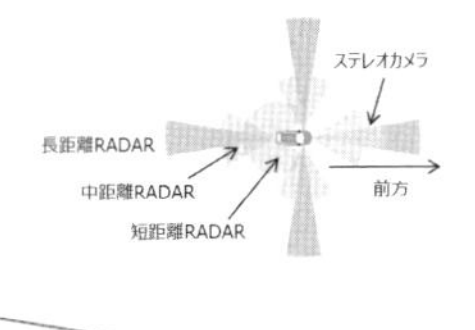

長距離RADAR：200m/ 18度
中距離RADAR：　60m/ 56度
短距離RADAR：　40m/150度
ステレオカメラ　：　80m/ 44度

注）Daimler テストカー公表資料をベースに作成

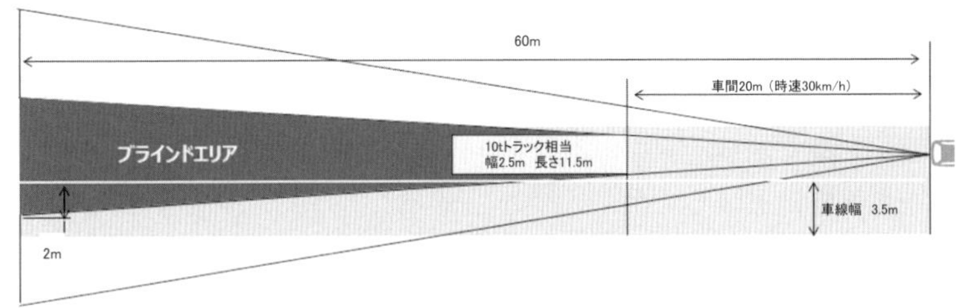

この模擬裁判は、我々が取り扱った最初のもので、現在の自動運転技術がどのようなものか、技術的な側面を法律家に説明するという意味あいもあり、当時の最高水準とされるドイツ Daimler 社の試験車両をベースに、レーダー、カメラなどセンサーの検知性能を設定した。後ろに大型のトラックがいたために死角ができてしまい、通常の速度で走ってきたなら後方 60 m で見えたはずの車が、速度制限を超える時速 150 km で走ってきたため、検知が遅れたという設定である。A 車は予想外に高い速度で近づいてきた B 車を検知できなかったために、機能限界であるとしてドライバーに運転権限を移譲したものの、うまく移譲がなされず、後方から来た B 車の側面に接触してしまい、その結果、B 車が壁に激突して乗員が死亡したという事例である。

この事故で死亡した人の遺族が「自賠法」に基づいて自動運転車 A の所有者に対して賠償を請求し、約 1 億円の損害賠償金が支払われた。その後この所有者が保険対応をしたうえで、損害賠償 1 億円分について、保険会社が原告となって完成車メーカーに対して製造物責任を追及して訴訟を提起した、というものである。

〔争点〕

法廷で、どういう議論がなされたか。自動運転システムを搭載していな

い通常の自動車よりも危険であってはならないというのが、原告側弁護士の言い分である。これに対して被告側弁護士は、国が定めた自動走行システムのガイドラインを順守しているので、「通常有すべき安全性」を満たしているから欠陥ではなく、責任は負わないと主張した。これに対して原告側は、ガイドラインの順守は、製造物責任上、免責理由にならないと主張。ガイドラインが製造物責任法上の「通常有すべき安全性」の基準となり得るかというところが、大きな争点となった。

本件では、後部検知エリアに死角があったわけであるが、人間だったら、少し乗り出して後方を見るとか、パイロンが立っている向こうは植栽工事で空間があったから、そこに自動車を向けて回避することができたのではないかと原告は主張した。

自動運転車両は、パイロンがある場合は壁と同じに認識するので、パイロンに突っ込むという選択はありえない。本件の場合は、時速 150 km という速度制限を超過したＢの違法行為が事故の発生原因だと、被告は主張した。

〔狙いと収穫〕

本件では特に判決は下さずに、双方の弁論にとどめた。この段階では、製造物責任法上の定説はなく、自動運転機能に関する判例もないため、徒に混乱を来すべきではないとの配慮による。製造物責任における「欠陥」の概念について、消費者の期待水準が原告側弁護士の主張になっている。これに対して、社会的効用が高い場合には、コストも含めたうえで欠陥の概念を検討すべきだという危険と効用のトレードオフを強調するのが、メーカー側である。これは、現在の学説上も大きく対立している鍵点である。製造物責任法の解釈論では、すでに製薬会社の責任や、化粧品あるいは玩具メーカーの責任については議論されているが、自動運転車の場合にはどうなるかというシミュレーションとして、大きな議論の対立を示した点に意義がある。

また、自賠法によれば、人身事故が起きた以上は車両所有者の責任ということになるが、制限速度を超えた時速 150 km の他車まで想定すべきなのか、そこまでアルゴリズムに入れるべきなのかということが、工学と法学にまたがる本件の根本的な問題提起である。

(2)　【事例 2】　レベル 2：システムの過信・誤信による事故

2 例目は、2017 年 1 月に実施した模擬裁判である[4]。こちらはすでに実用化しているレベル 2 の車を対象としている。常磐自動車道を ACC（アダプティブ・クルーズ・コントロール）と LKA（車線キープアシスト）で前の車に追従走行していた車両が、高速道を下りてきたところで起きた事故である。ACC を作動させたまま、前の車に追従して、料金所でも停止せず ETC で通過。そのまま、かなり速度が出た状態でバイパスに下りてきた。最初の交差点で、前を走っていた車が右折信号青で急に加速し右折してしまった。本件車両はそれに追従して、時速 60～80 km で走行していたが、先行車両が右折誘導車線に車線変更したため、そのまま直進。交差点で停止していたトレーラーに追突し、運転者はムチ打ち症になった、という事例である。

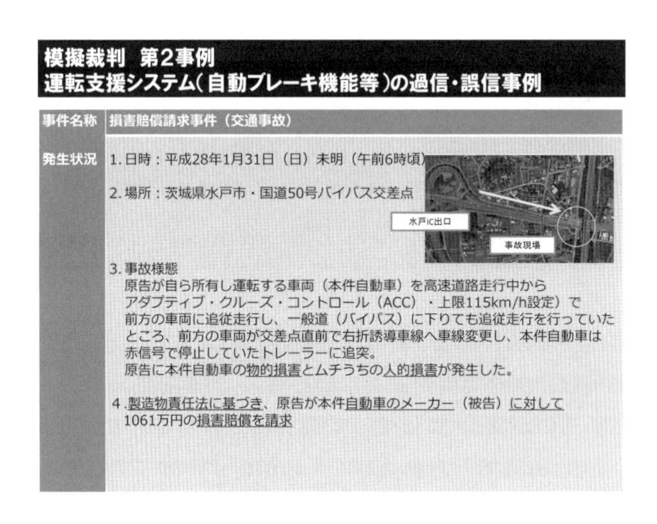

4)　【事例 2】と【事例 3】の模擬裁判の事例設定と裁判資料（訴状・答弁書・書証等）については、経済産業省・国土交通省委託事業報告書（株式会社テクノバ）「平成 28 年度スマートモビリティシステム研究開発・実証事業 自動走行の民事上の責任及び社会受容性に関する研究報告書」(2017 年 3 月) に収載され、経産省のホームページに掲載されている（http: //www.meti.go.jp/meti_lib/report/H28FY/000541.pdf）。

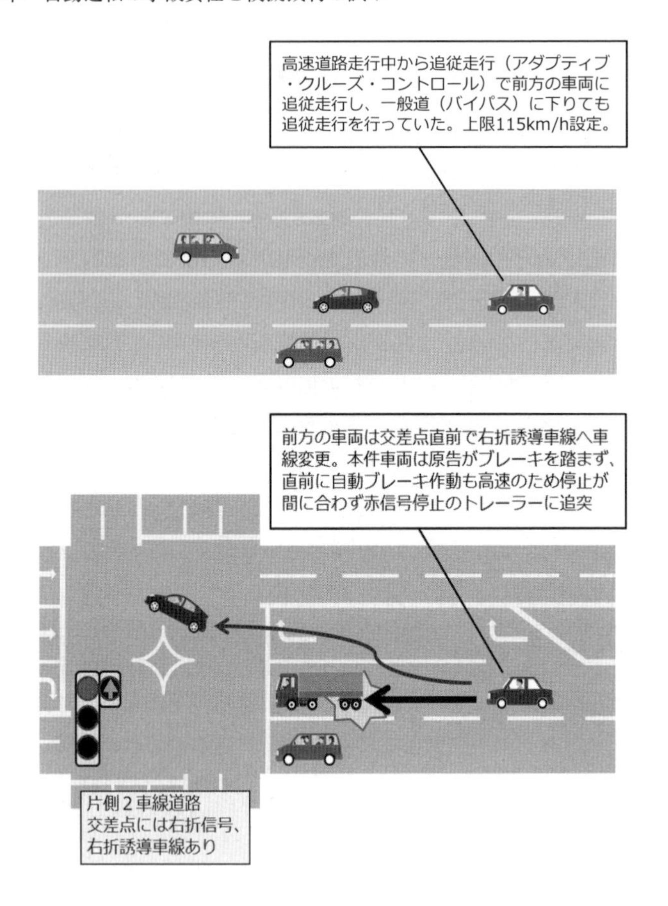

ドライバーは、先行車両が右折車線に移った50ｍ以上先にトレーラーが停止しているのが見えていたが、当然止まると期待してブレーキを踏まなかった。ACCの機能と自動ブレーキの機能が連動しているものと誤信して、（いったんペダルを踏むとACCの機能が解除されると聞いており）意図的にブレーキペダルを踏まなかったというのである。

ドライバーは70歳で、ACCの新車に乗って初めて遠出し、この事故でムチ打ち症を負ってしまったという設定。ここでは、車両の所有者兼運転者がケガをしているので「自賠法」は適用されない。そこで、製造物責任法に基づき、直接、自動車メーカーに1061万円の損害賠償を請求した、という事案である。

〔争点〕

この模擬裁判で争点となったのは、テレビコマーシャルなどでも「ぶつからないクルマ」が喧伝されるなか、メーカーに製造物責任法上の「説明・警告上の欠陥」がなかったかという点である。十分に自動ブレーキが機能する状況だと思っていたにもかかわらず機能しなかった。この危険性について、十分な説明がなかったというのが原告側の主張である。

これに対して被告のメーカー側は、ACCと自動ブレーキは別の機能であることを取扱説明書に記載しており、「注意事項説明書」でもきちんと説明して署名捺印をもらっているので、説明は十分である。ACCと自動ブレーキの機能を混同した原告に責任がある、と主張している。

〔判決〕

この事件の裁判官は、弁護士、元検事、消費者代表から成る3名の合議体で構成し、実際に当日の審理を基に心証形成し、模擬法廷の脇にある評議室で真剣な合議を闘わせた。模擬裁判ならではの実験である。結果的には、裁判官3人のうち2対1で原告の請求を棄却する判決となった。法律家2人の多数意見は、ディーラーの説明と原告の署名から、本件の場合は十分な説明があったと認定し、原告の誤解という要素が事故原因であったとして、メーカーの責任を否定した。これに対して消費者代表は、文書による説明だけでは不十分だとし、試乗やシミュレータを導入すべきだと指摘している。これも、模擬裁判ならではの少数意見の開示であり、傍聴席の有識者や関係者たちにとっても興味ある開陳となった[5)]。

〔狙いと収穫〕

本件では、自動ブレーキの過信を戒める意味もあり、交通安全環境研究所の協力を得て、同研究部長に鑑定人として出廷してもらい、市販されている自動ブレーキの性能に著しい差異とバラつきがあることを実験データで示していただいた[6)]。ちょうど自動車取引公正規約で自動ブレーキの過大な広告を自制する取決めをした時期でもあり、本件の問題提起は真にタイムリーであったと言えよう。この模擬裁判の後の4月14日に、警察庁と

5)　この模擬判決の合議体構成の特徴と意義について、中山幸二「模擬裁判を用いた自動走行車の事故の民事的責任の課題の考察」NBL 1099号（2017）46頁参照。

6)　その鑑定意見の要点は、後に独立の論稿として、河合英直「自動運転技術の動向について」NBL 1099号（2017）15頁以下に収載されている。

国交省より、本件と類似した誤信・過信に基づく事故事例が公表され、自動ブレーキの過信を戒める警告がなされた。報道によると、千葉県の一般国道で、レベル2のプロパイロットと自動ブレーキの機能を過信し、ブレーキを踏まずにいたところ、信号待ちしていた前方車両に追突した、ということである。奇しくも我々の設定事例が的外れでなかったことの証左となった。

(3)　【事例3】　レベル5：混在交通下での事故

3例目も、2例目と同じく2017年1月に実施した模擬裁判である。約10年後の未来に完全自動運転が法律上許容されていると仮定して、高速道路ではなく一般道において、人間の運転する通常の自動車と自動運転車が混在する状況（混在交通）の下で事故が生じた場合を想定している。

現場は東京の国道に設定した。片側2車線ずつの全4車線の道路において、反対車線が渋滞していたという状況である。その対向車線の内側を自動運転車が走っていたところ、渋滞中の反対車線の車と車の合間から2人乗りの自転車が飛び出してきた。しかも、飛び出した上、自動運転車を見て、慌てて転んでしまった。

これを自動運転車のセンサーが感知したのは15.1m手前である。自動運転車は、転倒した2人組の前で停車することは計算上無理だと判断し、急遽、空いている左側に車線を切った。ところが、左側の車線にはトラックが後ろから時速60kmでスピードを上げて走ってきていた。この時、自動運転車の時速は45km。ウインカーを出して、トラックが速度を緩めてくれることを期待し、車線変更をしたというものである（システムが認知・判断・操舵）。

ところが、このトラックは、この自動運転車の車線変更に気付くのが遅れて、スピードも出ていたので慌てて左にステアリングを回したところ、そこに電柱があって、電柱に激突した。その結果、トラックの運転手が死亡したという事案である。

この死亡した運転手の遺族が事故原因を作った自転車に乗っていた2人と、自動運転車の所有者に対して、損害賠償を求めて交渉。最終的には三者間で、8300万ほど損害賠償を支払うことで示談が成立した。トラック運転手にも少し過失があったということで、2割の過失相殺をし、自転車の2人組と自動運転車の運転手の間の過失割合は、9対1という計算である。

結果的に、この自動運転車に掛けられていた保険から660万円が遺族に支払われ、この660万円を保険会社（アトランティック保険）が自動運転車のメーカー（明治自動車）に対して求償請求訴訟を提起した、という事例である。一般に、求償請求は理論上可能とされているが、現実の実務ではほとんど行われていない。しかし、将来の実務を占う模擬事例として、求償請求を通じてPL責任が追及されたという設定である。

模擬裁判　第3事例

事件名称	求償金請求事件（交通事故）
発生状況	1. 日時：平成38年2月5日（金）午前10時頃 2. 場所：東京都・国道（片側2車線・中央分離帯なし） 3. 事故様態 本件自動車が制限速度60㎞/hの国道右車線を自動走行中、訴外Bの運転するトラックはそれに数十メートル遅れて同国道の左車線を走行していた。本件自動車は、自転車（訴外C、D）が、渋滞中の対向車の間を縫って出て進行方向の路上で転倒したのを避けるため、左車線に車線変更。本件自動車の車線変更を受けて、12メートル後ろを走行していた訴外Bは、急ブレーキをかけながらハンドルを左に切ったところ、歩道に乗り上げ、電柱に衝突し、死亡した。
事故による損害発生と賠償交渉	1. トラックの運転手（訴外B）が死亡 2. 訴外B遺族が、自転車乗員（訴外C、D）と自動運転車の所有者（訴外A）に賠償請求 3. 三者間で示談成立（Bの遺族に、CとDが5490万円、Aが660万円支払う） 4. 訴外Aとの契約に基き自動運転車の保険会社が保険金を支払（660万円） 5. 保険会社（原告）が自動運転車のメーカー（被告）に対して求償金請求訴訟を提起

事故回避の方針

“反対車線渋滞”　　法定速度60km/h

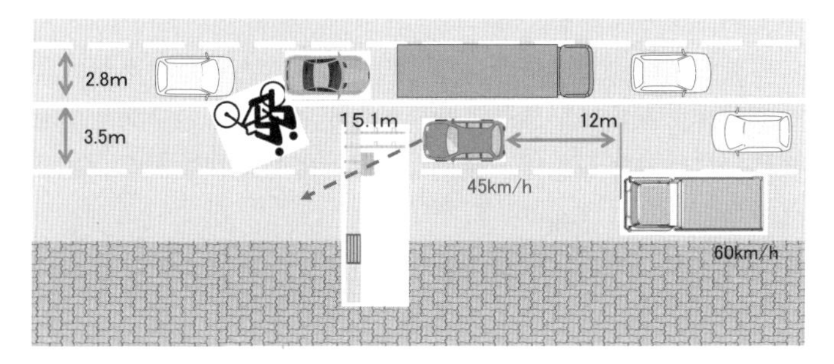

電柱に衝突した時点

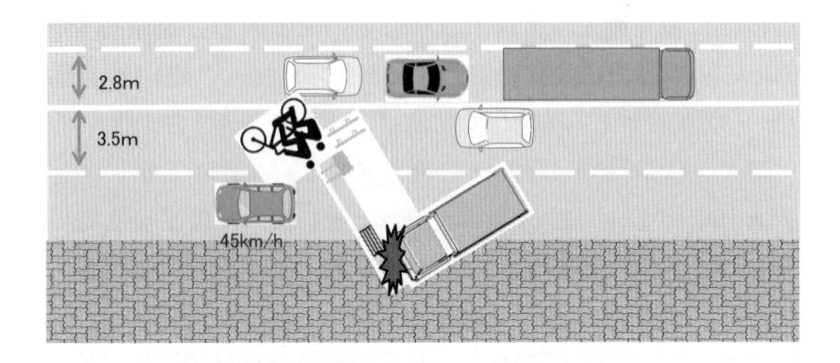

〔争点〕

原告側はつぎのように主張した：通常、車を運転する場合には、進路変更に際して、進路変更の３秒前にウインカーを点灯させ、後続車に進路先を知らせなければならないという道路交通法上の規定がある。本件では、車線変更の 2.2 秒前であり、これに違反している。また、本件自動車がトラックの直前 2.76 m に出たことで、トラックが左に急ハンドルを切り、電柱に衝突した。後続車であるトラックが追突を避けるために急ハンドルを切ることは当然の動作だと考えられる。このような車線変更は、他の交通参加者に対して危害を及ぼす、事故を誘発させるようなもので、道路交通法の規定に違反する。

本件自動車の挙動全般について、人の運転する場合には当然に過失と認められるような評価ができるものであって、このような挙動をあえてした本件自動車については、通常有すべき安全性を備えていたとは言えず、欠陥があると言うべきである。

これに対して、被告側の主張はつぎのとおり：本件自動車は、自転車との事故を回避するために緊急避難的な行動をとったものであり、道交法などの法規違反には該当しない。該当したとしても違法性がない、ないしは過失責任を負わない。

今回の事故においては、自動運転車は急ブレーキをかけることによっても自転車との衝突を避けることができない客観的状況にあった。したがって、自転車との衝突を回避するためには、進路変更以外の選択肢はなかった。自転車との衝突を回避し、かつ、ほかの車両との衝突も回避することができるという最適解、それが進路変更であった。

〔鑑定意見〕

自動運転のアルゴリズムに関して、参考のため、鑑定意見と裁判官の補充尋問の一部を紹介する。

鑑定人：「……今回の車の挙動を追いましたところ、自転車を発見して、何かが出てくるなというふうに自動運転車が検知して、0.3秒で自転車と見破っている。さらに0.5秒で、2人乗りだったというところまでを検知・判断していますので、十分な検知能力だったと思われます。その後、回避する行動に移っているわけですが、回避行動についても、特にスリップをしたとか、余計な力がかかったということはなくて、あくまでそのCPU、つまり、この自動運転車が備えるアルゴリズムに基づいて行動したということが見受けられますので、操作についても問題なかったと判断してよいと思います。

最後に、判断の合理性について申し上げます。ここが最も難しい話になると考えておりますが、この車のアルゴリズムを調べますと、自転車の飛び出しを検知して、自転車との衝突を予測して、走行する2車線の中で動けば衝突を回避できるだろうと判断している。つまり、自転車との衝突回避可能性がないと判断しつつ、同じ車線での自転車との衝突、車線変更での衝突回避可能性、それと自分が左側の車線に入ったときにスペースが確保できるかどうか。このあたりをすべて計算しております。これに0.5秒ほどかかっておりますが、能力的には特に劣っているということではないと思われます。したがって、この自動運転車の判断についても特におかしなところはないと考えるところです。」

裁判長：「本件事例を前提に考えますと、車線変更後に、トラックとの衝突を避けるため法定速度を超過するようなスピードを出す指示をするアルゴリズムを組むというのは、技術的には可能でしょうか。」

鑑定人：「可能です。」（中略）

裁判官（左陪席）：「法定速度を超過するスピードを出すようなアルゴリズムを組むことは現状でも可能である一方、メーカーとしては積極的になれないというお話であったわけですが、もし、本件事故においてこれが選択肢としてアルゴリズムの中に組まれていたとすれば、ベストプラクティスの考え方は変わり得るのでしょうか。」

鑑定人：「変わり得ます。」

〔若干の解説〕

この事件には大変難しい問題が含まれており、それが最後の裁判官の質問に凝縮している。

本件では、自動運転車が時速45 kmで車線変更をして、その後ろからトラックが60 kmで走ってきた。自動運転車はトラックが減速するだろうと期待したが、逆に、自動運転車が法定速度、速度制限をオーバーして走ってよいのであれば、50 km、60 km、70 kmとアクセルをふかして遠ざかることにより、トラックの事故を避けられたかもしれない。技術的には可能であったとの予測が示されている。

現在開発されている自動運転車は、法令を遵守する真面目な車である。人間であれば緊急の場合には法令を破ってでも行動するのであるが、ここに自動運転車の限界がある。これがPL法上の欠陥に当たるかどうかは非常に悩ましい問題であり、模擬裁判においても議論になった。

仮にトラックのほうも自動運転車であったならば、自家用車とトラックとの間で車車間通信をして、お互いに事故を回避できたであろうと予測される。しかし、今回の場合は混在交通であって、これが判断を難しくしている。

〔裁判所の判断：和解勧告〕

本件の模擬裁判では、３名の裁判官が真剣に議論を行ったが、結果的に、判決には至らず、和解勧告となった[7)]。議論の中身としては、本件自動運転車の挙動に関して、ベストプラクティスに近い結果が選択されたであろうことは説明されたが、このような緊急時には制限速度を超えて加速を行うという究極の選択もありうるので、アルゴリズムの組み方によっては結果回避の可能性がなかったとは言えない。その意味では、このようなアルゴリズムを組んだ製造物責任法上の欠陥がなかったとは言い切れないのではないかというものであった。

この事例で、欠陥を認めたとすれば自動車メーカーの技術者にとっては致命的なことになりうる。そのような考慮も働き、本件では裁判所が当事

7)　和解勧告の趣旨については、中山・前掲注5) 51頁参照。

者に対して和解での解決を促している。

具体的には、保険会社が求償した660万円に対して、被告である自動車メーカーにもまったく責任がないとは言えないので150万円を支払うことではどうかという和解勧告がなされた。原告・被告双方の代理人が依頼人に電話をかけ、勧告当日に和解が成立した、という帰結を示した。傍聴人からは、製造物責任法上の欠陥の相場観を示せという要請も見受けられたが、この点も課題としてあえて残し、傍聴人に持ち帰ってもらった。

⑷　【事例4】　レベル4：指定道路での事故

つぎの事例は、2017年2月にJEITA（電子情報技術産業協会）と協力して実施した公開の模擬裁判と模擬仲裁の事案である。群馬県の安中市内の国道18号線の峠をレベル4の自動運転車が走っていたところ（ODDとして、国が自動運転車の走行を許容する特定の道路を指定した、という設定である）、大雨が降り、道路が陥没したところに車輪がはまって事故になったというケースである。道路の陥没となると、道路の設置管理の瑕疵で、国が責任を追及される可能性がある。完成車メーカーには、センサーの機能が不十分であったということで、製造物責任が問われた。また完成車メーカー自身も部品業者に対して求償確保のため訴訟告知をし、部品メーカーも加わるという形で、訴訟に現れた紛争当事者が多数にわたった事例である。

〔狙い〕

本件では、訴訟になったらどんな証拠が問題になるかが関係企業にとって大きな関心事であることから、訴訟において問題となりうる証拠を検討した。本件で考えられる証拠を列挙すると、以下のようになる。

①　ECU内のデータ

②　本件自動車内に搭載された電磁的記録装置のうち、本件事故発生時の走行中の映像データ、制御データ、センサーデータ等

③　路面に陥没箇所を発見した際の回避行動に係るプログラム、ディープラーニングの結果、上記回避行動に係るプログラムが変容した場合には、当該変容したプログラム

④　本件自動車に係る開発に関する議事録

⑤　本件自動車に係る開発時のテストデータ

⑥　本件自動車に搭載されたセンサー類の開発に係る議事録
⑦　本件自動車に搭載されたセンサー類の開発時のテストデータ
⑧　道路施工時における設計図、入札結果
⑨　道路管理委託業務に係る施行状況に関する書類
⑩　本件事故に係る捜査関係資料
⑪　一般国道 18 号線上の通行データ
⑫　一般国道 18 号線上の本件カーブの路面状況、本件カーブにおける標識等の設置状況
⑬　一般国道 18 号線の管理状況
⑭　本件自動車等の開発者等に係る証言、等々

これらの証拠につき、文書提出命令の申立てや調査の嘱託などを申請し、訴訟手続として証拠提出の可否を検討してみると、極めて時間がかかり、訴訟が遅延することが、模擬裁判の場で具体的に示された。そこで、これに代えて、技術的知見のある仲裁人による模擬仲裁の手法で、迅速・簡便な紛争処理を試行してみた。訴訟と仲裁の比較を具体化して呈示したのである。仲裁となれば、非公開の手続であるので、企業にとっては秘密保護の点でもメリットである。

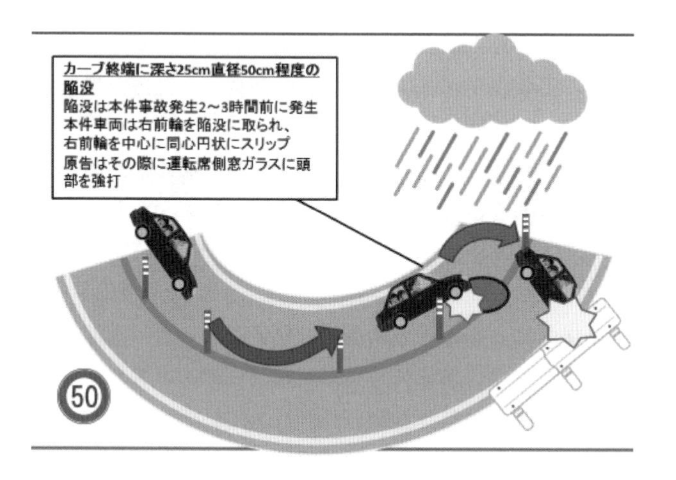

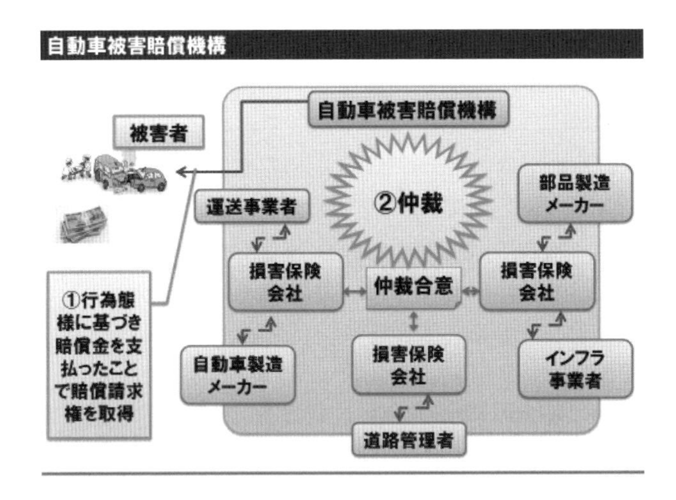

かくして、本件模擬裁判・模擬仲裁を通じて、仲裁コンソーシアム（訴訟によらない関係者、専門業者間での問題処理スキーム）があってよいのではないかという提案を行った（上の図を参照）。通信事業者、部品メーカー、完成車メーカー、道路管理者、保険会社等がコンソーシアムを組んで、こういう場合の早期の損害賠償責任の分担を話し合ってはどうか、という提案をしたわけである。これは、多数当事者の複雑な責任関係の整除のあり方として、民事訴訟手続に代わるADRの構想を提示したものであり、新たな紛争解決の選択肢として関係方面に検討の素材を提供した点で大きな意味がある[8)]。

(5)　【事例5】　遠隔監視型無人バス

最後に紹介するのが、2018年の2月に模擬裁判を実施した事例である[9)]。政府の「制度整備大綱」でも、運転手不足に悩む過疎地や地方の路線バス確保のため、実用化の優先順位の高い遠隔型自動走行にかかわる模擬裁判である。

遠隔監視型のコントロールセンターで無人バスを走らせていたところ、

8)　自動運転に特化したADR「自動運転紛争解決機構」の構想については、本書第Ⅳ部第2章3(1)cも参照。

車両の直前に物体が飛び出してきて衝突してしまった（第1事故）。実際は幼児がネコを追いかけて道路に飛び出しバスにぶつかってしまったのだが、ぶつかった瞬間にバスは停止したものの、車両の下からネコが足を引きずりながら逃げたのを見て、管制センターの監視員はネコにぶつかったのだろうと判断してバスを発車させた。このとき、バスにぶつかってクルマの下に気絶状態で倒れていた幼児の足をバスが轢いてしまった（第2事故）という事故状況を想定した。

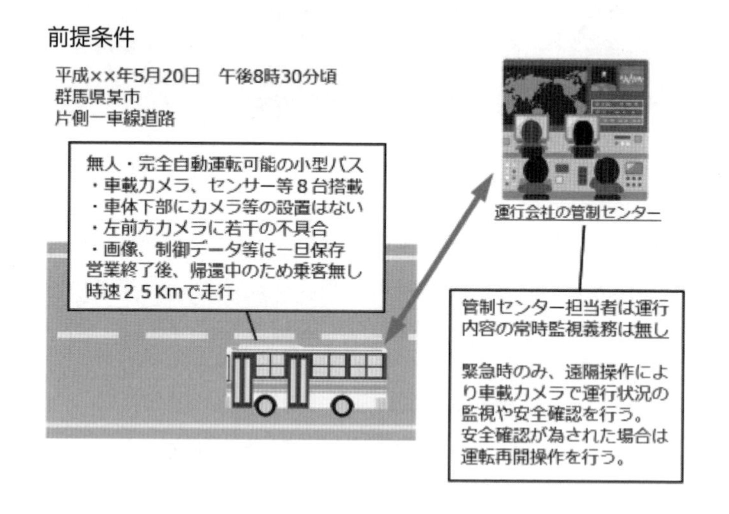

9）　この事例については、2018年3月6日付けNHKニュースWEBで紹介された（https://www3.nhk.or.jp/news/html/20180306/k10011353571000.html（藤田日向子））。また、この模擬裁判の実施概要については、経済産業省・国土交通省委託事業報告書（株式会社テクノバ）「平成29年度高度な自動走行システムの社会実装に向けた研究開発・実証事業 自動走行の民事上の責任及び社会受容性に関する研究報告書）」65頁以下に収載されている（http://www.meti.go.jp/meti_lib/report/H29FY/000365.pdf）。

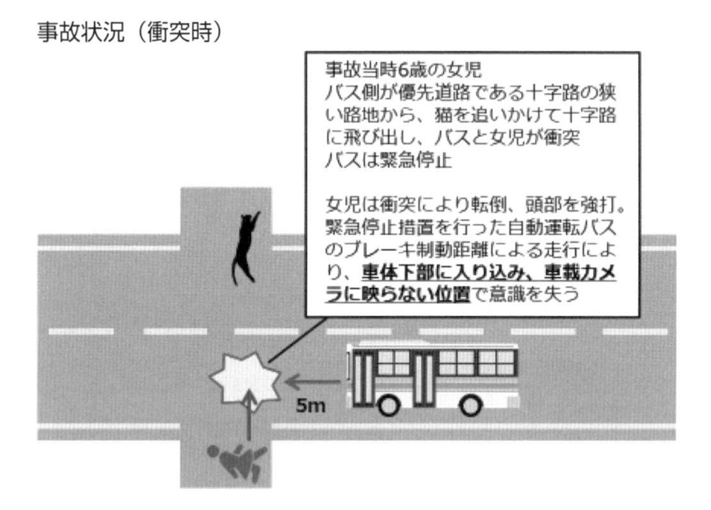

本件では、2つの訴訟を提示して、自賠法と製造物責任法の機能を目に見える形で提示するよう努めた。第1訴訟では、被害者の幼児と両親が原告となって、バス運行事業者に対して自賠法に基づく運行供用者責任を追及。ただし、道路に飛び出した幼児につき、両親の躾も含む被害者側の過失も大きいとして、大幅な過失相殺をした判決を下した。交通事故の抑止のためには、自動運転の機能向上だけでなく、他の交通参加者を含む交通ルールのあり方も再検討する必要を具体的に示す狙いである[10)]。

バス運行事業者の契約保険会社が賠償額を支払った後、保険会社が原告となって、バス自動車メーカーと部品メーカーに対して、求償請求訴訟を提起した。これが第2訴訟である。ここでは、製造物責任を追及するため、「欠陥」の立証がいかに難しいか、最新のEDR解析装置（CDR）やドライブレコーダーなども引き合いに出して、（記録されるデータと記録されないデータを示し）事故原因の解明の可能性を具体的に検討してみた。

10）　本件の事例設定の意義については、本書第V部第2章2参照。ODDとルールのあり方について、より詳細な紹介と分析がなされている。

EDR

EDR
ACMに組み込まれ、衝突でエアバックが展開した場合、その前後の時間における計測データを時系列的に記録する装置

＊事故調査、車載安全装置（特にエアバック）の性能分析のために搭載

データ
- 速度（メーターに表示されたもの）
- エンジン回転数
- アクセル（どの程度踏み込んでいたか）
- ブレーキ（踏んだか否か）
- 運転席シートベルト装着の有無
- エアバック展開タイミング
- 縦方向速度変化
- 縦方向最大速度変化
- 縦方向最大速度変化所要時間

データの読み取り

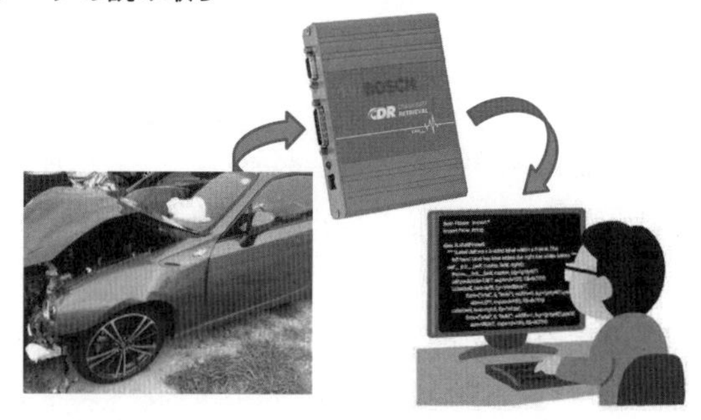

記録されないデータ

音声・映像
事故発生日時、位置情報
運転者
運転支援に関連するデータ
（衝突被害軽減ブレーキが何を感知して作動したか等）

こうした事例を設定して、模擬裁判の手法により、自動運転の現在と未来について、技術の側面と法律の側面から検討してきた。今後も、実証実験にかかわる事業体や関係する専門機関等と協力しながら、具体的な事例を検討していく予定である。

（中山幸二）

第2章　自動運転車による交通事故訴訟における証拠の役割と課題
――模擬裁判事例を契機として

1　はじめに

第Ⅰ部第1章の模擬裁判事例に見られるように、裁判において被害者による加害者やメーカー等に対する損害賠償請求が認められるためには、裁判官が、当事者の主張した事実（たとえば自動車の欠陥）を、証拠によって認定しなければばならない。レベル3以上の自動運転車の場合、人の運転が想定されない状況が想定されるため、当該状況下における事故では搭乗者のその時点での事故状況の認識を法の規制対象として前提とすることができない場面が生じうる（第Ⅰ部第1章事例3参照）。証拠法の観点からは、自動運転車による交通事故事案において、事故発生状況を確認するため運転者等の人の認識に代わり得る情報を含むEDR等の電磁的保存情報がこれまで以上に証拠として重要となろう。このような電磁的保存情報（電子証拠）は後日の裁判等における刑事責任や民事責任等の法的責任の所在を認定するために必要となる証拠の役割の外に、より安全な自動運転社会実現に向けて、自動運転車の製造メーカー等による事故原因分析およびそれに基づく修理・改良のために必要となる証拠でもある。情報記録媒体にいかなる情報を確保すべきかについてはその目的によって異なる。以下では、現時点における自動運転車に対する法規制（改正案等を含む）を前提として、損害賠償責任等の民事責任を中心に、そこで想定されうる証拠の問題を中心に概観する。

2　裁判における証拠の役割

上記のとおり、裁判において被害者の加害者等に対する損害賠償請求は法律に基づくものでなければならない。要件効果型の権利義務に係る法律（実体法）（要件→効果）は、ある事実（法律要件）が存在すれば、ある効果（法律効果）が発生（例：売買契約の締結→売買代金請求権の発生（民法555条））[1]する、と規定されている。交通事故訴訟の場合、被害者はたとえば治療費や逸失利益として1000万円の損害賠償を求めて加害者等を相手に訴えを提起することになる。当該訴訟において被害者の加害者に対する損害賠償請求権を発生させる規定として、一般不法行為規定である民法709条以下と特別規定である自動車損害賠償保障法（以下「自賠法」という）3条が考えられる。民法709条の場合を考えると、民法709条の定める損害賠償請求権の発生（法律効果）という勝訴判決（「被告は原告に1000万円を支払え」との判決）を得るためには、民法709条の定める法律要件、すなわち、①他人の権利・保護法益の侵害（加害）、②侵害（加害）行為、③侵害（加害）行為について故意・過失があったこと、④侵害（加害）行為と損害との因果関係、⑤損害の発生およびその数額、以上①～⑤の法律要件に該当する具体的な事実を被害者（原告）が主張[2]し証拠を提出し、裁判所が当該主張と証拠に基づき、①～⑤の事実の存在を認定すれば、原告の勝訴判決が下されることになる。それでは、原告主張の事実の存在が証拠に基づき裁判所によって認められるとは、どのようなことであろうか。

交通事故事案では刑事および民事双方の責任が問題となることも多い。そこで、刑事裁判（第Ⅲ部第1章参照）と民事裁判を比較して考えてみる。まずは、刑事訴訟法が規律する刑事裁判から考えると、犯罪が発生し犯罪

1)　要件効果型の法律（要件→効果）の効果の中には、権利の発生以外に、権利の消滅（例：弁済→債権の消滅（民法473条））、権利の発生を障害（例：契約に錯誤→契約の効果取消（民法95条））する規定もある。

2)　法律は抽象的に規定されていることから、具体的事案に応じて、法律要件に該当する具体的事実を被害者である原告側が主張しなければならない。たとえば、前方不注視による信号無視の交通事故であれば、①歩行者の轢過による全治2ヶ月の怪我、②横断歩道歩行中の当該歩行者の轢過、③前記②の態様から評価される前方不注視、④被害者の怪我は当該轢過によって生じたものであること、⑤怪我の治療費、休業損害、後遺障害による逸失利益等、である。

者に対し法律に定められた刑罰（法的効果）を科すためには、当該法律に定められた要件（構成要件）に該当する事実が証拠によって認定されればなければならない（刑訴法 317 条）。刑事事件においては、「疑わしきは被告人の利益に」（利益原則）のもとで、無罪推定の原則が妥当する（刑訴法 336 条）。そのため、犯罪事実（たとえば過失運転致死傷罪）に対する挙証責任は、検察官が負担する[3)]。検察官が挙証責任を負担するという意味は、犯罪事実、たとえば運転者 A の運転上必要な注意を怠った過失によって B が死傷したのであれば、自動運転死傷行為等処罰法 5 条（第Ⅲ部第 1 章 3⑴a 参照）に基づき、A が B を過失ある運転によって死傷させた事実について、検察官が、捜査機関を通じて当該事実を証明するのに役立つ証拠を収集し、当該証拠によって、裁判官が確信に至るようその過失運転死傷の事実について「合理的な疑いを差し挟む余地のない程度の立証」（最決平成 19 年 10 月 16 日刑集 61 巻 7 号 677 頁）をしなければならないということである[4)]。検察官がその立証ができなければ被告人 A は常に無罪であり、過失運転致死傷罪の法的効果である刑罰（7 年以下の懲役もしくは禁固または百万円以下の罰金）が科せられることはない。これに対し、民事訴訟法が規律する民事事件は少し複雑である。上述のとおり、たとえば交通事故が発生し加害者に対する被害者の不法行為に基づく損害賠償請求権（法的効果）が認められるためには、民法 709 条に定められた法律要件に該当する具体的な事実（主要事実等）が証拠によって認定されなければならない。原則として挙証責任（民事では証明責任ということが多い）は請求権者（この場合は被害者）が負担するため、請求権者（上記の事例では B または B の遺族）は自ら証拠を収集しなければならず、当該事実が証明できなければその法律に基づく請求権は認められない[5)]。ただし、民事事件では、被害者救済を図る自賠法のよう

3)　無罪推定原則は被告人に対する人権保障の原理としての性格につき、宇藤崇＝松田岳士＝堀江慎司『LEGAL QUEST 刑事訴訟法〔第 2 版〕』（有斐閣、2018）463 頁。

4)　三井誠＝酒巻匡著『入門 刑事手続法〔第 7 版〕』（有斐閣、2017）241 頁。

5)　民事訴訟法の分野で証拠収集手続が立法や解釈において非常に重要視されるのは、捜査機関のように国家権力を有しない一般市民や会社は、自ら証拠を収集しなければならず、証拠収集手続が不備であると、証拠が集められず立証できないため、当該請求権が認められないことになり、権利の実現が図られないからである（下記 5 参照）。損害賠償請求権などの実体権を定める民法等の実体法と証拠収集手続等を規定する民事訴訟法等の手続法が車の両輪に例えられることがあるのは、そのためである。

に救済規定が設けられることも多く、同じ金額を請求する場合においても、いかなる法律に基づくかによって、請求権者が何を証明すべきか、すなわち立証対象が異なるため、法律ごとに検討が必要となり、無罪推定原則が支配する刑事事件のように明確ではない。もっとも、立証の程度については、刑事事件と比較して高度の立証は必要なく、立証対象事実について、「通常人が疑を差し挟まない程度の真実性の確信」（最判昭和50年10月24日民集29巻9号1417頁）[6)]を裁判官に抱かせればよいと考えられる[7)]。

3　自動運転車における交通事故訴訟における立証対象――請求権者はいかなる事実を証拠によって証明しなければならないか

上記のとおり、いかなる法律に基づくかによって、請求権者が証明すべき対象（立証対象）が異なるため、前章の模擬裁判事例で問題となった法律を中心として、自動運転車における交通事故訴訟における立証対象およびそれを証明する証拠について概観する。

(1)　運行供用者責任（自賠法3条本文）

a　立証対象

現行法上、第Ⅰ部第1章の事例1のように、自動運転車による交通事故が発生した場合、被害者が加害者に当該交通事故によって発生した損害（人

6)　民事裁判上の証明の基準については、判例の解釈も含めて学説上見解が統一されてはない。柳川鋭士「事実上の推定に関する類型的考察（1）」法論89巻1号（2016）207頁以下参照。交通事故訴訟の証明度を対象とした検討として、倉田卓次「交通事故訴訟における証明の程度」東京三弁護士会交通事故処理委員会編『交通事故訴訟の理論と展望――創立30周年記念論文集』（ぎょうせい、1993）99頁以下

7)　中野貞一郎『民事裁判入門〔第3版補訂版〕』（有斐閣、2012）249頁以下。同じ事件に基づく場合でも、刑事事件では無罪でありながら、民事事件では損害賠償請求権が認められるという事態が生じうるのは、裁判官という人が各々判断するからという要素もあるが、理論上も立証の程度が刑事裁判と民事裁判とでは異なるため、刑事裁判では、ある事実の存在を認定できなくとも、民事裁判では当該事実の存在を認定し得るからである。

身損害および物件損害）賠償を求めるとき、法律上の根拠として、民法上の不法行為責任（民法709条以下）と自賠法上の自動車損害賠償責任（自賠法3条本文、いわゆる運行供用者責任）が考えられる。もっとも、民法上の不法行為責任を追及する場合、被害者において、加害者の故意または過失等の加害者側の主観的要素に係る事実を主張・立証しなければならないこと、加害者側に賠償資力がない場合には被害者の実質的救済が図られないことから、賠償責任保険や立証責任の転換等によりこの点の問題が解消される運行供用者責任に基づいて加害者に損害賠償責任を求めるほうが被害者に有利である（自賠法と不法行為との関係について、第Ⅱ部第1章2参照）。被害者が加害者に対して運行供用者責任に基づき訴えを提起した場合、加害者の主観的要素の主張・立証は不要であるから、①加害者は、自己のために本件自動車を運行の用に供する者であること、②本件自動車が運行の用に供されたこと、③被害者の生命または身体が害されたことおよびその損害額、④上記②の運行と上記③の損害発生との間に因果関係があることを主張し立証すればよい[8)]。

b　証拠の種類とその変容――免責要件の立証

自動運転車による交通事故発生場面でも自賠法の適用があることを前提として運行供用者責任が追及できると想定した場合、原告（被害者）側が立証のために準備すべき証拠は現行法上の自動車交通事故訴訟において準備すべき証拠と大きく変容することはないものと考えられる。すなわち、①交通事故の発生事実につき、交通事故証明書、物件事故報告書等、②過失相殺に係る交通事故の状況につき、物件事故報告書を含む刑事事件記録（実況見分調書、供述調書、ドライブレコーダーからの検証資料等）、信号サイクル表、③損害について、診療報酬明細書、領収書等、休業損害証明書、後遺障害診断書等である[9)]。

---

8)　大江忠『要件事実民法（6）法定債権〔第4版〕』（第一法規、2015）433頁以下、潮見佳男『不法行為法Ⅱ〔第2版〕』（信山社、2011）305頁以下。なお、被害者が上記①～④の主張立証に成功した場合、加害者（運行供用者）が当該責任を免れるためには、免責3要件（第Ⅱ部第1章2(1)参照）すべてを主張・立証できれば免責される（自賠法3条ただし書）。山下友信「ITSと運行供用者責任の免責要件」山下友信編『高度道路交通システム（ITS）と法――法的責任と保険制度』（有斐閣、2005）115頁以下参照。

これに対し損害賠償請求を受ける被告（加害者）側がその責任を免れるための免責三要件の立証において準備すべき証拠は自動運転車による交通事故訴訟において変容する可能性がある（事実上無過失責任化されている自賠法をレベル4以上の自動運転車に適用することの是非につき、第Ⅱ部第2章2⑴参照）。すなわち、自動運転が高度化するにつれ、免責三要件のうち、特に、①運行供用者および運転者が自動車の運行に関し注意を怠らなかったこと[10)]、および②自動車に構造上の欠陥または機能の障害がなかったこと[11)]、の立証の有無や質が現在のレベル2以下の自動車による交通事故訴訟におけるそれと異なるものと考えられている。

前者①の免責要件については、レベル2以下では自動車運転に関する注意義務と点検整備に関する注意義務の双方が問題となるが、運転の完全自動化を前提とするレベル5およびレベル4（限定領域（ODD）[12)]内）では自動車運転に関する注意義務は問題とならないため、自動運転車の点検整備の注意義務のみ問題となる[13)]。レベル3では自動運転システムに依拠できる限定領域（ODD）内であっても、改正道路交通法を前提とすると、介入要求等による自動運転システムから運転車への権限移譲が想定されるため、介

9）　森冨義明＝村主隆行編著『交通関係訴訟の実務』（商事法務、2016）8頁以下、東京弁護士会法友全期会民事訴訟実務研究会編『証拠収集 実務マニュアル〔第3版〕』（ぎょうせい、2017）144頁以下。

10）　当該運行に関する注意義務には、①自動車運転に関する注意義務、および②自動車の点検整備に関する注意義務があるとされる。北河隆之ほか『逐条解説 自動車損害賠償保障法〔第2版〕』（弘文堂、2017）62頁。もっとも、中川由賀教授が本書にて刑事責任の観点から「レベル3以上の自動運転車においては、運転者ないし車両の使用者が交通事故の防止のために果たすべき役割は、自ら安全運転をすることから、システムによる安全運転を担保することへ変容していく」（第Ⅲ部第1章6⑵b参照）と指摘しているように、民事責任についても、同様に変容し、②の整備義務に重きが置かれたり、当該注意義務自体の再検討が迫られることもあり得るだろう。藤田友敬「自動運転と運行供用者の責任」藤田友敬編『自動運転と法』（有斐閣、2018）137頁以下参照。

11）　製造物責任法における欠陥と自賠法における欠陥の関係について、窪田充見「自動運転と販売店・メーカーの責任」藤田・前掲注10）159頁以下（特に172頁以下参照）。

12）　限定領域は、運行設計領域（ODD：Operational Design Domain）ともいわれる。JASO TP 18004（2018年2月）「自動車用運転自動化システムのレベルの分類及び定義」では、「3.17 限定領域（ODD）ある運転自動化システム又はその機能が作動するように設計されている特定の条件（運転モードを含むが、これには限定されない）。」と定義されている。

入要求等にただちに適切に対処することができる態勢でない場合には注意義務違反に問われ得るため、自動車運転に関する注意義務の質と程度がレベル２以下の当該義務とどのように異なるか検討のうえ当該義務と点検整備の義務双方が問題となる[14)]。さらに、レベル３および４では限定領域（ODD）外では、レベル２以下の注意義務と同じように考えられるが[15)]、限定領域（ODD）内では領域外の義務とは異なるため、限定領域（ODD）内なのかどうか（レベル３では領域内であっても権限移譲されるべき状況も含む[16)]）、を証拠によって認定する必要が生じうる。当該証拠は後記４⑵ｃの自動運転用データストレージシステム（DSSAD）等の電子証拠に大きく依存することになる。

後者②の自動車に構造上の欠陥または機能の障害がなかったことについて、下記の製造物責任における欠陥概念および証拠上の問題が同様に生じ

---

13)　藤田・前掲注 10）137 頁。点検整備に関する注意義務についても自動運転車の発展に伴い変容する可能性が指摘されており（藤田・前掲注 10）137 頁）、本書第Ⅲ部第１章６⑵ｂのとおり道交法や道路運送車両法における刑事責任上もシステムによる安全運転担保へと変容しうることから、この点は民事および刑事責任の両側面から検討が必要である。

14)　中川由賀教授は、改正道交法におけるレベル３の運転者の義務を前提とする過失の認定には権限移譲の場面では、介入要求の有無、システム作動継続が困難になったことの運転者の認識の有無、運転者の引継ぎの有無を掛けあわせた場合わけの検討が必要と指摘される（第Ⅲ部第１章６⑴参照）。

15)　国土交通省自動車局「自動運転における損害賠償責任に関する研究会　報告書」（平成 30 年３月）４頁以下参照（http://www.mlit.go.jp/common/001226452.pdf）。

16)　レベル４は限定領域内であれば自動運転システムに完全依拠できるためレベル５と同様に考えればよいが、レベル３では限定領域内であっても権限移譲されるべき状況（改正道交法 71 条の４の２第２項１号～３号、改正ドイツ道交法 1b 条２項参照（第Ⅳ部第１章２⑷ｂ参照））においては運転者が適切に対処しうる態勢を保持すべき義務（改正道交法 71 条の４の２第２項３号、改正ドイツ道交法 1b 条１項後段（第Ⅳ部第１章２⑷ｂ参照））が想定されうるため、限定領域内であっても当該状況であったかどうかを検討する必要が生じうる。この点は規制法の観点だけではなく、証拠法上の観点からもどのように立証し得るのかという難しさがある。改正道交法案 63 条の２の２では作動状態記録装置による記録等について規定し、ドイツ改正道交法（2017 年６月施行）63a 条および 63b 条を新設して自動運転車のデータ記録、保存等について規定し、個人情報にも配慮した規定の仕方となっている（第Ⅳ部第１章２⑷参照）。金岡京子教授もこの点詳しく検討されている。金岡京子「高度自動運転車の運行に係る制度整備課題――ドイツ道路交通法との比較法的検討」損害保険研究 80 巻３号（2018. 11）72 頁以下参照。この点の国際議論については、後記４⑵ｃの DSSAD の議論を参照されたい。

うるため下記(2)を参照されたい。もっとも、自賠法と製造物責任法の制度趣旨および保護の対象が異なるため、欠陥の有無につき同じ解釈基準とすべきか等解決すべき固有の問題はある[17)]。

(2) 製造物責任

自動運転車による交通事故が発生した場合、立証の容易さ等から被害者が加害者に対し上記(1)の自賠法上の運行供用責任に基づく損害賠償を求めるのが通常である。第Ⅰ部第１章の模擬裁判事例１のとおり、保険会社が速やかに自賠責保険や任意保険に基づき被害者に支払えば、当該交通事故が自動運転車の欠陥に基づく場合、保険会社は当該自動運転車の車体メーカー等に対し製造物責任法３条の製造物責任に基づく損害賠償を求めることになる（いわゆる求償請求）[18)]。しかし、保険会社（請求権者）の当該メーカーに対する当該製造物責任法上の損害賠償が裁判において認められるためには、保険会社は、①当該製造者（メーカー）が、当該自動運転車を製造し引き渡したこと、②当該自動運転車に①の時点で欠陥があることを基礎づける事実、③被害者の権利等を侵害し損害が発生したことおよびその額、④上記②の欠陥と上記③の損害との間に因果関係があることを主張し証拠を提出して立証しなければならない[19)]。特に保険会社（請求権者）が上記③の欠陥に該当する事実を主張し立証することは、２つの方向性から困難さを伴う。まず、何を欠陥と考えるかという基準の問題と当該欠陥を証明する証拠収集の難しさである（第Ⅰ部第１章事例１参照）。前者の欠陥の判断基準について、欠陥とは「当該製造物が通常有すべき安全性を欠いていること」（製造物責任法２条２項）と定義されているが、自動運転車の搭載システムのみに着目して欠陥を判断するのか、混合交通状況下での自動運転車以外の自動車を含めた自動車と比較して欠陥を判断するのか等難しい問題

17）　窪田・前掲注 11）176 頁以下。ITS 装置を前提とした製造物責任法と自賠法上の欠陥概念を検討したものとして、藤田友敬「ITS 装置と製造物責任」山下・前掲注 8）171 頁以下（特に 174 頁以下）。

18）　国交省の報告書では、「従来の運行供用者責任を維持しつつ、保険会社等による自動車メーカー等に対する求償権行使の実効性確保のための仕組みを検討」することが適当と指摘されている。国交省・前掲注 15）7 頁以下参照。

19）　大江・前掲注 8）457 頁以下参照。

がある[20]。後者の証拠収集の困難さについて、欠陥を判断するためには、被害者（請求者）側は、被害車両（当該製造物）、事故状況に関する資料（現場写真、実況見分調書等の刑事事件記録等）、同種事故情報[21]、当該車両の鑑定等を自ら収集しなければならない[22]。もっとも、設計段階の資料、実験データ等の多くの資料は、自動車メーカー側にあるため、被害者（請求者）側が、被告製造メーカーから、これらの資料を収集するには、現状の日本の民事裁判手続を前提にすると、相当の困難を伴う（下記5参照）[23]。

20） 当該システムが正常に稼働していれば回避できた事故が発生した場合で、ドライバー（人）では当該事故を回避できなかったとき、あるいは、正常に稼働していたとしても回避できない事故が発生した場合で、同様にドライバー（人）では当該事故を回避できなかったとき、当該システムに欠陥があると考えるのかどうかである（第Ⅰ部第1章事例1参照）。衝突被害軽減ブレーキを題材に検討されているものとして、窪田・前掲注11）159頁以下（特に172頁以下参照）、自動走行車の「欠陥」と「通常有すべき安全性」について理論的に検討するものとして、山口斉昭「自動走行車における欠陥概念とその責任」松久三四彦ほか編『社会の変容と民法の課題（下）——瀬川信久先生・吉田克己先生古稀記念論文集』（成文堂、2018）331頁以下。

21） 自動運転システム導入後においては、リコール・不具合情報の集約、ユーザーとの共有が重要となるものと考えられ、この点の情報集約・共有システムが構築されれば、これも重要な証拠資料となる。この点につき、中川由賀「自動運転に関するドライバー及びメーカーの刑事責任——自動運転の導入に伴って生じる問題点と今後のあるべき方向性」中京ロイヤー27巻（2017）25頁以下、同「自動運転に関する刑事責任——問題点と今後のあるべき方向性」平成30年度交通安全環境研究所講演会 招待講演1資料（https://www.ntsel.go.jp/kouenkai/h30/s1_180615.pdf）。自動運転車事故を含む事故調査体制やその構築の取組みについては、佐藤典仁「自動運転車による事故における事故調査」法時91巻1号66頁以下、平成28年2月株式会社デンソー「経済産業省委託 平成29年度 高度な自動走行システムの社会実装に向けた研究開発・実証事業 事故データベースの構築技術の開発 報告書」（平成30年3月）1-1頁以下（https://www.meti.go.jp/meti_lib/report/H29FY/000361.pdf）参照。なお、ドイツ改正道路交通法63a条2項は、道路交通の監督官庁に要求がある場合には個人情報保護規定の範囲で必要なデータを送信しなければならず当該官庁で保存、使用できる旨規定されている（第Ⅳ部第1章2⑷c参照）。

22） 東京弁護士会法友全期会・前掲注9）153頁以下。

23） 裁判所の事実認定において、欠陥の特定の程度、事実上の推定等によって、被害者側の救済をある程度図ることはできる。この点につき参考になるものとして、たとえば、橋本英史「製造物責任法における欠陥の要件事実とその立証（上）（下）」判時1553号（1996）7頁以下、判時1554号（1996）3頁以下。

4　自動運転車事故訴訟に係る電子証拠の特質や課題

(1)　現段階でのデータ保存に関する国内の検討状況

内閣官房IT総合戦略室が発表した「自動運転に係る制度整備大綱」[24]（以下「制度整備大綱」という）では、自動運転車と従来型の自動車が公道において混在している状況（以下「混合交通」ともいう）下で、自動運転車に係る万一の事故における被害者救済を図り社会受容性を確保するために、民事責任については自賠法や製造物責任法等に係る論点を整理し今後の検討の方向性を示している[25]。刑事責任については今後の交通ルールのあり方や事業形態等に応じた、関係主体の役割や義務の明確化、検討の必要性を示しつつ、特に注意義務違反や因果関係の有無等を判断するためにデータ記録や原因究明体制の構築の必要性を示す[26]。また、民事責任および刑事責任双方において、2020年を目途とする検討対象として、データ記録装置（EDR、ドライブレコーダー等）の設置義務化、データの記録機能（データ要素、記録間隔/時間、保持期間等）、情報保有者の事故時の記録提出の義務化を掲げている[27]。このような新たな電子的データの保存、提出義務化がなされれば、自動運転車の交通事故訴訟において当該電子的データは新たな証拠として重要な位置づけを有することになる。関係省庁も同様に報告書等によって、今後の検討の方向性を示している。

民事責任関連として、国交省の報告書[28]では、レベル1～4の自動運転に関する自賠法の運行供用者責任等の論点整理を行う中で（各論点につき、第Ⅱ部第1章4参照）、混合交通時の迅速な被害者救済および自賠責保険制

24)　高度情報通信ネットワーク社会推進戦略本部（IT総合戦略本部）・官民データ活用推進戦略会議「自動車に係る制度整備大綱（平成30年4月17日）」(https://www.kantei.go.jp/jp/singi/it2/kettei/pdf/20180413/auto_drive.pdf)、佐藤典仁「自動運転に係る制度整備大綱の概要」NBL 1123号（2018）82頁以下参照。

25)　IT総合戦略本部・前掲注24）18頁以下。

26)　IT総合戦略本部・前掲注24）19頁以下。

27)　IT総合戦略本部・前掲注24）19頁以下。

28)　国交省・前掲注15）5頁以下参照、佐藤典仁「自動運転における損害賠償責任に関する研究会の論点整理」NBL 1102号（2017）52頁以下参照。

度の安定運用の実現のためには、レベル3および4の自動運転システム利用中の事故でも、従来どおり運行供用者責任を維持しつつ保険会社等から自動車メーカー等に対する求償権行使の実効性確保のための仕組みを検討することが適当であるとする[29)]。同報告書では、求償権行使の実効性確保のための仕組みの一つの選択肢として、証拠に関連するものとして、EDR等の事故原因解析装置の設置や当該装置に記録した情報が市場で入手可能な装置によって読み取り可能な環境整備の実施等を指摘している[30)]。また同省のレベル3またはレベル4の自動運転システムを有する乗用車、トラックおよびバスを対象とする自動運転車が満たすべき基本的考え方を示した同省のガイドライン[31)]においても、自動運転システムの作動状況や運転車の状況等のデータ記録装置の搭載を安全性に関する一つの要件として掲げている。

刑事責任関連として、2019年3月に198回通常国会に道交法改正案が提出され、同年5月に成立した。ここでは、レベル3の自動運転システムを使用する運転者が当該システムから運転操作を引き継ぐことを求められる可能性等があることをふまえ、安全運転の義務（道交法70条）は引き続き課せられるとしつつ、「一定の条件を満たさなくなった場合に直ちに適切に対処することができる態勢でいるなどの場合に限り」、運転中の携帯電話使用禁止等を規定した道交法71条5号の5の規定の適用を受けないとする。同改正では、上記の義務違反等を証拠に基づき確認する必要性から、自動運転装置の作動状態を確認するために必要な情報を記録する装置の設置と記録情報の保存義務、当該記録情報の開示、自動車メーカー等に当該情報を判読するための必要な措置の要求に関する規定整備について言及さ

---

29)　国交省・前掲注15）7頁参照。

30)　国交省・前掲注15）8頁参照。

31)　国土交通省自動車局「自動運転車の安全技術ガイドライン」（平成30年9月）7頁以下。同ガイドライン（4頁以下）で自動運転車の安全性に関する要件として講ずべき措置事項として掲げられている項目を列挙すると、①運行設計領域（ODD）の設定、②自動運転システムの安全性、③保安基準の遵守等、④ヒューマン・マシン・インターフェース（HMI）、⑤データ記録装置の搭載、⑥サイバーセキュリティ、⑦無人自動運転移動サービスに用いられる車両の安全性（追加要件）、⑧安全性評価、⑨使用過程における安全確保、⑩自動運転車の使用者への情報提供、以上10項目である。ガイドラインを含む最近の法整備の動向について、中山幸二「車の自動運転をめぐる法整備の動向と課題」自動車技術73巻3号（2019）48頁以下参照。

れている[32)]。

(2) 電子保存証拠（ドライブレコーダー、EDR、DSSAD）

上記のとおり、制度整備大綱を含む関係省庁の報告書等にも見られるように、自動運転車の事故における被害者救済を図り社会的受容性を醸成し社会実装を実現するためには、データ保存およびその利活用が一つの重要な検討課題項目となっている。国内的および国際的にも検討されている段階である。そこで、民事責任を中心とする法的観点から、現段階で活用されているまたは活用し得るドライブレコーダーやEDR等の電子的情報記録装置（電子証拠[33)]）において、民事訴訟手続において、何をどのように立証し得るのかを確認し、自動運転車事故において、既存の電子的情報記録装置（電子証拠）を組み合わせることによって立証できること、および立証できないことを明らかにすることは、今後必要となる新たな電子的情報記録装置（既存のEDR等の改良を含む）の方向性の検討や検証にも役立つと思われる。以下、現時点で証拠として活用されている電子的情報記録装置のうち、ドライブレコーダー、EDRについて概観し、検討段階である自動運転に特化した自動運転用データストレージシステム（DSSAD）の議論について一般に公表されている資料に基づき若干触れることとする。

a　ドライブレコーダー

ドライブレコーダーは、事故などにより自動車車両に衝撃や急ブレーキを感知したときに一定時間の映像を記録し、走行記録等をメモリーカード等に保存するシステムで、メーカー各社の製品により映像記録時間等の性能に相違はあるものの、映像等を記録するものである[34)]。軽井沢スキーバ

32)　第Ⅲ部第1章（5(1)c）参照。

33)　電磁的情報記録装置は必ずしも裁判等の証拠で使用するだけではなく、メーカーが改良等のために必要なデータも含まれ得る。人の知覚によって認識することができないデジタル化された電磁的記録情報は、最終的にPC等の電子計算機による情報処理によって、可視化・可読化され用い得る。当該電磁的情報記録内のデータが証拠として取り扱われ得る文脈ではそれ自体が電子証拠となるが（たとえば、人が見読できないEDR内の生の電子データ）、CDRを通じて、レポート化されると当該電子データの意味について当該レポートを見読することによって裁判上証拠として使い得る。当該レポート自体は紙媒体なので電子証拠ではなく文書証拠である。

ス事故を契機として、国交省の告示[35]により、貸し切りバス事業者（一般貸切旅客自動車運送業者）についてドライブレコーダーの設置が義務化された。当該義務化に伴い国交省の告示[36]によりドライブレコーダーにより記録すべき情報として、①自動車の前方の映像、②自動車の運転車等の映像、③自動車の瞬間速度、④自動車の加速度、⑤警報音、⑥日付および時刻が記録（連続して当該情報が24時間以上記録できる記録媒体）され、①〜⑤の記録情報は⑥の日付および時刻の情報と連動していなければならないとされる。当該記録情報のうち①、②、⑤および⑥の情報については汎用性のあるソフトウェアによって再生できなければならないとされる。その他カメラの性能要件、速度記録計等の要件が定められている。ドライブレコーダーは自動運転車においても、カメラの性能要件等細部の変更は必要であっても、上記要件を大きく変更せずに既存の技術をそのまま利用できるメリットがある。

ドライブレコーダーによる証明対象となる事実について、通常の自動車事故における民事訴訟を前提として、松川まゆみ判事は、ドライブレコーダーによる立証可能な事実として、①信号機の色、②相手方車両のヘッドライト点灯の有無、③合図の有無やタイミング、④急ブレーキ、急ハンドルの有無、⑤一時停止場所での一時停止の有無、⑥速度、減速の程度やタイミング、⑦停車や追い越しの場所やタイミング、⑧走行位置、⑨接触の有無、⑩衝突物の視認可能性、⑪道路周辺の状況、を挙げられている[37]。人による運転とシステムによる運転（自動運転）との場合において、立証対

34)　国交省「ドライブレコーダーで安全確認 守ろう運転マナー」（http://www.mlit.go.jp/jidosha/anzen/03driverec/resourse/data/anzenmanners.pdf）参照。

35)　国土交通省告示第1676号「旅客自動車運送事業者が事業用自動車の運転車に対して行う指導及び監督の指針」（http://www.mlit.go.jp/jidosha/anzen/03safety/resourse/data/ryokaku_sidou.pdf）。貸切バス事業者の設置の義務づけについては、平成29年12月1日以降に新規登録した新車は全て装着し、平成29年12月1日より前に新車新規登録を受けた車に新たに取り付ける場合は平成31年12月1日までに装着しなければならない。国交省「Q&A　旅客自動車運送事業運輸規則の解釈及び運用について等≪貸切バス事業者向け≫」（平成28年11月29日現在）（http://wwwtb.mlit.go.jp/hokkaido/bunyabetsu/jidousya/hoan/tutatu/281129jigyousyamukeQA.pdf）。

36)　国土交通省告示第1346号（http://wwwtb.mlit.go.jp/hokkaido/bunyabetsu/jidousya/hoan/tutatu/281117dorareko.pdf）。ドライブレコーダーにより記録すべき情報およびドライブレコーダーの性能要件が定められている。

象の重要性が大きく異なるのは特に⑩衝突物の視認可能性であろう。人の運転による自動車事故では、当該運転者の注意義務[38]が問題となることから、カメラ（ドライブレコーダー）による撮影と人の目による視認可能性の違いが問題にされ、カメラの死角等を含む具体的な撮影条件等を検討する必要性が生ずる[39]。これに対し、システムによる運転（自動運転）車事故の場合には、自動運転車の自動運転化のレベルおよび当該状況に応じて、視認可能性に代えてたとえば「センサーによる感知可能性」（第Ⅰ部第1章事例1および4参照）等が立証対象事項になるものと考えられる。その場合、以下のドライブレコーダー以外の証拠も駆使しなければならないが、客観的な検証が可能となる一方で、機能限界と欠陥[40]との関係等難しい問題が生じ得る可能性がある。

b　EDR

Event Data Recorder（EDR）は、エアバッグの展開を伴う衝突等（エアバックが展開せずともEDRの記録が作動する衝突に近い状態等を含む）の事象が発生した時、その前後の時間において、車両速度等の車両状態にかかる計測データを時系列で記録する装置または機能である[41]。EDRは、エアバックコントロールモジュール（ACM）の中に組み込まれており、衝突等の事象が発生すると、その直前数秒間における自動車の走行速度、エンジン回転数、アクセルの状態、ブレーキの状態等が記録される車載記録システムである[42]。EDRにおいては、エアバックの展開によって、事故発生時までの状態である「プレクラッシュデータ」と事故発生時からエアバック展開完

37）　松川まゆみ「映像記録型ドライブレコーダに記録された情報と交通損害賠償訴訟における立証」日弁連交通事故相談センター東京支部『民事交通事故訴訟 損害賠償額算定基準（下）（講演録編）2015（平成27年）』55頁以下。

38）　運転者の注意義務違反の有無は、免責3要件の一つでもあるが、運行供用者の責任が免れ得ない事案でも、当該注意義務の有無・程度は過失相殺割合認定で重要な争点となる

39）　松川・前掲注37）59頁。

40）　機能限界の製造物責任法上の欠陥の問題について、窪田・前掲注11）175頁以参照。

41）　城祐一郎『Q&A実例 交通事件捜査における現場の疑問〔第2版〕』（立花書房、2017）430頁以下、清水勇男＝佐藤隆文＝日下敏夫『新・交通事故捜査の基礎と要点〔全訂新版改訂4版〕』（東京法令出版、2014）62頁。

42）　城・前掲注41）433頁以下。

了までの状態である「ポストクラッシュデータ」が記録される43)。EDRはドライブレコーダーよりも精度の高いデータが記録されること、記録後のデータ改ざん防止機能が備わっていること、事故原因を後から調べる目的で装備されているため非常に壊れにくい特徴を有している44)。

EDRの仕様について、米国では連邦規則タイトル49パート563により、対象車両、記録開始のトリガーイベント、記録項目、記録間隔、記録時間等の基準化が図られている45)。当該連邦規則は、EDR搭載車による事故時の車両側情報の収集、保管、回収等について規定し、事故調査員や研究者がEDRからデータを取り出すツール・方法の市販等による商業的利用のため車両メーカーに対する当該要請についても規定している46)。日本では現時点（2019年3月時点）ではこれに類似する法令による基準は定められていないが技術指針として「J-EDRの技術要件」が定められている47)。

EDRによって、たとえば事故発生時の－5秒間（プレクラッシュ）における記録および読出可能なデータとして、0.5秒間隔ごとに、車速、アクセルペダル開度、エンジンスロットル開度、エンジン回転数、モーター回転数、ブレーキのON/OFF、ステアリング操舵角、シフトポジション等が記録される。当該記録データは、クラッシュデータリトリーバル（CDR）48)によっ

43)　国土交通省「自動運転における損害賠償責任に関する研究会」(http://www.mlit.go.jp/jidosha/jidosha_tk2_000048.html）第5回　BOSCH 里廉太郎「CDR/EDR 発表資料」3頁以下（http://www.mlit.go.jp/common/001219351.pdf)。

44)　城・前掲注41）434頁。

45)　U.S. DEPARTMENT OF TRANSPORTATION/National Highway Traffic Safety Administration, Title 49, CFR Part 563 "EVENT DATA RECORDERS" *available at* https://www.govinfo.gov/content/pkg/CFR-2011-title49-vol6/pdf/CFR-2011-title49-vol6-part 563.pdf、新国哲也＝小林摂「自動運転を想定したデータストレージシステムの検討と国際基準における議論の状況」(交通安全環境研究所フォーラム2018) 79頁以下（https://www.ntsel.go.jp/forum/2018files/P10.pdf)。

46)　*Id* at 563. 1, 563. 12.

47)　国土交通省自動車交通局「J-EDRの技術要件」(http://www.mlit.go.jp/kisha/kisha08/09/090328/01.pdf)。

48)　日本国内でもすでに例えばボッシュ製CDRが販売されている（https://www.bosch.co.jp/aa/products/downloads/bosch-crash-data-retrieval-cdr-leaflet-01-01.pdf)。また、三井住友海上火災保険株式会社は、「ボッシュ社製「CDR」を活用した損害調査の開始について」と題するプレスリリースを行い、適正かつ迅速な保険金支払い実現のための自動車事故の損害調査でのCDR活用について公表している（https://www.ms-ins.com/news/fy2017/pdf/0928_1.pdf)。

て、EDRから当該データを読み出し、専用のPCアプリケーションソフトウェアを利用しCDRレポートを作成し当該データが読み取れ事故解析することができる[49]。

ドライブレコーダーとの相違点は、まず汎用性のあるソフトウェアによって当該情報を見読できないことである。ボッシュ製のCDRのようにすでに市販されているものもあるが、全ての車種に対応できるわけではなく、高額でかつその取扱い、読出し後のレポート解析に専門的知識およびノウハウが必要な点である。つぎにドライブレコーダーによる立証可能な事実のうち、EDRのみでは、①信号機の色、②相手方車両のヘッドライト点灯の有無、③合図の有無やタイミング、⑦停車や追い越しの場所やタイミング、⑧走行位置、⑩衝突物の視認可能性、⑪道路周辺の状況については立証できないものと考えられる。もっとも、事故発生直前のプレクラッシュのデータであれば、④急ブレーキ、急ハンドルの有無、⑤一時停止場所での一時停止の有無、⑥速度、減速の程度やタイミング、⑨接触の有無については、ドライブレコーダーよりも客観的データが取得し得るものと考えられる[50]。

c　DSSAD（自動運転分科会（ITS/AD）の議論[51]）

現在の交通事故訴訟においても使用されるドライブレコーダーやEDR等の証拠では対応できないまたは対応困難な、自動運転車の交通事故訴訟特有の立証対象事項は、自動運転用データストレージシステム（DSSAD：Data Storage System for Automated Driving）によって対応する必要がある。2019年5月に成立した改正道交法63条の2および改正道路運送車両法41条2項は、作動状態記録装置による記録について規定している（第Ⅲ部第1章5c参照）。この作動状態記録装置の具体的な要件、仕様等は現段階では明らかではない。そのため、DSSADと作動状態記録装置との関係も現時点では明らかではないが、今後DSSADの国際的議論をふまえ、各法規制

49）　里・前掲注43）5頁。

50）　上記は個別の特徴を検討しているが、実際にはドライブレコーダー、EDR等の証拠を併用することになると考えられる。そのため、相互補完的活用により真実に迫った事実認定が可能となる。

51）　新国ほか・前掲注45）80頁。

の目的・制度趣旨の下で当該作動状態記録装置の要件、仕様等が確定されていくものと思われる。

そこで、ここでは、自動運転用データストレージシステム（DSSAD）の基準について、国連（WP29）配下の自動運転分科会（ITS/AD）において、国際自動車工業連合会（OICA）から提示された、レベル3以上のDSSADの装置または機能を概観する。すなわち、重大な安全に係る事象（significant safety related event）が発生した場合、当該事象の前後において運転手とシステム間の相互作用の全容を解明し得るようにし、運転手またはシステムに対する自動車運転タスクの制御の要請の有無、実際に運転タスクを実施していたものを明らかにするために、レベル3/レベル4/レベル5の自動運転システム（ADS）搭載車の自動運転作動間の一連のデータを記録しおよび保存する装置または機能がDSSADとされる[52)]。DSSADの議論では、EDRよりも長い時間の記録保存を前提とし、自動運転システムON/OFF（AD system ON/OFF）、介入要請（Transition Demand）、テイクオーバー（Take Over）、MRM（Minimum Risk Manoeuver）、各データタイムスタンプ（Respective data timestamps）等の情報保存が検討されている[53)]。たとえばレベル3で重要となるのは、既存のドライブレコーダーやEDRでは記録・再現できないまたは記録・再現が困難である、上記のデータ記録・保存のトリガーとなる重大な安全に係る事象としては、運転者とシステム間の運転主体の移行となる[54)]。上記の定義におけるDSSADの議論は、自動運転車を対象とし、DSSADの装備目的は自動運転制御に関する法的情報の必要性を支援することである[55)]。そのため、現在検討されている自動運転用データストレージシステム（DSSAD）の国際基準の議論をふまえ、自賠法や道交法等を含む既存および新たな国内法体系のもとで自動運転用データストレージシステム（DSSAD）の仕様および基準化も考える必要がある。

52）　Document No. ITS/AD=-14-09（14the ITS/AD, 15 March 2018, agenda item 5-1）：OICA, "DATA STORAGE SYSTEM FOR AUTOMATED DRIVING（DSSAD）Submitted by experts of OICA" at 2, *available at* https://wiki.unece.org/pages/viewpage.action?pageId=56591466

53）　*See* OICA, *supra* note 52 at 3.

54）　新国ほか・前掲注45）80頁。

55）　*See* OICA, *supra* note 52 at 6. メーカーのノウハウとして、今後の改善等のために開示を目的としない種類のデータの記録・保存も考えられるが、ここでは、少なくとも裁判所からの開示命令の対象となり得るデータを前提として検討する。

もっとも、DSSADに関しては技術的な面での課題が指摘されている。2016年5月7日にフロリダで発生した自動運転車とトレーラーの衝突事故においてNTSBによって事故調査が実施されている。当該事故調査で言及されていた当該事故車両のパラメータとサンプリング時間によれば、事故分析において必要なデータ容量は70 kbyte程度とのことであり、1 kbyte程度のEDRと比較しても、70倍以上の情報の記録容量が必要となる旨指摘されている[56)]。そのため情報記録容量を増大しかつ適切な処理速度を保ちつつ、コストも見合うようなDSSADが必要となる。

DSSADに関連してサイバーセキュリティ上の課題も併せて検討されている[57)]。自動車自体と外部通信とは遮断されている古典的な自動車であれば問題となることはなかったが、自動走行とコネクテッド化が進展すると、パソコンに対するハッキングと同様の問題が生じる。これに対してハッキングを防ぐ設計および体制は最重要課題の一つと思われ、外部との通信が想定される車両システムへの影響の緩和策、ソフトウェアアップデートの対応策等が議論されているようである[58)]。仮に万が一、ハッキングされた場合にその原因究明（その後の改善および法的責任追及のためにも）のため当該ハッキングに関するデータが保存されていることも必要であろう。法的観点から何が証拠として必要なデータかについては、当該自動運転車を規制する法律にも依存するが、技術的観点と法的観点の両側面からの今後の継続的な検討課題である。

さらに、タクシーに装備されたドライブレコーダーの映像がテレビ等で放映され問題となったように、既存の電磁的保存情報の証拠においてもプライバシー、個人情報、個人の肖像等の人格的利益には十分配慮しなければならない。現在議論されているDSSADに如何なる情報が保存されるかによっては、さらなる個人情報・プライバシー等の侵害の危険性が発生し得るためその対応策も十分念頭に置いておく必要がある[59)]。

56）　新国哲也「講演1 車両制御における情報セキュリティに関する研究」38頁（https://www.ntsel.go.jp/kouenkai/h30/1_180615.pdf）。

57）　経済産業省・自動走行ビジネス検討会「自動走行システムにおけるサイバーセキュリティ対策」（2018年3月30日）（https://www.meti.go.jp/policy/mono_info_service/mono/automobile/Automated-driving/automated-driving.html）。

58）　新国・前掲注56）42頁以下。

5　模擬裁判事例から見えた解決すべき証拠法上の課題

(1)　模擬裁判事例における争点と証拠 ――証拠法上の観点からの整理

事例1、3ないし5では、自動運転車の「欠陥」設計上の欠陥の有無が争点となっている。第Ⅰ部第1章事例4に問題となり得る証拠が列挙されている。事故状況自体は、現在の交通事故訴訟で用いられる証拠（捜査関係資料、ドライブレコーダーの映像データ等）で証明でき、事例5のように電子証拠（EDR等）によって、より客観的な事故状況が証明し得る。事例1では、レベル3の自動運転車であり機能限界としてシステムからドライバーへの権限移譲が問題となっているため、従来の証拠では立証が困難な権限移譲の有無等について、上記DSSADの議論や改正道交法63条、ドイツ道交法63a条のような新たな電子証拠で立証する必要が生じるだろう（改正道交法およびドイツ道交法の詳細は第Ⅲ部第1章、第Ⅳ部第1章を参照)。「電子証拠の取調べ」という証拠法上の問題がある。

また事例1、3ないし5において、自動運転車のAI技術に基づくシステムの欠陥（設計上の瑕疵）やセンサー等の欠陥が立証対象となった場合、前章事例4で列挙している開発時の資料や開発者の証言も証拠として重要となる。営業秘密に係る証拠は被告メーカー側に偏在するため、民事裁判において、原告側に有利となる被告メーカー側保有の証拠をいかに収集し提出させるか、という「証拠収集手続上の問題」が生じる。また営業秘密に係る証拠であることから、「営業秘密の保護と適正かつ公正な裁判の実現」[60]の問題が生じる。

---

59)　前掲注16）参照。新保史生教授は、自動運転に係る情報の管理責任について、自動運転の安全確保等のために必要な画像情報等であっても、プライバシー・個人情報等の人格的利益の保護の対象ともなり得る情報が含まれることを念頭に置いた検討が必要なことを指摘される。新保史生「テクノロジーの発展と消費者保護をめぐる諸問題」現代消費者法42巻（2019）12頁（特に15頁）以下。その他、自動運転と情報セキュリティ上の問題については、小塚荘一郎「自動車のソフトウェア化と民事責任」藤田ほか・前掲注10）223頁以下参照。

(2)　証拠法上の問題に対する検討

電子証拠の証拠調べについては、電子証拠が紙媒体である文書証拠と比較して複写、消去、改変が容易であるという特性を有しているため、裁判所に電子証拠（例：EDR）やそれに代替する報告書（例：EDRを解析した報告書）が提出された場合、①オリジナルの証拠（情報）との同一性の問題（たとえば問題となっている事故車両のEDRがあった場合、当該EDRそのものなのかどうか[61]、当該EDR内のデータを正確に反映したものなのかどうか）、②上記①の問題（電子証拠の真正性と原本性の問題）を有する電子証拠の民事訴訟手続上の証拠調べ手続はどのように行うべきかという問題に直面する。日本の現行民事訴訟法では電子証拠に関する条項が準文書の証拠調べ（民訴法231条）のみであり、文書に準じて取調べると規定されているだけである。電子証拠の特性をふまえつつ、適正・公平・迅速・廉価な民事裁判の実現を図るためには、元データと当該提出証拠との同一性を争う機会を異議によって確保しつつ、提出された証拠を当該証拠の性質に応じて、文書の証拠調べや準文書の証拠調べ手続き等によって調べればよいのではないかと思われる[62]。

証拠収集手続上の問題について、現在の民事裁判の証拠上の中心的役割である文書の証拠について、文書所持者は原則として文書の一般提出義務（民訴法220条4号）を負担している。そのため、文書を保有する相手方当事者が任意に提出しない場合、当事者は当該文書を特定（なお、当該文書を保有していない当事者が対象文書を特定しなければならないという困難がある）

60）　秘密の保護と真実に基づく裁判という衝突する利益をいかに調整するか、文書提出義務と併せて秘密保護制度（特許法105条の4参照）を民事訴訟一般に導入することの是非を検討したものとして、森脇純夫「企業秘密と訴訟審理」新堂幸司監修『実務民事訴訟講座〔第3期〕第4巻――民事証拠法』（日本評論社、2012）189頁以下。

61）　この点の証拠物の同一性確保は、裁判前の捜査機関はもとより、保険会社がCDRを使ってEDRデータを損害調査に使う場合にも念頭に置くべき事項である。いわゆるChain of Custodyの問題である。櫻庭信之「電子証拠の民事証拠保全と証明活動――弁護士の視点から」町村泰貴＝白井幸夫編『電子証拠の理論と実務』（民事法研究会、2016）118頁以下（特に176頁以下参照）。

62）　この点の筆者の見解については、柳川鋭士「民事訴訟手続における電子証拠の原本性と真正性――米国におけるデジタル・フォレンジックの活用場面を参考にして」情報ネットワーク・ローレビュー17巻（2019）14頁以下参照。

し、文書提出命令の申立て（民訴法221条）を行い、その文書を保有する相手方当事者に対する裁判所の文書提出命令の発令を得れば当該文書を入手することができる。しかし、米国ディスカバリー手続とは異なり特定の文書に対する文書提出命令という裁判所の個別の決定が必要であり、また、文書の提出が一般義務化されたと言っても当該義務の除外事由（民訴法220条4号イロハニホ）もあるため、相手方が保有する文書を常に入手できるわけではない。この点は文書に準じる電子証拠でも同様の問題が生じ得る。

もっとも、改繕すべき点があるものの文書提出の一般義務の除外事由自体が不要というわけではない。「営業秘密の保護と適正かつ公正な裁判の実現」をいかに確保するかという問題に係る。特に、自動運転車の交通事故訴訟では電磁的情報記録装置内の情報が重要な証拠となり得るのであれば、当該情報は網羅的になる可能性があり、文書証拠よりも一層プライバシーや営業秘密への配慮が必要になるものと思われる。特に、自動運転車の製造物責任訴訟等では営業秘密に関連するため文書等の開示による適正な裁判と営業秘密の維持という両者の困難な調整がより必要となるだろう[63)]。営業秘密が頻繁に問題となる特許訴訟をふまえて、電子証拠を含む文書をより提出されるようプライバシーや営業秘密にも配慮した改正手段[64)]も当然あるが、それだけではなく医療過誤訴訟や秘密保持命令制度等を有する特許権侵害訴訟のようにすでに実践されている裁判所の訴訟運

---

63)　特許侵害訴訟等では特許法等が秘密保持命令を裁判所が発令し営業秘密を維持しながら、当該秘密情報を裁判所に提出させ適正な裁判を実施することができるが（特許法105条の4参照）、民事訴訟法上はこのような手段がない。この点については、民事訴訟法を改正し秘密保持命令のような手段を設けるべきとの提言もある。三木浩一＝山本和彦編『民事訴訟法の改正課題』（有斐閣、2012）139頁以下、森脇・前掲注60）215頁以下参照。

64)　日本弁護士連合会の改正試案でも、上記脚注の問題をふまえた秘密保護命令制度の新設に加えて、文書提出義務や文書特定手続関係の改正試案等を提言している。日本弁護士連合会「文書提出命令及び当事者照会制度改正に関する民事訴訟法改正要綱中間試案」（日弁連、2010年1月21日）3頁以下、また、最高裁判所の裁判迅速化に係る報告書においても、証拠収集に関する施策が検討されている。最高裁判所事務総局『裁判の迅速化に係わる検証に関する報告書（第4回）』（平成23年7月8日）「施策編」28頁以下。この点をふまえた、近時の議論について、日下部真治「民事司法改革の現状と課題 証拠収集の充実・強化に向けて」自正67巻4号（2016年4月）46頁以下。

用[65]を参考にした運用によって必要な証拠が提出され得る手段も併せて検討すべきであろう。

（柳川鋭士）

65）証拠が被告側に偏在する訴訟（たとえば、医療過誤訴訟）においても、理論上証明責任を負担しない病院側等の被告にも積極的に具体的主張や証拠が提出される取組みや運用上の工夫がなされている。池田辰夫ほか「医事関係訴訟における審理手続の現状と課題（上）」判タ1330号（2010）8頁〔揖斐潔発言〕、山下寛ほか「紛争類型別審理モデルについて――商品先物・証券取引訴訟、医事関係訴訟」判タ1072号（2001）4頁以下参照。このような取組みも参考にすべきであろう。民事訴訟法上の早期かつ適正な情報共有の問題と一つの改善策について、柳川鋭士「弁護士と裁判所間の情報共有化の過程と弁護士・裁判所双方の役割――民事訴訟の更なる改善策の一提言」判時2153号（2012）3頁以下参照。

第 II 部

保険関係

第1章　自動運転に向けた損害保険業界の対応——自賠責保険・自動車保険に関する対応

1　はじめに

一般社団法人日本損害保険協会（以下、「損保協会」）は、わが国における損害保険業の健全な発展および信頼性の向上を図り、安心かつ安全な社会の形成に寄与することを目的とする団体である。

損保協会では、定款および経営計画である中期基本計画等に基づき、損害保険業に関わるさまざまな課題に取り組んでいる。第8次中期基本計画（2018～2020年）では、環境変化への迅速・的確な対応として、新たな技術の出現や社会を脅かすリスクの変貌等に対応し、安心・安全な社会の形成やお客さまの利便性向上を図ることとしている。

同計画における重点課題では、技術革新への対応として、自動運転技術の進展状況に応じた態勢整備を掲げており、第7次中期基本計画（2015～2017年）から精力的に取り組んできた。

本稿では、自動車損害賠償責任保険（以下、「自賠責保険」）および自動車保険の概要を説明し、自動運転社会に向けた損保協会の取組みおよび保険会社の取組みの概要を紹介したい[1)]。

2　自賠責保険、自動車保険の機能

損害保険業において保険料収入の半数以上を占めるものは自動車に関する保険（自賠責保険および自動車保険）である。このことから、日本社会にお

1）　文中における意見に当たる部分は、筆者の見解である。

いて最も大きく身近なリスクは自動車に関する事故であると言える。

自動車に関する事故はさまざまな類型があるが、事故が生じた場合、刑事上の責任、行政上の責任、民事上の責任が生じる。そのうち、民事上の責任（損害賠償責任）を補償するのが、自賠責保険・自動車保険である。まず両保険の概要を説明する。

自賠責保険と自動車保険では、民事上の責任（賠償責任）をはじめさまざまな損害を補償しており、補償する範囲を整理した図は以下のとおりである。

自賠責保険・自動車保険で補償する損害

	身体的損害（ケガ・死亡）	モノの損害
相手	自賠責保険（強制保険）	対物賠償保険
	対人賠償保険	
自分	人身傷害保険 自損事故保険 無保険車傷害保険 搭乗者傷害保険	車両保険

(1)　自賠責保険

自賠責保険の特徴および補償内容は以下のとおりである。

a　特　　徴

(i)　自動車損害賠償保障法に基づく保険であること

自動車事故における民事上の責任の問題は、自動車損害賠償保障法（以下、「自賠法」）施行前は、民法709条の規定によって過失責任原理に基づき処理されてきた。つまり、民法709条では過失責任主義を原則としているため、自動車事故の被害者が損害賠償を請求するには、被害者が加害者に故意・過失があったことを立証しなければならなかった。

（不法行為による損害賠償）
709条　故意又は過失によって他人の権利又は法律上保護される利益を侵害した者は、これによって生じた損害を賠償する責任を負う。

その後、自動車事故の増加等社会情勢の変化や被害者保護・救済の機運が高まり、自賠法が制定された（1955年）。同法の大きな特徴は、「運行供用者責任」を創設したことと、被害者救済のための諸制度を創設したことである。被害者救済のための制度として、保有者（自動車の所有者その他自動車を使用する権利を有する者で、自己のために自動車を運行の用に供する者）は自賠責保険を締結する義務が定められている（自賠法5条）。

①　運行供用者責任

自賠法3条では、運行供用者責任の主体は、「自己のために自動車を運行の用に供する者」と定めている。この運行供用者は、「自動車の使用について支配権を有し、かつ、その使用により享受する利益が自己に帰属する者を意味する」（最判昭和43年9月24日判時539号40頁）として、「運行支配[2)]」し、かつ、「運行利益[3)]」を得ている者と解されている。運行供用者は保有者よりも概念として広く、自己のために自動車を運行の用に供する者であれば、盗難車の運転のように正当な権利を有していない場合でも運行供用者に含まれる[4)]。

> （自動車損害賠償責任）
> 3条　自己のために自動車を運行の用に供する者は、その運行によつて他人の生命又は身体を害したときは、これによつて生じた損害を賠償する責に任ずる。ただし、自己及び運転者が自動車の運行に関し注意を怠らなかつたこと、被害者又は運転者以外の第三者に故意又は過失があつたこと並びに自動車に構造上の欠陥又は機能の障害がなかつたことを証明したときは、この限りでない。

②　他　　人

同条で定める「他人」とは、「自己のために自動車を運行の用に供する者

2）　運行支配の内容は、「加害車両の運行を指示・制御すべき立場（地位）」とするものが多い（北河隆之＝中西茂＝小賀野晶一＝八島宏平『逐条解説自動車損害賠償保障法〔第2版〕』（弘文堂、2017）23頁から引用）。

3）　運行利益とは、加害車両の運行によって利益を得ているということ。利益といっても、金銭的な利益だけに限られるものではない。

4）　伊藤文夫＝佐野誠編『自賠責保険のすべて〔12訂版〕』（保険毎日新聞社、2014）84頁。

および当該自動車の運転者を除くそれ以外の者」とされている（最判昭和42年9月29日判時497号41頁）。

運転者とは、他人のために自動車を運行の用に供する者であり、タクシー運転手、運送会社の運送者等が該当する。

他人に該当するかの判断は、当該自動車の使用状況、名義、経費負担、誰が使っているか、運転免許の有無等の具体的な状況により個別に行われる。なお、被害者が他人ではない場合は自賠責保険の補償を受けられないが、親族であっても他人性を否定されることはない。

③ 運行供用者責任の免責

運行供用者と認められる場合、損害賠償責任を免れることはほとんどのケースで不可能に近い。同条のただし書きでは、いわゆる「免責3要件」が定められているが、現在の自動車では、これら3つの要件全てを証明するのは極めて難しいと考えられる。

免責3要件[5]

No	内容	備考
1	自己および運転者が自動車の運行に関し注意を怠らなかったこと	注意とは、道路交通法等の関連法令の遵守のみならず、通常の注意義務、運転者に対する選任・監督の注意義務も含む。
2	被害者または運転者以外の第三者に故意または過失のあったこと	いわゆる、あたり屋による事故や、停車中に追突されたことによる事故等が当てはまる。
3	自動車に構造上の欠陥または機能の障害がなかったこと	車両検査に合格しており、日常の整備点検の際に相当の注意を払っても発見できない欠陥・障害であっても、現代の工学水準上不可避なものでない限り、認められない。

(ii) 被害者保護のための保険であること

自賠法では、運行供用者責任を創設することにより過失の立証責任を転換し、被害者による加害者への損害賠償請求を容易にしているが、その履行が完全になされるための賠償能力を確保する手段として自賠責保険の契

5） 伊藤＝佐野・前掲注4）89頁を参考・一部引用し表形式に変更したもの。

約締結を強制している（自賠法5条）。さらに、自賠責保険でも救済されない場合の措置として、政府の保障事業を実施しており（同法72条）、事故の被害者が救済されないケースは稀である。

また、被害者が保険会社に対して損害賠償請求ならびに仮渡金[6)]を直接請求できる権利も保障されている（自賠法16条）。

b　補償内容

自賠責保険の約款では、補償の範囲および保険金の限度額を以下のとおり定められている。

（責任の範囲）
第1条　当会社は、自動車損害賠償責任保険証明書（以下「証明書」といいます。）記載の自動車（以下「被保険自動車」といいます。）の日本国内（日本国内外における日本船舶内を含みます。）における運行によって他人の生命または身体を害すること（以下「事故」といいます。）により、被保険者が法律上の損害賠償責任を負担することによって被る損害に対して、この約款の条項に従い、保険金を支払います。
（損害の範囲および責任の限度）
第3条　第1条（責任の範囲）の損害は、被保険者が被害者に支払った損害賠償金および被保険者が被害者のために支出した応急手当、護送、診察、治療または看護の費用とします。
2　当会社が支払うべき保険金（第1条の規定による保険金をいいます。以下同様とします。）の額は、自動車損害賠償保障法施行令第2条に定める保険金額（以下「保険金額」といいます。）を限度とします。ただし、法16条第1項の規定による損害賠償額（以下「損害賠償額」といいます。）の支払がある場合には、保険金と損害賠償額の合計額について、保険金額を限度とします。

自賠責保険約款によると、運行によって他人の生命または身体を害することにより、被保険者が法律上の損害賠償責任を負担することによって被る損害に対して保険金が支払われることになっている。

6）被害者は、損害賠償の責任の有無に関わりなく、または損害賠償額が確定する前に、当座の出費に充てるため政令で定める一定額を保険会社に請求できる（伊藤＝佐野・前掲注4）108頁）。

また、保険金は、自賠法施行令2条で定める保険金額が限度とされている。なお、同条で定められている限度額の概要は以下のとおり。

自賠法施行令2条で定める損害	保険金額の限度
死亡による損害	3000万円
後遺障害による損害	4000万円～75万円（※等級により限度額が異なる）
傷害による損害	120万円

このように、自賠責保険は強制保険で賠償能力を確保する手段として設計されているが、基本的な保障であり、自賠責保険の限度額を超過する損害が生じた場合は、運行供用者の自己負担となる。このような場合等に備えて、自賠責保険ではカバーされない損害を補償するものとして自動車保険が販売されている。

(2)　自動車保険

a　自動車保険と自賠責保険

自動車保険とは、事故により、被保険者が法律上の損害賠償責任を負ったことによる損害を補償する対人賠償責任保険や対物賠償責任保険、被保険者が被った人的損害を補償する人身傷害保険等、被保険自動車が被った損害を補償する車両保険を組み合わせて販売されている保険である。

自賠責保険との関係では、自賠責保険と同様に他人を死傷させた場合の損害賠償責任を補償する保険である対人賠償責任保険は、自賠責保険から支払われる額の超過部分を支払う保険であり、自賠責保険との関係においては、上積み保険としても機能している。左記の機能以外にも、自動車保険は自賠責保険では補償されないさまざまな損害を補償する役割を持っている。

自動車保険は、被害者保護の充実（自賠責保険の補完）だけでなく、ドライバーが安心して運転できる環境を整備することにも寄与している[7)]。

7)　自動車保険は、各保険会社で商品開発されているため、各保険会社から販売されている自動車保険は本稿で説明する内容とは一致しないことがある。

b　補償内容

自動車保険を構成している、対人賠償責任保険、対物賠償責任保険、人身傷害保険等、車両保険の補償内容を説明する。自動運転への対応の観点では、賠償責任保険の理解が重要になる。

なお、紹介する条文は、「自動車保険の解説」編集委員会編『自動車保険の解説 2017』（保険毎日新聞、2017）から引用している。

(i)　対人賠償責任保険、対物賠償責任保険

> 賠償責任条項
> 第2条（保険金を支払う場合――対人賠償）
> (1)　当会社は、対人事故により、被保険者が法律上の損害賠償責任を負担することによって被る損害に対して、この賠償責任条項および基本条項に従い、保険金を支払います。
> (2)　当会社は、1回の対人事故による(1)の損害の額が自賠責保険等によって支払われる金額（注）を超過する場合に限り、その超過額に対してのみ保険金を支払います。
> （注）被保険自動車に自賠責保険等の契約が締結されていない場合は、自賠責保険等によって支払われる金額に相当する額をいいます。
> 第3条（保険金を支払う場合――対物賠償）
> 当会社は、対物事故により、被保険者が法律上の損害賠償責任を負担することによって被る損害に対して、この賠償責任条項および基本条項に従い、保険金を支払います。

賠償責任条項の第2条と第3条が、対人賠償保険および対物賠償保険の保険金を支払う場合を規定している。両条文では、「法律上の損害賠償責任を負担することによって被る損害」に対して保険金を支払うとされている。

通常、交通事故が生じたときに、被保険者が損害賠償責任を負担する根拠となる主な法令として以下のものが挙げられる。

主な責任関係法令[8)]

賠償の対象	責任の種類	根拠となる法令
対人	運行供用者責任	自賠法3条
対人、対物※	不法行為責任	民法709条

対人、対物※	使用者責任	民法 715 条
対人、対物	共同不法行為者の責任	民法 719 条
対人、対物	共同不法行為者からの求償に基づいて負担する責任	民法 719 条、民法 442 条
対人、対物	事務管理者からの費用償還請求権に基づく責任	民法 702 条
対人、対物	債務不履行による責任	商法 590 条（旅客に対する責任）等

※物損事故の多くの場合は民法 709 条、715 条に基づいて法律上の損害賠償責任を負担することになる。

民法（不法行為責任）では、過失責任主義が採用されているため、被害者自身が加害者側に故意・過失があったことを主張立証しない限り、加害者に不法行為責任に基づく損害賠償請求は認められない。対物事故では不法行為責任により損害賠償責任を追及することが多いが、故意・過失の主張は、予見可能性（損害発生を予見しえたか）と結果回避義務（予見した損害発生を回避する行為義務）の観点から、請求者が立証する必要がある。

一方、自賠法では、被害者の救済を目的とした法律であるため、相対的無過失責任主義[9)]が採用されている。対人事故では、保有者（運行供用者責任を有する者）が免責されるには、保有者が免責 3 要件をすべて主張立証しなければならない。

(ii)　人身傷害保険[10)]

人身傷害保険
第 1 条（この条項の補償内容）
(1)　当会社は、人身傷害事故により第 2 条（被保険者および保険金請求権者）に規定する被保険者またはその父母、配偶者（＊1）もしくは子に生じた損害（＊2）に対して、この人身傷害条項および基本条項にしたがい、第 4 条

8）「自動車保険の解説」編集委員会編『自動車保険の解説 2017』（保険毎日新聞、2017）から引用。
9）無過失責任を課すわけではないが、立証責任を転換し、かつ、その要件を厳しくすることにより、ほぼ無過失責任に近い責任を課すもの。
10）自己の人身損害を補償する保険として、人身傷害保険、自損事故保険、無保険車傷害保険、搭乗者傷害保険があるが、人身傷害保険が最も普及している保険と思われるため、代表例とした。

（お支払いする保険金）に規定する保険金を支払います。

⑵　この人身傷害条項において人身傷害事故とは、日本国内において、下表のいずれかに該当する急激かつ偶然な外来の事故により、被保険者が身体に障害を被ることをいいます。

①	自動車または原動機付自転車の運行に起因する事故
②	ご契約のお車の運行中の、次のいずれかに該当する事故 ア．飛来中または落下中の他物との衝突 イ．火災または爆発 ウ．ご契約のお車の落下

（＊1）婚姻の届出をしていないが事実上婚姻関係と同様の事情にある者および戸籍上の性別が同一であるが婚姻関係と異ならない程度の実質を備える状態にある者を含みます。

（＊2）この損害の額は、第４条（お支払いする保険金）⑵に規定する損害の額をいいます。

人身傷害保険は、賠償責任保険（契約当事者以外の第三者において生じた損害を補償）とは異なり、被保険者が被った損害を自らの保険で補償する保険である。

人身傷害保険第１条では、補償内容が規定されている。本条では、保険会社が保険金を支払う要件は以下２点を満たす場合としている。

①　第２項に規定する「人身傷害事故」が発生していること

②　①によって被保険者またはその父母、配偶者もしくは子に損害が生じること

(iii)　車両保険

車両条項

第２条（保険金を支払う場合）

⑴　当会社は、衝突、接触、墜落、転覆、物の飛来、物の落下、火災、爆発、盗難、台風、洪水、高潮その他の偶然な事故によって被保険自動車に生じた損害に対して、この車両条項および基本条項に従い、被保険者に保険金を支払います。

⑵　⑴の被保険自動車には、付属品を含みます。

車両保険では、偶然な事故によって被保険自動車に損害が生じた場合、保険金を支払うこととされている。

偶然な事故とは、契約成立の当時において、その事故の発生と不発生がいずれも可能であって、発生するかどうかが不確定である事故のことをいう[11]。したがって、タイヤの摩耗等、正常な使用過程で当然生ずる現象は偶然とされない[12]。

3　自動運転に対する損保協会の取組み

自動車社会のセーフティネットとして、自賠責保険、自動車保険を提供することは損保会社の社会的責務である。また、自動運転は交通事故の削減、環境負荷の軽減等に大きく寄与するものであると考えられる。これらをふまえ、損保業界としては、自動運転社会に向けて検討するべき課題を解決するとともに、自動車ユーザー、社会のニーズをふまえて、適切な補償等を提供していくことで、自動運転の発展に貢献していくつもりである。

損保協会では、自動運転に早期から注目しており、2014 年度から自動運転への対応を業界活動として進めてきた。自動運転に関する法的課題の検討および情報発信等について、以下のとおり紹介する。

(1)「自動運転に関する法的課題について」のとりまとめ

自動運転技術の導入により、事故の削減、環境負荷の軽減、高齢者等の移動手段の確保といった効果が期待される一方で、自動運転車による事故が発生した場合、損害賠償責任の負担者は変化する可能性がある。たとえば、SAE レベル 4 以上で走行中に事故が発生した場合、従来の自動車による事故の場合では事故の原因はドライバーの誤操作であるケースがほとんどであるが、ドライバーの誤操作の可能性は限りなく低い。このため、従来どおりの責任関係のままでよいか疑問が生じる。

このような問題意識のもと、損保協会では、2014 年 8 月にニューリスク

11）大森忠夫『保険法（法律学全集第 31 巻）』（有斐閣、1957）61 頁。
12）「自動車保険の解説」編集委員会・前掲注 8）174 頁から引用。

PTを設置し、政府における検討や国際的な議論の動向を注視しつつ、有識者とも意見交換を行いながら、自動運転に関する法的課題について、事故時の損害賠償責任を中心に検討を行い、検討結果を2016年6月に報告書としてとりまとめた。

同報告書では、現行法における損害賠償責任の根拠、自動運転レベルごとの損害賠償責任の考え方、自動運転の検討において特に注意が必要になる個別の課題が整理されている。同報告書の概要は以下のとおりである。

a　現行法における損害賠償責任の根拠

対人事故と対物事故においては、過失の証明責任を事故当事者のどちらが担うかが異なっている点を明らかにしている。対人事故の場合は、前提となる運行供用者であることの証明責任は請求者が負うが、自賠法3条ただし書により相手方に過失のないことが免責事由となるためその証明責任は相手方が負う抗弁事項となる[13)]。一方、対物事故では自賠法は適用されないため、民法709条に基づき請求者が相手方の過失があることについて証明責任を負うことになる。

b　自動運転レベルごとの損害賠償責任の考え方

報告書では運転自動化レベルを4つに区分（レベル0は自動運転技術が使用されていないため整理に含めていない）し、損害賠償責任の考え方を整理している。これは、報告書を発表した当時、米国NHTSAが発表したPolicy on Automated Vehicleにおいて、自動車の自動化のレベルとして、5段階（レベル0～4）に分類されていたためである。ただし、損保協会の区分においてレベル4と定めているものは、現在日本政府でも採用されているSAEレベルではレベル4、5に相当するものであるため、SAEによるレベルの区分と決定的に異なるものではない。

13)　被害者の主張立証後に、運行供用者が、過失がないこと（無過失）を含む免責3要件をすべて主張立証した場合にだけ免責されるため、事実上の無過失責任ともいわている。山下友信「ITSと運行供用者責任の免責要件」山下友信編『高度道路交通システム（ITS）と法――法的責任と保険制度』（有斐閣、2005）116頁。

(i)　レベル2（SAEレベル2に相当）の場合

自動運転中であってもドライバーには常に運転責任があることから、対人事故・対物事故ともに、責任関係に変化は生じない。

(ii)　レベル3（SAEレベル3に相当）の場合

①　対人事故

「運行利益」の構造は従来から変化ないが、「運行支配」は、自動運転（システムによる運転）であるので、システムが「運行支配」しているとも考えられる。しかし、システムの機能限界時等はシステムからドライバーに運転責任が移譲されること、自動運転中であってもドライバーはいつでも運転に介入できることから、ドライバー等が「運行支配」していると解することが可能と考えられる。

このため、自動運転中の事故か否かを問わず、自賠法の「運行供用者責任」の考え方を適用することに問題はない。

②　対物事故

自賠法の適用がないため、過失に基づき損害賠償責任を負うことになる。

③　補　　足

対人事故では、ドライバーが責任を負担する理屈は、①で説明したとおり、一定の合理性があると考えられるものの、道路交通法で課される安全運転義務が自動運転時に緩和、免除された場合、自らが運転操作に関与していない自動運転中の事故の責任を負担することについて納得感に欠けると感じるドライバーが出てくる可能性がある。なお、道路交通法での義務が緩和、免除されない場合は、自動運転車自体の魅力が下がると考えられるため、法制度整備上のジレンマが生じる。

また、対物事故では、過失に基づき損害賠償責任を負うことになると考えられるが、自動運転中の事故の場合、ドライバーは運転操作していないため過失がないと判断される可能性がある。この場合、事故現場にはいない当該車両関係者（自動車製造者、自動車整備者等）に過失を問うことが考えられるが、事故当事者ではない者の過失を証明するのは相当困難になると考えられる。

(iii)　レベル４（SAE レベル４、５に相当）の場合

無人運転を含む完全自動運転であるので「ドライバー」という概念はなくなる可能性がある。

したがって、損害賠償責任のあり方は、自動車の安全基準、利用者の義務、免許制度、刑事責任のあり方等、自動車に関する法令等の動向をふまえて論議する必要があると考えられる[14)]。

c　自動運転の検討において特に注意が必要になる個別の課題

自賠責保険・自動車保険を運営する立場から、自動運転の検討において、課題意識を持って動向に注目している点を紹介する。

(i)　事故原因の分析

自動車事故が発生した際、自賠責保険・自動車保険では、保険契約に基づき保険金を支払うことになる。保険金の支払いにあたっては、①事故の状況・原因等を確認して、②保険金を支払う場合に該当するか確認し、③保険金の算出を行うことになる。賠償責任保険における保険金の算出では、加害者と被害者の過失割合を考慮することになるが、過失割合を算出するため、事故の状況・原因等の確認が必要になる。

なお、自動運転特有の事故として、システムの欠陥・故障を原因とする事故、道路・信号等の交通インフラの欠陥・故障を原因とする事故、サイバー攻撃を原因とする事故等が考えられる。

責任の主体や過失割合を明確化するためには、事後的に事故時の自動車の制動状況、交通インフラの状況等を確認し、事故との因果関係を明らかにする必要がある。従来はドライバー等に確認することである程度把握できたが、自動運転時にはドライバー等が周辺状況を十分把握しているとは限らない。

このため、代替する方法としては、たとえば、ドライブレコーダーやイベント・データ・レコーダー（EDR）等による分析が考えられるが、そのためには、これらの機器の設置、事故時のデータの保存、分析のために必要

14）　報告書作成当時の損保協会の見解。その後、後述の国土交通省「自動運転における損害賠償責任に関する研究会」等の政府の自動運転関連会議において、自動車の安全基準や利用者の義務の検討が進んでいる。

なデータの警察・保険会社への提出を担保するとともに、事故原因の分析体制を構築する検討が必要と考えられる。

(ii)　製造物責任

製造物責任法3条では、製造業者は、製造物の欠陥により他人に損害を与えた場合には損害賠償責任を負うと規定されている。したがって、自動車の欠陥を原因とする事故により損害が発生した場合には、製造業者が損害賠償責任を負うことも考えられる。一方で、自賠法では「自動車に欠陥がなかったこと」(免責3要件の1つ）を証明しない限り、運行供用者は損害賠償責任を免れない。つまり、自動車に欠陥があれば、製造物責任および運行供用者責任に基づく損害賠償請求が可能になると考えられる。

製造業者の責任として損害賠償請求を行うと、被害者が製造業者の責任であること（自動車に欠陥があったこと）を証明しなければならないため、被害者の負担が大きく、迅速な被害者救済が図れない。一方、自賠法では、被害者救済の観点から、自動車に欠陥がある場合も含めて運行供用者に損害賠償責任を課していると言える。

このことから、自動運転中の事故でも、迅速な被害者救済を行うため、自賠法による運行供用者責任を維持することが妥当と考えられる。

その上で、当該損害賠償の負担を適切に責任分担するため、製造業者に製造物責任法に基づく損害賠償請求を行う場合は、被害者が自ら請求する場合と、保険金を支払った保険会社が請求する（求償する）場合が考えられるが、いずれの場合でも、前記(i)の課題がある。

(iii)　サイバーリスク[15]

自動運転が普及するほどサイバーリスクが高まると考えられる。自動車側でもサイバー対策は実施されると思われるが、ハッキング技術も日々変化しており、完全に防ぐことは難しいと考えられる。

サイバー攻撃により自動車がコントロール不能になり、事故が発生した場合の損害賠償責任について検討した結果、対人事故であれば、「誰」が行っ

15)　サイバーリスクの課題は国土交通省「自動運転における損害賠償責任に関する研究会報告書」の論点②でも検討されている。なお、同検討では、政府保障事業で対応すると整理された。後記4(2)参照。

たのか特定できなければ免責３要件の「第三者の故意があったこと」を立証したことにはならないと判断され、運行供用者が損害賠償責任を負うことになる可能性があると考えられる。

一方、対物事故であれば、事故の原因がサイバー攻撃であり、ドライバーに過失がないことが立証されれば、ドライバーに損害賠償責任は生じないと考えられる。この場合、被害者は損害賠償の請求先がない（不明）ということが想定される。

ⅳ　保有者・運転者の補償

自賠法では、自動車事故により保有者や運転者がケガをした場合、同法３条の「他人」に該当しないため、救済対象から除かれる。

自動運転中の事故の場合も、レベル３までは保有者・運転者のケガは対象外とする考え方を適用することに問題はないと考えられるが、レベル４における法的枠組みの検討においては、誰が被害者かという観点から、救済すべき範囲を改めて検討する必要がある。

ⅴ　過失割合の複雑化

自動車保険の対人・対物賠償責任保険では、被保険者の過失部分が支払い対象となるため、保険金支払いにあたっては、事故の当事者間の過失割合を決定する必要がある。通常は、当事者である２者間の過失を調査して決定するが、自動運転が高度化すると、(i)のとおり、事故の原因として、事故当事者の過失以外にも、システムの欠陥、道路等インフラの欠陥等が関係してくる可能性があり、それらを考慮すると責任関係が複雑化し、過失割合の決定が困難になることも考えられる。

対人事故の場合は、自賠法に基づき運行供用者が広く損害賠償責任を負うことになるため、自賠責保険で過失減額を適用する事例は少なく[16]、自賠責保険の支払限度額内の事故では大きな影響はないと考えられるが、自賠責保険の支払限度額を超える対人事故の場合や年間228万件（2016年度）もの支払いがある対物事故においては、保険会社の損害調査[17]等において

16）　自賠責保険では、被害者に７割以上の過失があった場合に過失減額が適用されるが、2016年度に過失減額が適用された事例は全体の1.9％である（損害保険料率算出機構『自動車保険の概況』（2018）から算出）。

大きな影響が出る可能性がある。

(2)　政府の自動運転関連会議での情報発信

損保協会は、政府の自動運転関連会議として、国土交通省「自動運転における損害賠償責任に関する研究会」へのオブザーブをはじめ、さまざまな政府の会議にオブザーブしている。これは、政府として、自動運転時に交通事故が発生した場合でも、被害者が適切に保護される仕組みを維持するため、関係団体である損保協会にも検討への参画が求められているものと思われる。

損保協会は、オブザーブするだけでなく、たとえば、内閣官房「自動運転に係る制度整備大綱サブワーキンググループ」では自動運転に関する各保険会社の取組みや損保業界が課題と認識していることを意見表明する等、損保業界の取組みの周知や課題提起に取り組んでいる。

(3)　HP 等による自動運転の理解促進

損保協会の目的は「安全・安心な社会の形成」に寄与することである。自動運転車は交通事故の削減・低減に寄与する可能性が高いが、自動運転技術に寄せられる期待が過大になっている側面もあるため、損保協会では自動運転技術を正しく理解してもらうための啓発活動も行っている。

たとえば、損保協会 HP に特設 HP を設置したり、自動運転に関するチラシを作成しており、安全運転支援システム[18)]の概要や、同システムを利用しても避けられない事故の事例等を紹介している。

---

17)　損害が保険事故によるものかの判断、損害額等の算出、支払保険金額の算出、保険金の支払までの一連の対応のことをいう。

18)　ドライバーが安全に運転できるように支援するシステムのこと。ドライバーが視認困難な位置にある自動車、二輪車、歩行者を、各種感知機が検出し、その情報を、車載装置や交通情報板などを通して提供し、注意を促すもの。

4 国土交通省「自動運転における損害賠償責任に関する研究会」への対応

自動運転の検討は政府でも積極的に取り組まれており、2018 年 4 月に高度情報通信ネットワーク社会推進戦略本部・官民データ活用推進戦略会議において「自動運転に係る制度整備大綱」がとりまとめられている。

同制度整備大綱では重点的に検討する範囲と課題として「責任関係」が挙げられている。そのとりまとめにあたり、2016 年 11 月から 2018 年 3 月にかけて、国土交通省に「自動運転における損害賠償責任に関する研究会」が設置され、自動運転における自動車損害賠償保障法の損害賠償責任のあり方が検討された。

同研究会で示された論点ごとに、結論を紹介する。なお、当該結論は高度自動運転システムの導入初期である 2020〜2025 年頃の「過渡期」を想定した法制度のあり方（SAE レベル 5 は対象外）であり、2020 年代前半を目途に自賠法に基づく損害賠償責任のあり方について、整理された各論点も含めて検証することが必要とされている。

(1) 論点 1：運行供用者責任

１つ目の論点は「自動運転システム利用中の事故における自賠法の「運行供用者責任」をどのように考えるか。」である。自動運転システムを利用している間は「運行支配」を認めることができるか検討するために設定された論点である。なお、検討にあたっては、自動車ユーザーの納得感や、自動車メーカー等の責任負担にも留意する必要がある。

結論は、「従来の運行供用者責任を維持しつつ、保険会社等による自動車メーカー等に対する求償権行使の実効性確保のための仕組みを検討」することが妥当であるとされた。

検討では、自動運転でも自動車所有者、自動車運送事業者等に運行支配および運行利益を認めることができることや、迅速な被害者救済のため運行供用者に責任を負担させる現在の制度の有効性は高いこと等の理由から、従来の運行供用者責任は維持されることになった。また、事故の原因がドライバー以外に存在する可能性が高まるため、事故の原因を起こした者に求償権を行使できる環境（原因を特定する体制や関係者の協力関係）を構築することも必要であるとの考えが示された。

⑵　論点２：ハッキングによる事故

２つ目の論点は「ハッキングにより引き起こされた事故の損害（自動車の保有者が運行供用者責任を負わない場合）について、どのように考えるか。」である。

結論は、自動車の保有者等が必要なセキュリティ対策を講じておらず保守点検義務違反が認められる場合等を除き、盗難車と同様に政府保障事業で対応することが適当であるとされた。

現在、盗難車による事故の場合、一定の場合を除き、政府保障事業により損害をてん補しているが、ハッキングされた自動車は盗難車と同様の考え方で対応できると判断されたということである。

なお、自動車の保有者等が必要なセキュリティ上の対策を講じておらず、保守点検義務違反が認められる場合には、盗難車による事故の場合にも保有者の運行供用者責任が認められる場合と同様に、保有者の運行供用者責任が認められる可能性があるので、留意する必要がある。

⑶　論点３：自損事故

３つ目の論点は「自動運転システム利用中の自損事故について、自賠法の保護の対象（「他人」）をどのように考えるか。」である。これは、自動運転中は、運行供用者または運転者が運転に関与する度合いが減少するため、自賠法の保護の対象と考えるべきか検討するものである。

結論は、現在と同様に保護の対象にはしない扱いとし、任意保険（人身傷害保険）等により対応することが適当であるとされた。

これは、自動車の運行に無関係な被害者を保護するという自賠法の立法趣旨や、自損事故による損害は任意保険（人身傷害保険）等によりてん補されており、同保険は十分普及している状況でもあるため、総合的に判断されたものである。

⑷　論点４：注意義務

４つ目の論点は「「自動車の運行に関し注意を怠らなかったこと」について、どのように考えるか。」である。「自動車の運行に関し注意を怠らなかったこと」は自賠法で定める免責３要件の１つだが、自動運転中は自動車の運行を自動運転システムに委ねているため、運行供用者の注意義務が変容する可能性があることを検討するものである。

結論は、自動運転技術の進展等に応じた注意義務を新たに負うことも考えられるとされた。たとえば、新たに自動運転システムのソフトウェアやデータ等をアップデートすることや、自動運転システムの要求に応じて自動車を修理すること等の義務が発生すると考えられる。

運行供用者の注意義務は、関係法令の遵守義務、自動車の運転に関する注意義務、自動車の点検整備に関する注意義務、運転者の選任監督に関する注意義務等が含まれる。自動運転システム利用中であれば自動車の運転に関する注意義務が軽減される可能性はあるものの、他の義務としては今以上に義務が大きくなる可能性がある点が示された。

⑸　論点５：構造上の欠陥又は機能の障害

５つ目の論点は「地図情報やインフラ情報等の外部データの誤謬、通信遮断等により事故が発生した場合、自動車の「構造上の欠陥又は機能の障害」があるといえるか。」である。

結論は、外部データの誤謬や通信遮断等の事態が発生した際も安全に運行できるべきであり、かかる安全性を確保することができていないシステムは、「構造上の欠陥又は機能の障害」があると評価される可能性があると考えられるとされた。

5　自動運転に対する保険会社の取組み

自賠責保険における自動運転への対応は国土交通省を中心に検討されている。一方で、自動車保険をはじめとした他の保険に関する対応は各保険会社において検討・準備および対応が進められている。

各保険会社から、自動運転に対応した商品やサービスが提供されており、その概要を紹介する。自動運転という自動車の大きな転換期を迎える場面でも、損害保険業界は、商品の対応（補償範囲の拡大等）や事故防止対策等のサービス強化を通じて、安心・安全を提供し続けるためにさまざまな検討や取組みを進めているため、その一部を紹介する。

(1)　被害者救済特約

2017 年 4 月から東京海上日動火災保険株式会社において自動付帯が開始された「被害者救済費用等補償特約」は、自動運転にも対応した特約である。現在では、同様の特約が多くの保険会社で導入されている。

本特約は、欠陥やハッキング等に起因した本来の仕様とは異なる事象または動作が生じたことによって事故が生じた場合で、被保険者に法律上の損害賠償責任が課されない状況において、被保険者が被害者に対する補償を提供するための費用を補償するものである。

従来の自動車保険では、事故が生じた場合、ドライバーに少なくとも何らかの責任が課されることが確認できるまでは保険会社による被害者対応を行うことができなかったが、本特約の創設により被害者に対する補償の遅れを回避できることが期待される。

自動運転車による事故の被害者は、対物事故の損害賠償責任を負う者を特定することから着手しなければならなくなるが、本特約の創設により、従来どおりドライバーを窓口として、被害者に生じた損害に対する補償を提供できる可能性が高くなった。

東京海上日動火災保険株式会社：「被害者救済費用補償特約」補償概要[19]

補償の対象	以下の①～③のすべてに該当する場合に、被害者が被害者救済費用を負担したことによって生じた損害。 ①ご契約のお車に欠陥や不正アクセス等に起因して「本来の仕様とは異なる事象または動作」が生じたことにより、人身事故・物損事故が生じたこと。

19)　池田裕輔「自動運転技術等の現況」ジュリ 1501 号（2017）22 頁から引用。

	②「本来の仕様とは異なる事象または動作」の原因となる事実がリコール、警察の捜査等、客観的な事実により明らかであること。 ③法令・判例に照らして被保険者に法律上の損害賠償責任がなかったと弊社が認めること。
被保険者	①ご契約のお車の運転者。ただし、ご契約のお車の運転者が次のいずれかに該当する者以外の場合は、記名被保険者の承諾を得てご契約のお車を運転中の者に限る。 a．記名被保険者 b．記名被保険者の配偶者 c．記名被保険者またはその配偶者の同居の親族 d．記名被保険者またはその配偶者の別居の未婚の子 ②ご契約のお車の運転者がいない状態で事故が発生した場合は、ご契約のお車の所有者
支払保険金	被保険者が被害者に生じた損害を補償するために負担する費用の額。ただし、被害者に生じた損害額から、被害者自身の過失により生じた損害の額や被害者自身の保険で補償された額等を控除した額が限度。
損害賠償請求権	本特約により保険金をお支払いした場合、弊社は被害者が損害賠償義務者に対して有する損害賠償請求権を取得する。
提供方法	原則、全ての保険契約者に自動セットし、追加保険料は設定しない。
その他	本特約による保険金を支払った場合でも、更新契約の保険料には影響しない。

本特約では、保険金を支払った場合でも更新契約の保険料には影響しない。通常、対物賠償保険で保険金を支払った場合は等級ダウン[20)]により更新契約の保険料が高くなるため、被保険者は自身に過失が疑われない損害には保険を利用したくないと考える（あるいは損害賠償責任を負担しないため利用できない）が、等級への影響を除くことで保険の利用を促す仕組みになっている。これにより、対物賠償責任保険の機能低下を防ぐ役割を果たしていると考えられる。

なお、SAE レベル３以上の自動運転車による事故は、現在は当該レベルの自動車が販売・普及していないため、潜在的なリスクである。今後、事

20）　ノンフリート等級別料率制度とは、自動車保険における契約者間の保険料負担の公平性を確保するための制度。契約者の事故実績に応じて１等級～20等級に区分し、等級ごとに割増引率を定めている。初めて契約するときは６等級（または７等級）からスタートする。事故がなければ翌年は１等級上がり、事故にあった場合は１事故につき３等級下がる。（損保協会「等級制度改定の概要チラシ」から引用）事故にあった場合に等級が下がることを「等級ダウン」と記載。

故の発生状況等をふまえて、本特約の取扱いも変化する可能性があるので、留意する必要がある。

(2) 自動運転実証実験における保険

政府により自動運転の実証実験をできる環境が整えられており、全国各地で自動運転の実証実験が積極的に実施されている。2016年5月に警察庁から策定・公表された「自動走行システムに関する公道実証実験のためのガイドライン」では、実証実験をする実施者は、自動車保険等に加入する等適切な賠償能力を確保するべきとの考えが示されており、各保険会社は実証実験の内容に沿った保険を開発・販売開始している。

たとえば、トラック隊列走行の実証実験では、三井住友海上火災保険株式会社およびあいおいニッセイ同和損害保険株式会社から、後続車無人システムを用いたトラック隊列走行向けの自動車保険が開発されている。なお、上記のほか、三井住友海上火災保険株式会社およびあいおいニッセイ同和損害保険株式会社は、2015年12月に業界に先駆けて「自動走行実証実験総合保障プラン」を開発・販売開始している。

同保険の特徴は、隊列走行をはじめとした自動運転特有の事故を補償するための特約が設けられていることである。従来の自動車保険ではあまり想定されない、自動走行が不能な場合に運転者を派遣する費用等や、物損を伴わない道路通行不能損害を補償するものである。

三井住友海上火災保険株式会社・あいおいニッセイ同和損害保険株式会社：後続車無人システムを用いたトラック隊列走行向けの自動車保険における新たな特約[21]

補償内容	想定例	補償する保険
自動走行不能な場合の運転車派遣費用等を補償	・電子連結が途切れ、かつ、代替運転者が現場にいないために、無人の後続車両がその場で立往生した場合等に、無人の後続車両がその運転車を派遣する費用、レッカー費用等を補償する。	自動車保険の「隊列走行向け新特約」
物損を伴わない	・電子連結が途切れ、後続車両が立往生、横転等す	

21） 三井住友海上火災保険株式会社・あいおいニッセイ同和損害保険株式会社ニュースリリース（2019年1月25日）から引用。

道路通行不能損害を補償	ることにより、物損を伴わずして高速道路が通行不能となった場合に、通行不能が発生した時点の道路管理者に生じる営業損害等を補償する。	

従来のロードサービス費用特約では、衝突・接触等の事故や故障等により契約車両が走行不能となった場合に保険金を支払う旨規定されている。そして、隊列走行する際に、他の車両の割り込み等により電子連結が途切れた場合（後続車両等との衝突等は無し）、後続車両は、自力走行不能状態に至っていないことも多く、その場合には、同特約によってレッカー費用等を補償することはできなかった。

また、隊列走行の場合、電子連結の切断により無人の後続車両が道路上に立往生し、物損を伴わない形で道路が通行不能になるという事象が生じうるが、従来の対物賠償責任保険では、物損の発生が補償の条件となっているため、上記のケースで道路管理者に生じる営業損害等を補償することができなかった。

このような状況を解決するため、補償できる範囲を広げ、「隊列走行向け新特約」を開発したとしている。本特約の背後にある考え方（ドライバー不在の車両が路上に立往生した場合に発生する損害を補償する）は、隊列走行の場合にとどまらず、一般的な自動運転車の場合（たとえば、レベル４で自動走行中、自動走行システムの不具合により停止し、自動車を運転できる者が不在のケース等）にも応用できるものであり、その意味で、本特約は汎用的な性格を有するものになる可能性がある。

⑶　自動運転車の事故等におけるサポートの強化

現在では、自動車事故が起きた場合、運転者および被害者が事故状況を概ね把握していると考えられる。しかし、自動運転車による事故では、運転者が事故時に認知・判断・操作していないため、保険会社が事故状況を把握するのは現在よりも難しくなることが想定される。このため、保険会社では事故対応の際、現在よりもきめ細かい確認作業が必要になる可能性がある。

損害保険ジャパン日本興亜株式会社では、グループ会社（プライムアシスタンス株式会社）に遠隔型自動運転運行サポート施設（コネクテッドサポートセンター）を開所し、自動運転車（SAE レベル 4 相当）の事故トラブルを想定した操舵介入[22]とオペレーターによる対応の実証実験を実施した。

また、同社は、国内全域における計画的かつ安心・安全な自動運転サービス実証を支えるインシュアテックソリューション「Level Ⅳ Discovery」の共同開発に向けて、2019 年 2 月 15 日に業務提携契約を締結した。同業務提携契約により、万一の事態の被害者救済（事故の補償）に加え、計画段階の安全検証（事故の予防）とテクノロジーを駆使した走行中の安心見守り（事故の監視）を提供することで、現在の「事故に備えた損保」から「事故を防ぐ損保」に進化させることが狙いとしている。

このように、損害保険ジャパン日本興亜株式会社では、事故時におけるサポート強化の検討にとどまらず、事故の予防、事故の監視までのサービスを提供できるよう、実証実験を行っている。

損保ジャパン日本興亜株式会社の目指す自動車保険のあり方[23]

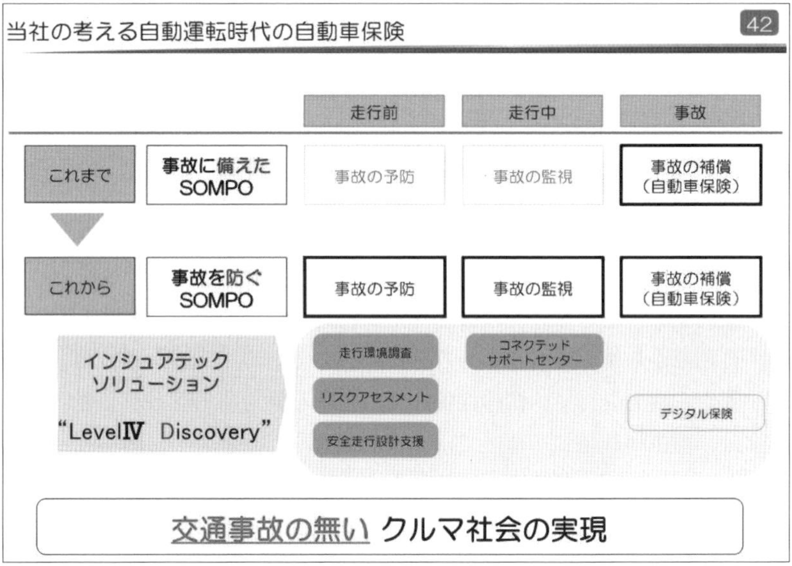

22）　運転者不在の自動運転車を遠隔地の運転手が、危険を回避する等の目的で操縦すること。

23）　西岡靖一「第 1 回 ReVision オープンラボ　保険会社の自動運転への取り組み」から引用。

6 自動運転車による事故に対する今後の課題

自動運転中の事故に対して、損保協会および保険会社としてさまざまな取組みを行っているが、今後の課題として認識している点を最後に改めて説明する。

(1) 事故原因を把握するための情報の確保

事故が起きた場合、保険会社は事故状況等を確認して保険金を支払うが、自動運転車による事故では、運行に関する注意義務が免除等されている場合、保険会社がドライバー等に周辺状況を確認できない可能性がある。

このため、自動車の運行状況を確認できる方法が必要になるが、たとえば、ドライブレコーダーやイベント・データ・レコーダー（EDR）等による記録が考えられる。これらの機器の設置、事故時のデータの保存、分析のために必要なデータを警察・保険会社への提出を担保するとともに、事故原因の分析体制を構築するための検討が必要である。

(2) 求償権行使の実効性確保

自動運転中の事故の場合、運行供用者は、運行供用者責任を負うものの、事故原因を把握できない可能性がある。運行供用者の納得を得るためにも、事故原因を分析できる体制は必要だが、自動運転車の動作を確認するには、まず自動車から情報を引き出せる手段が必要である。このため、自動車メーカー等から協力を得て、情報提供を受けられる協力関係などが必要になる。

また、求償権行使にあたっては、事故原因を引き起こした関係者との調整が必要になるが、関係者と調整しやすい環境を整備する必要がある。従来から、事故の原因がドライバー以外にあると想定されるケースにおいても、一般に他の関係者の過失等を証明するハードルが高く、求償できる見込みの金額と求償に要する費用の経済合理性を判断して、求償しないとしたケースも存在すると思われる。

このため、求償権行使の実効性を確保するには、自動車の動作情報を確認できる手段の確保、求償に向けた証明のハードルを下げることあるいは求償に要する費用を圧縮することが必要だと考える。

（大良美徳）

第2章　自動運転車が社会実装された後の自動車保険契約の変貌

1　はじめに

わが国の政府において、2019年3月8日、自動運転のレベル3の技術の実用化に向けての法的整備に関する改正案が閣議決定された[1)]。すなわち、自動運転車の公道走行を可能にするための道路交通法の改正案と安全対策のための仕組み作りを盛り込んだ道路運送車両法の改正案が閣議決定されたのである。

まず、道路交通法改正案については、同法では「安全運転義務」が定められ運転中のスマートフォン操作やカーナビゲーションの画面注視が禁じられているところ、改正案では緊急時に手動運転に代われることを前提に、自動運転中はスマホ操作などの「ながら運転」が容認された。さらに注目すべきは、道路交通法改正案では、車両に備えた装置で作動状態を記録し、データを保存することを義務づけ、整備不良が疑われるときは、警察官がデータの提供を求めることができることが明記された点にある。つぎに、自動車の安全基準等を定める道路運送車両法では自動運転が想定されていなかったため、今回の改正案では性能に大きく関わるプログラム変更について、配信内容の安全性を国が事前にチェックする仕組みの創設が盛り込まれる等、自動運転をふまえた仕組みに改められた。

このようにして、政府において2020年をめどに「レベル3」の技術が実用化されることを目指しての法的整備が整えられつつある。

もとより、自動運転車に係る交通事故の責任の所在については、2018年

1)　日本経済新聞電子版2019年3月8日付「自動運転ルールを閣議決定「スマホ見ながら」容認」。中山幸二「車の自動運転をめぐる法整備の動向と課題」自動車技術73巻3号（2019）52頁以下。

3月に、国土交通省自動車局から、「自動運転における損害賠償責任に関する研究会 報告書」が公表され、これを受けて、同年同月、高度情報通信ネットワーク社会推進戦略室・官民データ活用推進戦略会議で自動運転の実用化に向けての関連法規の見直しに関する方向性がとりまとめられ、同年4月17日、「自動運転に係る制度整備大綱」として公表された[2)]。しかしながら、自動運転車に係る交通事故の責任主体について、自動車損害賠償保障法（以下「自賠法」と略記する）上、なぜ「運行供用者」（3条）に責任を集中させたのかという問いはなされてきたが、なぜ「運行供用者」に責任を集中させることができたのかという問いかけは十分になされてこなかったように思われる。そして、この問いに対する答えは、自動運転車が社会的に受容され普及するようになった状況にも妥当するのだろうか。本稿は、このような問題意識に基づいて、自動運転車に係る事故責任は、依然として「運行供用者」が負うのかについて掘り下げて考察し、将来、自動運転車が組み込まれるであろうMaaS（Mobility as a Service）における自動運転車事故責任についても検討を試みる。

なお、レベル3の自動運転車では緊急時には自動運転から手動運転に切り替えられることが前提とされるので、運行支配しているのは「運行供用者」であるから、レベル3の自動運転車事故については、従来の自賠法の責任論がそのまま妥当する。したがって、本稿で議論する対象はレベル4を中心とする完全自動運転車およびその事故に係る責任についてである。

2　自動運転車と自賠法

(1)　混合交通

完全自動運転車と称されるレベル4またはレベル5の自動運転車が公道を走行するようになっても、レベル2までの従来型自動車（以下「マニュアル車」という）も公道を走行しているといわれている。完全自動運転車とマニュアル車が公道を走行している状況は、「混合交通」と称されている。

2)　中山・前掲注1）48頁以下、特に50頁以下。

まず、自賠法は混合交通下において走行するマニュアル車にも適用されるのであろうか。つまり、「混合交通」下においてもマニュアル車は自賠法2条1項にいう「自動車」に該当するかという問題である3)。自賠法2条1項にいう「自動車」とは、道路運送車両法（昭和26年法律第185号）2条2項に規定する自動車（農耕作業の用に供することを目的として製作した小型特殊自動車を除く）および同条3項に規定する原動機付自転車をいう。そして、道路運送車両法2条2項に規定する「自動車」とは、原動機により陸上を移動させることを目的として製作した用具で軌条もしくは架線を用いないものまたはこれにより牽引して陸上を移動させることを目的として製作した用具（原動機付自転車を除く）をいう。自賠法2条1項の「自動車」の定義において、「混合交通」か否かはその定義の要素にはなっていない。したがって、マニュアル車は自賠法2条1項にいう「自動車」に該当する。

これに対し、完全自動運転車は、自賠法2条1項にいう「自動車」に該当するか。完全自動運転とマニュアル車との違いは、運行を直接支配する者が、つまり、「認知」⇒「判断」⇒「操作」を行う者が、「人」（自然人）か人工知能（Artificial Intelligence（以下「AI」と略記する））かという点にある。

近代法の原則によれば、契約関係のない領域においては、「人」はその者の意思に基づいて物を支配することが可能であるという前提の下に、物を介して「人」（被害者）に損害が発生した場合、「物」の所有者（加害者）は物を適切に管理・支配しなかったこと（故意または過失）から、加害者は被害者に損害賠償責任を負うことになる（民法709条）。したがって、加害者の加害行為は加害者の故意または過失に基づいて行われたことが必要となる（過失責任の原則）。ただ、工作物の設置において被害者が被った損害は所有者が賠償責任を負う（土地の所有者の工作物責任）。

これに対し、交通事故被害者（以下単に「被害者」という）は交通事故加害者（以下単に「加害者」という）の故意または過失を立証することは著しく困難であるから、過失責任の原則をそのままにしていては、交通事故被害者は交通事故加害者に対し損害賠償責任を追及することは事実上できず、泣き寝入りすることになる。そこで、自賠法は民法の特別法として加害者で

3)　車両にドライバが常に存在することを求めるジュネーブ条約（わが国はこの条約を批准している）およびウィーン条約の近時の動向については、中山・前掲注1) 51頁以下参照。

ある「運行供用者」概念を創設し（3条）その者に責任を集中させ、挙証責任を転換させて、「運行供用者」が一定の免責事由を立証しなければ、賠償責任を免れないと定めている（3条ただし書）。つまり、自賠法は、責任論においては、民法の延長線上に位置づけられ（4条）、「運行供用者」に免責事由についての立証責任を負わせているのである。このことは、交通事故の発生原因は、いわゆるヒューマンエラーに求められ、ハンドル操作、ブレーキまたはアクセルを適正に動作させていれば、つまり、「運行供用者」が適切に自動車という「物」を管理・支配していれば、交通事故は惹き起こされないはずである、言い換えれば、交通事故が惹起されたのは「運行供用者」が適切に自動車を管理・支配していなかった（故意または過失があった）からだということが前提になっているのである。だから、実質的無過失責任を導入し、「運行供用者」が3免責事由を立証しない限り、賠償責任を免れないこととされた。

ところが、AIは、ディープラーニングにより自学自習することが可能であり、車載搭載AIが認知⇒判断⇒操作して自動運転車が運行するのであれば、当該運行に対し直接管理・支配しているのはAIではないかと考えられる[4)]。

このように、自動車の運行に対し直接管理・支配しているものが「人」かAIかという点において、マニュアル車と完全自動運転とは異なる[5)]ことから、実質上、マニュアル車は「物」であるが、AI車載完全自動運転車もこれと同様に「物」と評価することはできず、さりとて「人」と評価することもできない。自賠法2条1項にいう「自動車」は「物」と評価されることを前提としていると解され、したがって、完全自動運転車は自賠法2

4)　AIは、近代法が前提とする権利の主体としての「人」と権利の客体としての「物」の双方に該当しない中間形態である。また、AIは、一般に、技術と定義されることが多いようである。AIは、人の脳における知的活動に相似するとすれば、人の脳の知的活動それ自体に法人格が与えられるわけではないし、権利の客体となるわけでもないから、人の脳の知的活動それ自体も「人」ではないし「物」でもないといえよう。肥塚肇雄「技術革新と保険法の課題――人口知能（AI）が搭載された新技術に対する保険適用等の検討」保険学雑誌643号（2018）120頁以下。

5)　先述のとおり、レベル3の自動運転車では運転移譲が求められたら、AIに代わって「人」が運転することになるので、その者が当該自動運転車の運行について支配していることになる。したがって、被害者の人身損害についての賠償責任はレベル2以下の自動車の「運行供用者」と変わらない。

条1項にいう「自動車」にただちに該当すると判断することに躊躇せざるを得ない[6)]。

(2) 自動運転車事故と原因究明の限界

自賠法の立法趣旨は2つある[7)]。すなわち、第1は、自動車による人身事故の場合の賠償責任の適正化措置を講じるということ（責任の集中）である。すなわち、上述のとおり、人身事故については、自動車側に故意または過失がないこと、被害者側または第三者に故意または過失があったこと、自動車に構造上の欠陥等がなかったことを自動車側で証明できない限り、自動車側に賠償責任を負わせ、その責任を無過失に近づけたのである（自賠法3条ただし書）。第2は、自動車側の賠償能力を常時確保するための措置を講じるということである。すなわち、すべての自動車について責任保険契約の締結を義務づけて[8)]、加害者の賠償義務の履行を確保する措置を講じ、しかしひき逃げ事故のように加害者が不明な場合においても自賠無保険車事故の場合も責任保険契約は機能しないので、交通事故加害者の賠償義務の履行を確保するため、政府の自動車損害賠償保障事業（以下「政府保障事業」という）を創設し被害者を救済することとしたものである。

上記の自賠法の第1の趣旨、すなわち、賠償責任の適正化措置の内容は、自動車の「運行」（自賠法2条2項）から発生する利益を享受する者および自動車の「運行」により具現化する危険をコントロールできる者を、「運行供用者」としてその者に重い責任を負わせることである。これは、民法との関係では、「運行供用者」責任（自賠法3条）が民法の報償責任の法理（715条）および危険責任の法理（718条）の特別規定と位置づけられることを意味する。したがって、「運行供用者」は、自動車の使用についての支配権（運行支配）を有し、かつ、その使用により享受する利益（運行利益）が自己に帰属する者[9)]と定義できる。

---

6)　藤田友敬編『自動運転と法』（有斐閣、2018）133頁〔藤田友敬〕。

7)　1955年5月25日に衆議院に提出され、同日運輸委員会に付託された自賠法案についての運輸大臣の提案理由説明による。

8)　構内自動車等の適用除外車に対して、自賠法は適用されない（自賠法10条）ため、自賠責保険契約を締結する必要はない。

前述のとおり、「人」が「物」としての「自動車」を適切に「運行」させていれば、交通事故は起きないのが通例であるから、交通事故が発生し被害者が人身損害を負えば、「運行供用者」が3免責事由を立証しない限り、人身損害の賠償責任を免れない。したがって、被害者が人身損害を負っている以上は、被害者は事故原因究明を行う必要はない。

上記の被害者救済の枠組みは、加害車両が完全自動運転車であっても変わらないとされ、したがって、自賠法は特に改正をまたずに、そのまま完全自動運転車に適用できることになる[10)]。それゆえ、被害者に迅速に賠償金等が支払われ、被害者救済が後退することはないようである。しかし、完全自動運転車が事故を惹き起こした場合、その原因として、当該完全自動運転車の「保有者」(自賠法2条3項。保有者は「運行供用者」でもある)が負う、当該完全自動運転車が安全に走行できるようにする保守点検義務を除いて、「運行供用者」として負うべき義務違反はほとんど考えられないことから、完全自動運転車事故の原因はマニュアル車の定型的な事故原因(=ヒューマンエラー)とは異なる。

そうだとすると、責任保険契約における保険料負担者は加害者リスクを負う者であるところ、完全自動運転車の「保有者」は加害者リスクをほとんど負わないと思われるのに、自動車損害賠償責任(以下「自賠責」という)保険契約(共済契約も含む。以下同じ)の保険料(および任意自動車(対人賠償)保険料)を負担し、加害者リスクを負うと思われる自動車メーカー等(以下「メーカー等」という)は保険料を負担しないのである。

そこで、この矛盾を解消するがごとく、保険会社が賠償金等を被害者に支払った後、メーカー等に求償権を行使する途を確保する体制を整えることが重要となってくる[11)]。

さらに、完全自動運転車の運行に自賠法を適用することについてつぎの

9)　最三小判昭和43年9月24日判時539号40頁、判タ228号112頁。完全自動運転車に緊急停止ボタンが装備されても急停止は後続車との衝突を招くので、緊急停止ボタンの装備から「運行支配」を肯定することは難しい(反対、「座談会・AIと社会と法――パラダイムシフトは起きるか?　第5回「専門家責任」」論究ジュリ29号(2019)145頁〔佐藤一郎発言〕)。

10)　国土交通省自動車局「自動運転における損害賠償責任に関する研究会 報告書」(2018)7頁、国土交通省自動車局・同「報告書(概要)」(2018)1頁。なお、「座談会・AIと社会と法――パラダイムシフトは起きるか?　第1回「テクノロジーと法の対話」」論究ジュリ25号(2018)97頁〔小塚荘一郎発言〕。

ような矛盾を指摘できる。マニュアル車事故の場合、その事故原因のほとんどはヒューマンエラーに求められるから、定型的に「運行供用者」に責任を負わせ、「運行供用者」にその責任を免れさせるために、3免責事由の立証を求め挙証責任の転換を図ることができた。これに対し、完全自動運転車事故原因の全体のうち、わずかな「保有者」の保守点検義務違反事例を除いて、完全自動運転車の「欠陥」(製造物責任法3条)、サイバー攻撃および完全自動運転車の運行を支援する信号機または電柱等のインフラからの電波等の不具合等の占める割合が大きいと思われる。すなわち、完全自動運転車事故発生の原因全体のうち、メーカー等による完全自動運転車の「欠陥」、ハッカーによるサイバー攻撃および営造物の設置・管理上の「瑕疵」等が占める割合は大きく、「運行供用者」のいわゆるヒューマンエラーが占める割合は小さくなると推測される。そうだとすると、自賠法により交通事故により発生した人身損害についての賠償責任を「運行供用者」に集中させ重い責任を課した根拠が揺らぐことになる。つまり、交通事故発生原因全体のうち、ヒューマンエラーがその全体に占める割合が大きいから、自動車の運行から利益を享受し運行を支配して交通事故を未然に回避できる者を「運行供用者」に含めて、重い責任を負わせたという枠組みが崩れることになる。完全自動運転車事故原因には定型的なマニュアル車事故原因と異なり多様性が認められることから、今後、完全自動運転車に起因する事故の原因は類型化されるべきであり、かつ、経済的コストをかけず短時間で事故原因を究明することが困難であるといえよう。

このように考えると、はたして完全自動運転車事故において、自賠法3条の規定を維持したまま挙証責任の転換を図り「運行供用者」が重い責任から免れるためにはその者に3免責事由を立証させることがはたして妥当なのかについては再検討されるべきであろう。

---

11)　国土交通省自動車局・前掲注10) 8頁、10〜13頁、23頁。また、求償権確保のための記録媒体装置による記録は第三者のプライバシー侵害の問題から、この体制整備の課題の議論状況については、座談会・前掲注10) 97頁〔大屋雄裕発言〕、98頁〔佐藤一郎発言〕参照。

⑶　新リスク――サイバーリスク

自動車は、自動走行技術の進展のほか、通信技術の発展とともに、“Connected Car”[12]（つながる車）化に向けて進化しつつある[13]。すなわち、本格的なデータ駆動型社会[14]が到来すれば、車からデータの収集・分析し、車向けのサービスにフィードバックすることが必要となる[15]ことから、そのために必要な通信の「双方向性」が“Connected Car”の必須要件である[16]。

従来のマニュアル車もConnected化されるが、完全自動運転車において、“Connected”化が進展した場合、車載AIがサイバー攻撃を受けたことによって自動制御が不能となる事故のリスクが高まったりまたは装備されたサイバー攻撃検知システムが働き完全自動運転車の走行速度が低速となったため後続車と衝突したり道路の路肩に停車しようとして走行中の自動車もしくは自転車と衝突するリスクが高まる。あるハッカーがサイバー攻撃を企て完全自動運転車をコントロールして人身事故を惹起させたときは、当該完全自動運転車の「保有者」が保守点検義務を怠りサイバー攻撃にさらされそれにより人身事故が惹起された場合を除いて、被害者に対しては、

12）“Connected Car”とは、ICT端末として「双方向性」の通信手段を有する車をいう。自動運転車とは別の概念である。総務省「平成27年度 情報通信白書」（2015）183頁。同省Connected Car社会の実現に向けた研究会（以下「Connected Car研究会」という）「Connected Car社会の実現に向けて」（以下「取りまとめ」という）（2017）1頁。

13）総務省Connected Car研究会・前掲注12）取りまとめ1頁。

14）データ駆動型社会とは、Cyber Physical System（以下「CPS」と略記する）がInternet of Things（以下「IoT」と略記する）によるモノのデジタル化・ネットワーク化によってさまざまな産業社会に適用され、デジタル化されたデータが、インテリジェンスへと変換されて現実世界に適用されることによって、データが付加価値を獲得して現実世界を動かす社会をいう。経済産業省産業構造審議会商務流通情報分科会情報経済小委員会「中間取りまとめ――CPSによるデータ駆動型社会の到来を見据えた変革」（2017）5頁。また、CPSとは、デジタルデータの収集、蓄積、解析、解析結果の実世界へのフィードバックという実世界とサイバー空間との相互連関をいう。同省同審議会同分科会同小委員会・前掲「中間取りまとめ」5頁。

15）総務省・前掲注12）183頁。同省Connected Car研究会・前掲注12）取りまとめ1頁。高度な通信装置を装備するレベル3未満の自動車も“Connected Car”である。“Connected Car”は情報収集することから、個人情報保護法との関係で難問がある。藤原静雄「自動運転をめぐる議論の現在と法的論点の概観――2017年5月」法律のひろば70巻5号（2017）55頁。

16）総務省Connected Car研究会・前掲注12）取りまとめ6頁。

当該「保有者」が「運行供用者」になるのではなく、当該ハッカーが「運行供用者」となりその者が重い賠償責任を負う。理論的にはそうだとしても、そのハッカーを特定できることは極めてまれであり、特定されたとしても、当該ハッカーは自賠責無保険であるから、被害者は政府保障事業に対し保障請求を行い救済されることになる。

マニュアル車の事故原因は定型的にヒューマンエラーに求めることができるが、完全自動運転車の“Connected”化が進み、一般道で電柱等のインフラと車との間で情報をやり取りする「路車間通信」[17)]が普及し、車が「走るスマホ」に近づけば近づくほど、交通事故原因の究明は困難を極める。

“Connected Car”でもある完全自動運転車がサイバー攻撃を原因とする事故件数が割合的に大きいことが統計上明らかになると、完全自動運転車の所有者等の利用権者の「運行供用者」該当性が疑わしくなる。つまり、交通事故について、完全自動運転車の利用権者の「運行供用者」該当性が争われることになるように思われる[18)]。これに対して、完全自動運転車の「欠陥」を原因として交通事故が惹起されたことが認められた場合、運行支配および運行利益が当該完全自動運転車の利用権者から奪われたときを除いては、依然として、当該利用権者に運行利益および運行支配が留まるから、「運行供用者」該当性は問題とならない。

ただ、多数の完全自動運転車が同時に制御不能となり交通事故が惹起さ

17)　たとえば、電柱に取り付けたレーダーで交差点に近づく歩行者の動きを検知し、車内の通信端末に注意を喚起する通知を送り安全運転を支援する仕組みの導入が検討されている。日本経済新聞電子版 2019 年 1 月 29 日付「関電、電柱にレーダー　安全運転支援でパナ・トヨタ系と実験」。

18)　当該保有者（被告）は、サイバー攻撃が交通事故の原因であると主張し、第三者によるサイバー攻撃またはハッキング等を原因として事故が発生し、自己の「運行支配」は奪われたという事実を抗弁として立証し自己の「運行供用者」性を否定することになる（最高裁は黙示で抗弁説を承認しているようである。南敏文＝大嶋芳樹＝田島純藏編『民事弁護と裁判実務⑤損害賠償Ⅰ（自動車事故・労働災害）』（ぎょうせい、1997）161 頁〔南敏文〕）。第三者に「運行供用者」責任を負わせるには、請求者（原告）は、第三者がサイバー攻撃またはハッキング等を行い、当該事故車を遠隔操作して事故を惹き起こしたこと等の具体的事実を主張立証する必要がある（北河隆之＝中西茂＝小賀野晶一＝八島宏平『逐条解説　自動車損害賠償保障法〔第2版〕』（弘文堂、2017）24～25 頁〔北河隆之〕）が、政府に対し保障金を請求することの前提として上記の主張立証活動がなされない限り、被害者が救済されることにつながらない。

れた場合、サイバー攻撃を原因とすることが疑われるようなときを除いては、外形上当該交通事故の原因が何かは直ちに特定できない。しかしこの場合、人身損害を被った被害者を救済するという名目で完全自動運転車の利用権者が「運行供用者」に該当するとして、保険会社は被害者に賠償金等を支払うが、事故の原因究明は、保険会社がメーカー等に対して製造物責任を追及する求償権行使の過程で行われることになる。EDR（Event Data Recorder）、Drive Recorder およびログデータを保存する Data Logger 等の記録媒体装置が完全自動運転車に装備されていても、指定時間に実行される「時限爆弾」方式のマルウェアに車載 AI が侵され所定の時間に「時限爆弾」が作動した場合、感染時と作動時にタイムラグがあるので、上記の記憶媒体装置の物理的な記録容量の限界から事故原因が究明されることは著しく困難ではないか。

さらに、“Connected” 化された完全自動運転車が惹き起こす加害事故は、従来のマニュアル車が惹き起こす加害事故とは性質が異なるように思われる。すなわち、後者の車両は相互に「個」車としては独立しておりかつ「運行供用者」も「個」車ごとに観念できるから、事故原因は「個」車ごとに特定できる。これに対し、前者の車両は完全自律型車両を除いてクラウド、路側インフラ機器または他車機器からの情報を双方向で通信し合って走行する[19]ので、独立した「個」車とは評価することは難しく、したがって、

19）自動運転車を情報収集技術の種類の観点から分類すると、自律型（自動車に設置したレーダー、カメラ等を通じて障害物等の情報を認識する）と協調型に分けることができ、協調型はさらにモバイル型（GPS を通じた位置情報の収集、携帯ネットワークを通じてクラウド上にある各種情報（地図情報を含む）を収集する）、路車間通信型（路側インフラに設置された機器との通信により、道路交通に係る周辺情報等を収集する）および車車間通信型（他の自動車に設置された機器との通信により、当該自動車の位置・速度情報等を収集する）に分けることができる。高度情報通信ネットワーク社会推進戦略本部「官民 ITS 構想・ロードマップ 2017――多様な高度自動運転システムの社会実装に向けて」（以下「ロードマップ 2017」という）（2017）15～16 頁、16 頁注 16、国土交通省自動車局・前掲注 10）5～6 頁。なお、協調型のうち、モバイル型は情報のリアルタイム性に劣るが、路車間通信型、車車間通信型はリアルタイム性に優れており、両者は情報のリアルタイム性が全く異なる（高度情報通信ネットワーク社会推進戦略本部「官民 ITS 構想・ロードマップ 2015――世界一安全で円滑な道路交通社会構築に向けた自動走行システムと交通データ利活用に係る戦略」（2015）21 頁）ことから、協調型とはモバイル型を除いた路車間通信型、車車間通信型を指す場合もある。高度情報通信ネットワーク社会推進戦略本部・前掲ロードマップ 2017・16 頁注 16。

「個」車ごとに「運行供用者」を観念することも難しくなる。

そうだとすれば、“Connected”を前提とする完全自動運転車の事故に対し被害者を救済するために責任保険契約を用いることは、責任保険契約が被保険者（「運行供用者」でもある「保有者」）に法律上の賠償責任を負うことによる損害を被ったことを保険給付の要件とする点でなじまない。

(4) 自賠法は必要か

自賠法が制定された背景には、わが国の経済政策との関係が認められる。わが国の高度経済成長を支える基盤は自動車産業が成長することと全国津々浦々まで道路を整備することにあった。また、1907年に初めてガソリン自動車が実用化されて以来、1950年代後半から、各メーカーは生産過程をオートメーション化し量産化が図られたため、自動車保有台数が急激に増加した。これと平仄を合わせ、早くから被害者およびその家族を救済する方策が求められ被害者を救済する制度を構築することが急務とされた[20)]。このような背景から、災害や犯罪等々のようなさまざまな原因で損害を被った被害者群のうち、交通事故に遭った者を特別に[21)]人身損害に限定して救済する制度を確立した。すなわち、自賠法を制定し、「運行供用者」に責任を集中させるとともに、その責任を果たすための自賠責保険制度とそれを補完する政府保障事業を創設したのである。

このように、自賠法制定の背景には高度経済成長の基盤づくりとの関連性が認められるが、経済低迷期においても被害者救済が後退することの合理性はみとめられず、したがって、今日においても自賠責保険制度等の存在意義に変更はない。さらに、完全自動運転車が開発・販売され社会に普及した段階において、マニュアル車が依然として公道を走行していても（混合交通）、従来のマニュアル車が運行している以上は、自賠法を廃止する必要はない。

20）　中出哲＝中林真理子＝平澤敦監修・損害保険事業総合研究所編『基礎からわかる損害保険』（有斐閣、2018）114頁〔肥塚肇雄〕。

21）　なお、労働者災害補償保険法（昭和22年法律第50号）に基づく労働者災害補償保険制度（1条）、鉱業法（昭和25年法律第289号）に基づく鉱害に対する損害賠償の担保のための強制供託制度（117条）、原子力損害の賠償に関する法律（昭和36年法律第147号）に基づく原子力損害賠償補償制度がある（10条）。

ただ、AIが認知⇒判断⇒操作するという点においては、AIに制御される介護ロボット、工場ロボット、スピーカーおよび手術ロボット等においても完全自動運転車と変わらない[22]から、なぜ自動運転車事故による被害者だけ自賠法で特別に救済されるのかが問われることになるであろう。

3　完全自動運転事故のための保険契約の最適化――任意自動車保険契約

(1)　第三者の傷害の自動車保険契約の創設

完全自動運転車事故に対して、被保険者（加害者）に法律上の損害賠償責任が発生したことにより被った損害をてん補する責任保険契約を適用することは必ずしも適切ではない[23]。第1に、メーカーやハッカー（もちろんハッカーが自ら故意に損害を与えることに対して責任保険契約を締結することは考えられない）等の加害者リスクを負うべき者が保険料を負担せず、加害者リスクをほとんど負わないと思われる完全自動運転車の「保有者」が保険料を負担するという矛盾が生じることになるからである[24]。第2に、上述のとおり、完全自動運転車事故の原因は、ヒューマンエラーがほとんどの原因である従来のマニュアル車事故のように定型化されておらず、多様であり、したがって、事故原因を限られた時間内で経済的にコストをかけず究明することは困難だからである。

そこで、完全自動運転車については、厳格な基準を設定してその基準を

---

22)　AIが搭載されてそのAIに機能や動作が制御されるものについては、「AI搭載Things」という概念を認め、一般的抽象的に議論することが有益である。肥塚・前掲注4）118頁以下、特に120頁以下。

23)　任意自動車保険契約に付帯されている被害者救援費用特約は、責任関係が明確ではない自動運転事故に対応する趣旨で開発された。このような特約は自動運転事故の特色として事故原因を究明することが困難であるという点に対する弥縫策であるが、完全自動運転車事故には責任保険契約がなじまないことを物語っているといえよう。

24)　この矛盾を解消するため、保険会社が賠償金等を被害者に支払った後に、メーカー等に求償権を行使する途を確保することになる。国土交通省自動車局・前掲注10）7～8頁、10頁、12頁。

充たした車両は検定合格車として、たとえば1年または2、3年の間の一定の期間に発生した事故については、民事責任においても刑事責任においても免責とする制度を創設することが合理的と思われる[25]。事故原因究明は自動運転車のさらなる開発のために行われることが適当である。この免責制度により恩恵を受けるのは製造物責任のリスクを抱えるメーカー等（ディーラー[26]を含む自動車側。以下同じ）である。

保険会社が、完全自動運転車に起因する事故により人身損害を被った被害者が事故時に当該車両内にいたか当該車両外にいたかを問わず被保険者としてその者が被った人身損害がてん補される傷害損害保険を開発し、上記の免責の恩恵に浴するメーカー等が保険契約者となって、被害者が第三者の傷害の損害保険契約（以下「自動運転傷害保険契約」という）を締結するのである[27][28]。

25）小林正啓「自動運転車の実現に向けた法制度上の課題」情報管理60巻4号（2017）246～247頁、小林正啓発言・日本経済新聞電子版2018年3月28日付「人と同じく自動運転車にも免許制度を、弁護士が発言」、肥塚肇雄「自動運転車事故の民事責任と保険会社等のメーカー等に対する求償権行使に係る法的諸問題」保険学雑誌641号（2018）84～87頁。

26）ディーラーは保険契約の締結についてメーカー等から契約ベースで代理権を与えられたものとして代理人になる。中古車販売会社は、製造物責任法3条の規定に基づく損害賠償請求権が時効によって消滅するまでの当該製造物の「引き渡し時」から起算した10年間について（立法によりメーカー等の保険契約締結代理権を中古車販売会社に法定する途もあり得るが）、契約ベースでメーカー等からの代理権限が授与されたものとして、保険契約の締結を行うことになる。

27）この自動運転傷害保険契約は、正確には、保険法上定義がおかれていない「傷害準損害保険契約」というべきものである。金澤理『保険法』（成文堂、2018）272～274頁、281～283頁、295～296頁。そして、保険金額は自賠責保険の保険金額（自賠法13条、同法施行令2条、別表第一）と同じものとする。すなわち、死亡による損害は3000万円、常に介護を要する後遺障害による損害は4000万円、後遺障害による損害は3000万円、傷害による損害は120万円とする。この金額を超えて保険金額を設定する場合は、別途、自動運転車購入者が、完全自動運転車に起因する事故を保険事故とする自己および第三者の傷害の損害保険契約（これも自動運転傷害保険契約の一種である）を保険契約者として契約することになる。この保険契約は、被害者の人身損害の額からメーカー等が締結した自動運転傷害保険契約に基づいて支払われた保険金の額を控除した残額がある場合に、その残額をてん補する上積み保険契約である。

28）メーカー等が保険契約者として支払う保険料は、車体価格または車検料に上乗せされることになるであろう。この意味では、保険料の実質的負担者は購入者（通常は自賠法にいう「保有者」）である。

⑵ 自損事故の場合

当該完全自動運転車を購入した者または借りた者が当該車両に搭乗中に事故に遭った場合、自賠法を前提とすれば、この者は「運行供用者」になるから、たとえ事故により人身損害を被っても「他人」（自賠法３条）に該当しないので、自賠責保険契約は適用されず人身損害はてん補されない。

しかし、上記の自動運転傷害保険契約が販売されたならば、上記の者が被った人身損害もてん補されることになる。

⑶ 完全自動運転車 対 マニュアル車 の事故の場合

完全自動運転車とマニュアル車が衝突した事故はどのように処理されるのであろうか。たとえば、完全自動運転車（甲車両）に搭乗していた保有者X_1が完全自動運転モードで走行中にX_2が保有・運転するマニュアル車（乙車両）と衝突しX_1とX_2が人身損害を被り、X_1およびX_2はY_1社が締結する自動運転傷害保険契約の被保険者であって、X_2はY_2社との間で乙車両を被保険自動車として自賠責保険契約と対人賠償保険契約を締結しかつその被保険者であったとする。X_1およびX_2はY_1社に対し自動運転傷害保険契約に基づく保険金を請求し、Y_1社がX_1およびX_2に対し保険金を支払えば、Y_1社は、Y_1社がX_2に対して支払った保険金の範囲内で、X_1がX_2（またはY_2社）に対して有する損害賠償請求権（または直接請求権）について代位して求償することになる。この段階において、X_1のX_2に対して有する損害賠償請求権についてX_1とX_2との過失割合が問われるかのように思われる。しかし、X_1は、完全自動運転車（乙車両）が安全に走行できるようにする保守点検義務に違反していない限り、単なる搭乗者に過ぎないから斟酌すべきX_1の過失は観念できないように思われる。また、完全自動運転車事故が惹起された場合に誰が賠償責任を負うかはどこに事故原因があるかによって左右されるから、完全自動運転車（甲車両）とマニュアル車（乙車両）との衝突事故の原因が一見明白にX_1の保守点検義務違反等に求められることがない限りは、当事者間の損害の公平な分担という過失相殺の趣旨は及ばないように考えられる。

なお、自動車責任保険契約については、責任保険契約そのものというよりむしろ質的に傷害保険契約に転換しているのではないかという見方もあり[29]示唆に富む。

(4)　選択民保論

選択民保論とは、自賠責保険契約を代替する新たな保険契約を創設して、新たな保険契約を締結すれば、自賠責保険契約締結の義務（自賠法5条、86条の3第1号）を免れるとする考えである[30]。これは、自賠責保険契約と任意対人賠償保険契約を一本化させる際に、自賠責保険契約での一本化でもなく任意対人賠償保険契約での一本化でもなく、両者の長所を併存させて一本化する3つの折衷（中間形態）案のうちの1つである[31]。

わが国において、完全自動運転車が普及し公道に完全自動運転車が走行

---

29)　石田満「自賠責保険と任意保険の一本化」田辺康平＝石田満編『損害保険双書2——自動車保険』（文眞堂、1974）272頁、276頁。自賠責保険契約や任意対人賠償保険契約が傷害保険契約に質的に転換していると見られるのは、第1に、人身損害に対して自賠責保険契約においてもその上積み保険契約である任意対人賠償保険契約においても保険会社に対する被害者の直接請求権が認められている点、第2に、加害者の賠償責任を認めることが緩やかである点、第3に、任意一括払の場合を除外して、自賠責保険契約の部分だけを考えれば、過失相殺は、被害者に重過失がある場合、減額がなされないかなされても減額割合が低くされている（自賠法16条の3）点である。

表　自動車損害賠償責任保険支払基準〔平成22年4月1日実施〕

減額適用上の被害者の過失割合	減　額　割　合	
	後遺障害又は死亡に係るもの	傷害に係るもの
7割未満	減額なし	減額なし
7割以上8割未満	2割減額	2割減額
8割以上9割未満	3割減額	
9割以上10割未満	5割減額	

（平成22年金融庁・国土交通省告示第1号）

30)　塙善多『自動車保険 激動の10年』（自動車保険ジャーナル、1978）108頁、109頁、石田・前掲注29）275頁、金澤理「プラチナ自動車保険構想の提唱——自動車事故全被害者の救済を目指して」損害保険研究65巻3・4号（2004）10～12頁。

31)　他の折衷案は、契約者単位の一本化案、もう一つは、車両単位の一本化案である。塙・前掲注30）108頁。

するようになったとき、自動運転傷害保険契約を締結して被害者救済を確保することができるのであるから、依然として現行の自賠法が施行されているのであれば、自賠法を改正して責任保険契約ではないが自動運転傷害保険契約の締結を証明することができることを条件に、上記のように完全自動運転車について自賠責保険契約を締結する義務を免れる途が完全に閉ざされているわけではない。

まず、自賠責保険契約に代わり得る自動運転傷害保険契約の締結をもって、完全自動運転車について自賠責保険契約の締結義務を免れるとすることができる前提として、「運行供用者」が「個」車の運行としてマニュアル車の運行を支配していることの延長線上に、完全自動運転車の運行も「個」車の運行として「運行供用者」(ではないが、実態)として(それと類似)のAIが擬人的に支配しているという位置づけがなされることが必要であるように思われる。その位置づけがなされたうえで、AIには責任主体になるだけの権利能力が認められず、AIが自賠責保険契約を締結することは考えられないこと、完全自動運転車が「自動車」(自賠法2条1項)に該当するかについて疑問があること、メーカーは「保有者」(自賠法2条3項)でないので自賠責保険契約を締結することはないこと、事故原因究明は困難であることから、完全自動運転車に自賠責保険契約を付保することには無理があることが確認されて、そこで、自賠責保険契約に代わる自動運転傷害保険契約を創設し、前述のようにメーカーがその契約を締結するのである。

そうだとすると、完全自動運転車がつぎに検討するMaaSに組み込まれた場合(以下MaaSに組み込まれた完全自動運転車を「MaaS自動運転車」という)は、各MaaS自動運転車の運行は「個」車の運行と評価しがたく、いっそう自賠法の土俵の上に各MaaS自動運転車は乗らないように考えられる。

4 MaaSにおける“Sharing Cars”事故被害者救済

MaaSとは、必要に応じて、デジタルサービスによって多様な異なる移動手段の間の垣根(つなぎ目)を低くまたはなくしてそれらを統合し一元化したものである[32)33)]。MaaSにも、自動運転と同じようにレベルがあり[34)]、その種類としてもさまざまなものがあるとされるが、重要な点は、完全自動運転車との関係では、完全自動運転車がMaaSに組み込まれた場合、個々の完全自動運転車は一元管理下におかれるという可能性が高いということ

32） https: //maas-alliance.eu/homepage/what-is-maas/. Surakka, T. Härri, F. Haahtela, T., Horila, A. and Michl, T. "Regulation and Governance Supporting Systemic MaaS Innovations", *Research in Transportation Business & Management*, Vol. 27, p. 56（2018）.

33） フィンランドでは、2018年7月1日に、MaaSに係る"Act on Transport Services"（「輸送サービスに関する法律」）が施行された。わが国では、日本経済再生本部で取りまとめられた「未来投資戦略2018――「Society 5. 0」「データ駆動型社会」への変革――」（2018）が2018年6月15日に閣議決定されたが、同8頁にMaaSについて触れられている。なお、近時、自動車技術73巻1号（2019）において、MaaSに関しての「特集 進むモビリティのサービス化」が組まれた。その中でも、本稿との関係では、日高洋祐「日本版MaaS（Mobility as a Service）の社会実装に向けて」自動車技術73巻1号（2019）46頁以下および野田五十樹「オンデマンド型公共交通サービス「SAVS（Smart Access Vehicle Service）」」自動車技術73巻1号（2019）70頁以下が参考になる。なお、窪田充見＝今井猛嘉＝肥塚肇雄「座談会「自動運転」を考える」法教463号（2019）36頁〔肥塚発言〕。「次世代地域公共交通システム」については、加藤博和「自動運転・シェアリングエコノミーと地域公共交通」「モビリティと人の未来」編集部（今井章博＝大川祥子＝須田英太郎）編『モビリティと人の未来――自動運転は人を幸せにするか』（平凡社、2019）161頁以下参照。

34） Sochor, J., Arby, H., Karlsson, M. and Sarasini, S., "A Topological approach to Mobility as a Service：A proposed tool for understanding requirements and effects, and for aiding the integration of societal goals", *Research in Transportation Business & Management*, Vol. 27, pp. 10‒12（2018）.

Level	
4	Integration of societal goals Policies, incentives, etc.
3	Integration of the service offer Bundling/subscription, contracts, etc.
2	Integration of booking & payment Single trip-find, book and pay
1	Integration of information Multimodal travel planner, price info
0	No integration Single, separate services

Proposed topology of MaaS including Levels 0-4（*Id.* at P. 10.）

である。仮に、特定の管理者の下にある特定のMaaSの範囲内にある個々の完全自動運転車が運行する場合、それらはシームレスな交通手段としての完全自動運転群に再構成されそれぞれの「個」車は“Sharing Car”として利用されることになると思われる。「個」車といっても、MaaS自動運転車は各「個」車ごとに「運行供用者」が運行を支配する自動車ではない。従来のマニュアル車とMaaS自動運転車との間にはその性質上の連続性は認められない。

しかし仮に、MaaS自動車が自賠法2条1項の「自動車」に該当することを認め、MaaS自動車に自賠法が適用されるということを肯定すると、つぎのように考えられる。すなわち、MaaSを一元管理するその「管理」の中身がMaaS自動運転車群のそれぞれの運行を支配することを意味するのであれば、一元管理者が「運行供用者」になると思われる。そうだとすると、MaaSの一元管理者がMaaS自動運転車の加害事故について「運行供用者」責任を負うように思われる。しかしMaaSの領域においては、もはや「運行供用者」の概念は形骸化している。交通手段が統合されつなぎ目が低くなり利便性が高まるということは、交通情報等がデジタル的に双方向で行き交うことを意味し、このようなMaaSの世界はいわばニューロネットワークのように相互に関連し合って1つの空間を作り上げることになるので、仮にMaaS自動運転車の1台が交通事故を惹き起こしても、外形上は「個」車の事故であるが、交通手段の複雑な相互の関連性の中で事故が発生している可能性がある。このようになると、「運行供用者」が存在するとしてもそれらは希薄化し抽象化して責任の集中ということからかけ離れてしまっていると考えられるのである。

このようにさまざまに複雑に関連し合いつつ複合的に一元化されるというMaaSの実態の中で、交通事故が惹起されることは今日までなかったことであり、責任関係者が多数存在する中で具体的に誰が責任を負うのかという問いは、近代法における責任論でシンプルに導き出せないのではないかと思われる。すなわち、MaaS自動運転車には自賠法の適用は実態にも適さないのではないだろうか。また、それに応じて、保険論のレベルでは、MaaSの空間に対し包括的なNo-Fault保険契約（新保険商品）を締結することになるのではないだろうか。

5 結びにかえて

以上をもって、「自動運転車が社会実装された後の自動車保険契約の変貌」についての考察を了える。

交通事故の責任について、なぜ「運行供用者」に責任を集中させることができたのかという問いかけに対しては、つぎのように答えることができる。すなわち、「人」は、「物」であるマニュアル車のアクセル、ブレーキおよびハンドル操作を思うとおりに支配することができ、適正に支配して自動車を運転させていたならば、交通事故は発生しない、換言すれば、交通事故発生原因は定型的にヒューマンエラーに求められたという前提があったからである。だから、「人」、すなわち、マニュアル車を支配しその利益を享受する「運行供用者」に責任を集中させることができたのである。

これに対し、完全自動運転車にはディープラーニングを行うAIが搭載されておりAIが実際に完全自動運転車を認知⇒判断⇒操作して走行させることから、このようなAI搭載Thingsは単純に「物」と割り切ることができず、したがって、完全自動運転車が走行している状態は「人」が「物」＝マニュアル車を支配している状態と評価することは難しい。それゆえ、完全自動運転車は自賠法上の「自動車」（2条1項）にただちに該当するとは言い難い。このような完全自動運転車は通信性も兼ね備えており、したがって、誰が「運行供用者」なのか、マニュアル車の運行について支配し得る「運行供用者」と比較して一義的に特定することは難しい。完全自動運転車の運行支配という観点からは、上記のように、車載AIが認知⇒判断⇒操作して走行させるだけでなく、通信というルートを通してハッカーがサイバー攻撃を行って完全自動運転車を制御し得る。さらに、完全自動運転車は運行中にさまざまな「物」と双方向の通信をし得る。このようなことから、完全自動運転車においては、何が事故原因であるかが定型的に想定されるわけではない。つまり、その裏返しは、誰が「運行供用者」なのかが明らかではないということでもある。

このように考えると、加害者（被保険者）が法律上の損害賠償責任を負うことを前提とする責任保険契約を完全自動運転車事故に適用することは必ずしも適当とはいえない。また、加害者リスクは必ずしも完全自動運転車の「保有者」が負うわけではないのに、「保有者」が自賠責保険料を負担することは矛盾している。したがって、完全自動運転車事故に対し自賠法を適用して被害者を救済しその後保険会社がメーカー等に対し製造物責任を根拠として求償権を行使する枠組みは被害者を救済する点を除いては必ずしも合理的ではない。

むしろ厳しい所定の基準を充たす完全自動運転車は事故が起きてもメーカー等の民事責任および刑事責任を一定期間免責とするのが適切である。その半面、メーカー等は免責の恩恵を受けたのであるから、完全自動運転車事故については、保険会社の努力によって自動運転傷害保険契約（第三者の傷害の損害保険契約）が開発された後は、メーカー等が当該保険契約の保険契約者となって完全自動運転車の購入者を被保険者とすることが妥当であるように思われる。

さらに、異なる交通手段が一元化されるMaaSに完全自動運転車が組み込まれた場合、MaaS自動運転車事故については、「運行供用者」が誰なのかはいっそう不明瞭となる。MaaS自動運転車の「運行供用者」を仮に想定した場合、その「運行供用者」性は希薄化し抽象化しているので、MaaS自動運転車には自賠法の適用は実態に適しないのではないだろうか。また、それに応じて、MaaSの空間に対し包括的なNo-Fault保険契約（新保険商品）を締結することになるのではないだろうか。

（肥塚肇雄）

〔附記〕本稿は、2017年度損害保険事業総合研究所による研究助成「自動運転車走行の社会的受容の促進とサイバーリスク保険の法的研究」の研究成果の一部である。

第3章　自動運転と損害保険会社の企業倫理

1　はじめに

自動運転技術は近年飛躍的に進歩を続け、わが国では2025年を目途に高速道路での完全自動運転の実現が目標となっている[1)]。自動運転の社会実装化は、自動車メーカーを中心に、通信会社など数多くの業界に劇的な変化をもたらしうるが、損害保険業界もその一つと捉えられる。自動運転中の事故やサイバー攻撃による被害などに対して保険をはじめとする何らかの補償がなければ実証実験すら行えず、自動運転の社会実装化は不可能となる。そして、このような補償を提供しうるのが損害保険会社である。

損害保険会社がどのような補償を提供するかは、その時点での法規制に大きく依存することになる。しかし、自動運転をめぐっては、技術開発が先行し法規制が追いついていない場面がしばしば生じる。このような状況で損害保険会社が真に求められる補償を提供するには、2(2)で述べるように、最低限の法的責任を果たすだけでなく、企業倫理[2)]に注目して倫理的レベルの対応することになるであろう[3)]。

本章では、まずは自動運転をめぐる問題が損害保険会社にとって重要な問題になる根拠を定量的に確認する。そのうえで、企業にとっての法的責

1)　2020年を目途に高速道路におけるレベル3の自動運転、2020年までに過疎地など限定地域でのレベル4の無人自動運転移動サービス、2025年を目途に高速道路での完全自動運転が目標とされている。

2)　企業倫理にはさまざまに定義づけられるが、本章では以下の狭義の定義を用いる。公正かつ適切な経営を行なうための組織内活動（出見世信之『企業倫理入門』（同文舘出版、2004）8頁）。

3)　金融サービス業には厳格な規制が課されてきたため、関係者に法律を遵守しさえすれば問題がない、という認識が浸透しやすい（Boatright, J. R.,［1999］：Ethics in Finance, Blackwell, p. 7）と言われてきたことも問題を深刻化させる。

任と倫理的責任の違いを明確にする。以上の前提条件をふまえて、自動運転をめぐり起こりうる倫理的問題を整理するとともに、自動運転の社会実装化に向けて規制当局や自動車メーカーの倫理的課題さらに、事故時の補償を提供する損害保険会社が直面する企業倫理上の課題について論じていく。

2　自動運転が損害保険会社をめぐる倫理的課題となる理由

(1)　自動運転導入による損害保険市場の経済的変化

自動車保険は自賠責保険と合わせると日本の損害保険市場における保険料収入の6割以上を占め[4)]、自動運転技術の進展は市場構造を根本から変えうるものとなる。この点に関してさまざまな損害保険会社やシンクタンクが市場予測を行っているが、自動車保険市場の縮小を予測するものが圧倒的である。たとえばコンサルティング会社のKPMGが2013年に行った試算では、自動運転車が市場に出回り始める10年以内に事故件数が減少し始め、25年以内には個人向け自動車保険の市場規模が40％の規模にまで縮小することが予測されている[5)]。しかし同時に同社からは2040年の試算として、自動車一台当たりの事故件数が90％減少する一方、車両の高額化により平均修理費用は20％増加するといった数字も示され、製造物責任保険などの拡大も予想されている[6)]。さらに第2部第2章で示されたよう

4)　2017年度の日本損害保険協会加盟26社の正味収入保険料に種目別構成比の49.0％が自動車保険、12.1％が自賠責保険である。また、保険代理店のうち51.7％は自動車関連業が運営するものである（日本損害保険協会調べ）。

5)　KPMG LLP, 2017, Actuarial analysis.

6)　KPMGジャパン「自動運転で補修部品事業はどうなる？」（2017年10月27日）（https://home.kpmg/jp/ja/home/insights/2017/10/collision-parts.html）。KPMGジャパン「変化する市場――自動運転車時代の自動車保険」（2017年10月26日）（https://home.kpmg/jp/ja/home/insights/2017/10/marketplace-change.html）。さらに同社は2018年1月に「混沌たる移行期――自動運転車と自動車保険の破壊的変化」を公表している（https://home.kpmg/jp/ja/home/insights/2018/01/the-chaotic-middle.html）。

に自動運転をめぐる環境は日々進化しており、以上のシナリオを超えた劇的な変化が起こることも容易に想像される。たとえば、市場規模が縮小するに伴い、基本的な保険引受にかかる費用をカバーしたり市場シェアを守るために、各社が保険料収入を維持しようとして熾烈な過当競争が起こり、その結果業界全体に危険な負のスパイラルに陥るという最悪のシナリオまで示されている。

これらの試算が示すように、自動運転技術への対応を考える上で、現状では不確定な要素が多く、さらに法規制をめぐる環境も過渡期であることに鑑みて、損害保険会社自身が一定の倫理観を持って対処しないとその存続にかかわるような問題を引き起こしやすい環境にあると考えられる。

(2)　企業の法的責任と倫理的責任

ところで、企業活動に対しては法的基準が適用されるが、ハーバード・ビジネス・スクールで企業倫理を担当してきたリン・シャープ・ペインは、その際の限界について下の3点から説明する[7)]。第1に、法律は過去の状況や技術に対処するために制定されたものなので、進行中の企業活動への適用には限界がある。また、平均的存在である企業に対して合理的に期待しうる程度のことを要求しているにすぎない。このため個別企業への適用には限界がある。第2に、制裁には限界がある。その根底にあるのは抑止の理論であり、押しつけられた法令遵守には限界がある。第3に、裁量の余地をなくすというデメリットが挙げられる。何らかの問題が発生するたびに新たな規制が作られていけば、企業活動への制約が増えるだけで、企業の発展にも社会の発展にもつながらない。さらに、人々が法令等に従うかどうかの判断は、正統性と道徳的正当性に関して個人が抱いている信念に強く影響される。そのため倫理に対する確固たる信念がない限り、「コードの存在は知っている、あとは守るかどうかだ」といった非常に危険な判断を導くことになる。

また、アメリカの経営学者アーチ・キャロルは社会の企業に対する要請

7)　Paine, L.S. [1997] Cases in leadership, ethics, and organizational integrity : a strategic perspective. McGraw-Hill, pp. 95-96（梅津光弘＝柴柳英二訳『ハーバードのケースで学ぶ企業倫理――組織の誠実さを求めて』（慶應義塾大学出版、1999）83～84頁）。

との関係から、企業の社会的責任は経済的責任、法的責任、倫理的責任、裁量的（社会貢献）責任の4層構造（Four-Part Definition of Corporate Social Responsibility）になっており、社会的期待との関連から企業はそれらを下層から段階的に満たしていくのではなく、同時に満たさなくてはならないと指摘する。経済的責任と法的責任を果たす、つまり法令等を遵守した上で収益をあげるのは当然であり、これに加えて倫理的責任を果たすことに関心が集まっているということである[8)]。

以上のように法的基準には一定の限界があることから、企業は組織の誠実さ（integrity）を構築する企業倫理の制度化[9)]により倫理的責任を果たすことが求められる。そして企業倫理を推進するための具体的な企業内制度としては、まずは各国の法体系を根拠にして成立した既存の株式会社制度の枠組みで株主の権益を擁護するためのいわゆるコーポレート・ガバナンス型アプローチが存在する。これに対し、既存の法体系の妥当性や正統性まで遡って制度構築を検討し利害関係者の権益を含め企業経営システムを再検討するコンプライアンス型アプローチと価値共有型アプローチが存在する。最狭義に捉えると後者の2つのアプローチが企業倫理の制度化と呼ばれるにふさわしい施策である[10)]。

図表　倫理を管理するための戦略（企業倫理の制度化方法の比較）

	コンプライアンス型	価値共有型
精神的基盤	外部から強制された基準に適合	自ら選定した基準に従った自己規制
Codeの特徴	詳細で具体的な禁止事項	抽象度の高い原則、価値観
目的	非合法的行為の防止	責任ある行為の実行
リーダーシップ	弁護士が主導	経営者が主導
管理手法	監査と内部統制	責任を伴った権限委譲
相談窓口	内部通報制度（ホットライン）	社内相談窓口（ヘルプライン）

8)　具体的には、法を守ることは最低レベルの行動で、法律に成文化されていないものであっても、社会のメンバーにより期待または禁止されている活動や行動も遵守対象に含む必要があることが示されている（Carroll, A.B. and Buchholtz, A.K,［2014］Business & Society：Ethics, Sustainability, and Stakeholder Management, 9th ed., South-Western, pp. 35-42）。

9)　中村瑞穂「企業倫理実現の条件」明治大学社会科学研究所紀要39巻2号（2001）97～98頁。

10)　詳細は梅津光弘『ビジネスの倫理学』（丸善出版、2002）128～139頁を参照のこと。

教育方法	座学による受動的研修	ケース・メソッドを含む能動的研修
裁量範囲	個人裁量範囲の縮小	個人裁量範囲内の自由
人間観	物質的な自己利益に導かれる自立的存在	物質的な自己利益だけでなく、価値観、理想、同僚にも導かれる社会的存在

出典：Paine［1997］p. 95（ペイン［1999］p. 82）に加筆。

自動運転をめぐっては、ペインが指摘するような法的基準の限界が露呈することは避けられない。しかし、法制化への注目に反して倫理的課題について正面から論じられることは少ない。また、後述するトロリー問題に代表される究極の選択について議論が集中し、解決に向けた議論が十分には展開していない。このような認識から、以下、自動運転をめぐり企業、特に損害保険会社が直面しうる倫理的課題について言及していく。

3　自動運転の社会実装化に向けた倫理的課題

技術革新の急進により、それまでの想定を超えた事態に対応するために哲学や倫理学の知見が必要されることが増えている[11)]。たとえば日本学術会議では、自動運転をめぐる倫理問題について以下の提言がなされている[12)]。「我々人間の運転者は、各自の倫理的判断の範囲内で、一時的な制限速度超過や追越し禁止違反など形式的な交通法規の違反をしつつ、交通の安全と円滑を図っている。しかしながら、自動運転車は基本的に遵法運転をプログラム化しているため、かえって他の交通参加者に危険を招いたり、交通の円滑を妨げることがありうる。そこで、より安全・円滑な交通のため、自動運転車に柔軟なルール解釈を許容してよいかが問われる。これは

11）　AIの進展やロボットや宇宙開発など、ニューリスクに対処するための法的課題についての書籍の出版が相次いでいる。また、日本経営倫理学会の2019年度の研究発表大会の統一論題のテーマが「AI／ロボット時代における経営倫理」となるなど、年次大会国内外の企業倫理関係の学会でも議論が盛んになり始めている。

12）　日本学術会議 総合工学委員会・機械工学委員会合同工学システムに関する安全・安心・リスク検討分科会「提言　自動運転のあるべき将来に向けて―学術界から見た現状理解――」（2017年6月27日）（http://www.scj.go.jp/ja/info/kohyo/pdf/kohyo-23-t246-1.pdf）。

また、交通ルールの見直しにもつながる。また、いわゆるトロリー問題にみられるような究極的な人命選択の場面につき、あらかじめ選択基準を示してよいか、いかなる基準で選択すべきか、倫理的な観点から問題が指摘されている。これらの問題は、技術者と哲学者の共同作業を要する課題とも言え、ややもすると社会的反発を受ける契機ともなりかねず、慎重に社会的合意を醸成する必要がある。」

以下、まずは、自動運転をめぐる倫理的課題として一般的に取り上げられることが多いトロリー問題について概説し、そのうえで、企業、特にその中の損害保険会社が直面しうる倫理的課題と捉えて検討する。つぎに、自動車メーカーの技術開発と営業上のジレンマを巡る倫理的課題としてしばしば取り上げられてきたフォード・ピント事件について、自動運転をめぐる課題に置き換えて再検討するとともに、損害保険会社を巡る企業倫理上の課題として検討していく。

(1)　トロリー問題[13)]

トロリー問題は古くから哲学や倫理学の中心的な命題で、人間の道徳的ジレンマや合理性を知るための究極の倫理的な思考実験である。イギリスの哲学者フィリッパ・ルース・フットが提起したものであるが、そこから派生した多様なバリエーションが存在する[14)]。

一般的なトロリー問題は以下のように前提条件が示され次頁図表左側のように図示される。

・　路面電車が暴走して５人が線路に紐で縛りつけられている方向に向かっていて、このままでは５人全員が轢かれて死亡する。
・　この線路には分岐器があり、路面電車を別の線路に引き込むことができる。
・　しかし、この別の線路には１人が縛り付けられていて、５人を救うために分岐器を動かせばこの１人が轢かれることになる。

13)　トロッコ、トロリーのどちらの表記もあるが、本章ではトロリー問題と表記する。
14)　たとえば、線路を見下ろす跨線橋にいる太った男を突き落として路面電車を止め５人を救うかどうか（図表右側）など。

図表　トロリー問題

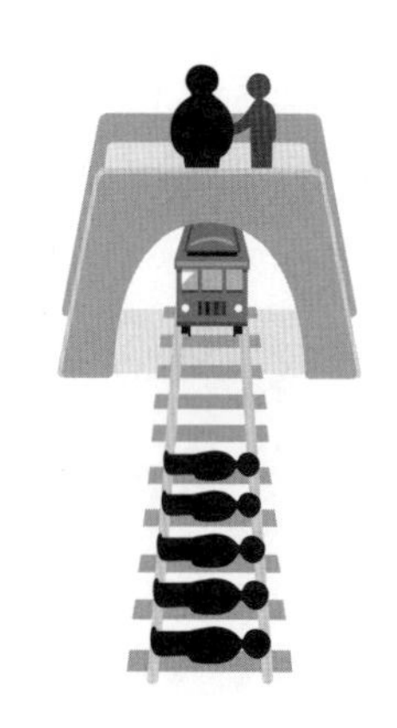

このような状況において分岐器を動かすことが正しいかどうかを判断することになるが、哲学者や倫理学者の見解は大きく二分される。第１は義務論[15)]に基づき、５人を助ける目的のために１人を犠牲にすることは認められないとする人権を重視した考え方である。これに対し、もう一方は「最大多数の最大幸福」に代表される功利主義[16)]に基づき、１人の犠牲（苦痛）は５人を救うこと（快楽）によって正当化されることになる。義務論と功利主義はともに善とは何かを追求していて、後者はその行為がもたらす幸福度が最大化すれば正しいということになる。両者はどちらが正しいと言えるものではなく、トロリー問題への結論も簡単には導き出せない。また、近年では功利主義で想定する個人に対する考え方への議論がもう一段進み、多数派の意向に従うものの、少数派にそれを強制しない考え方も台頭しており、トロリー問題はさらに複雑化している[17)]。

---

15)　イマニエル・カントの定言命法に代表される議論。理性によって導き出される普遍的な究極の道徳規則が存在することを提起し、それに無条件に従うことが倫理の達成であるとした。

16)　ジェレミ・ベンサムは、人間は快楽を求め、苦痛を回避しようとするもので、「最大多数の最大幸福」を目指すことが、よりよい社会の基盤にあるとした。

17)　個人の自由権を絶対的に重視して、それに制約を加える国家の役割を最小限度にとどめようとする自由至上主義の思想であるリバタリアン（自由主義）がその一例である。これに対抗する考え方として、個人の利益を保護することを根拠に、国家が個人の生活に干渉したり、その自由・権利に制限を加えることを正当化するパターナリズムも台頭している。

(2)　自動運転をめぐるトロリー問題[18)]

以上のトロリー問題を自動運転に当てはめて考えてみる[19)]。この場合の前提条件は以下のようになる。

・　道路を猛スピードで自動運転車が走っていたが、その前方には5人の歩行者が倒れており、このままでは5人全員が轢かれ死亡する。
・　ただし、この自動運転車のブレーキは壊れており、ハンドルを切って5人を回避する他はない。
・　ところが、ハンドルを切った先には別の1人が倒れており、5人を助けるためにハンドルを切ればこの1人が死んでしまう。

路面電車での例では分岐器を動かすのは人間の判断であった。これに対し、自動運転車の場合は機械が自動的に行うことになるが、その最終的な判断はエンジニア、さらには自動車メーカーがどのようなプログラムを組むかにかかっている。そして、倒れている歩行者の人数、さらに犠牲になるのが自分や家族であるかどうかといった条件により、社会の受容可能性は変化する。このような唯一絶対の答えがない問題への対応策を探るため、さまざまな研究がおこなわれている。以下、代表的なものを紹介する。

a　ジャン・フランソワ・ボンヌフォンらによる自動運転の社会的ジレンマについての調査[20)]

自動運転車の導入は事故を減少させるが、時に歩行者や運転車自身を犠牲にする選択を迫られることもある。このようなトロリー問題には正解がないものの、完全自動運転車が導入され消費者に広く認知されるためには、トロリー問題に対する世論が最も重要な役割を担うとの仮定で、道徳的な正しさに関する人々の判断についての調査を2015年に実施し、1,928名が回答している[21)]。

---

18)　自動運転をめぐる派生型トロリー問題については、平野晋「「ロボット法」と自動運転の「派生型トロッコ問題」」NBL 1083号（2016）29頁等を参照のこと。

19)　この例示は以下より引用した。石田健「AI・自動運転時代の哲学・倫理学：自動運転車は5人を殺すべきか」The HEADLINE（2017年5月7日）（https://www.theheadline.jp/32347）。

20)　Bonnefon, J, Shariff, A and Rahwan, I［2016］The Social dilemma of autonomous vehicles, Science Vol. 352 Issue 6293, 24, pp. 1573-1576.

ここでは切迫した避けられない危害が生じうる３つの交通状況が下記図表のとおりに例示されている。

Ａ：数人の歩行者か１人の歩行者を犠牲にする。

Ｂ：１人の歩行者か搭乗者自身を犠牲にする。

Ｃ：数人の歩行者か搭乗者自身を犠牲にする。

図表　切迫した避けられない危害が生じうる以下の３つの交通状況

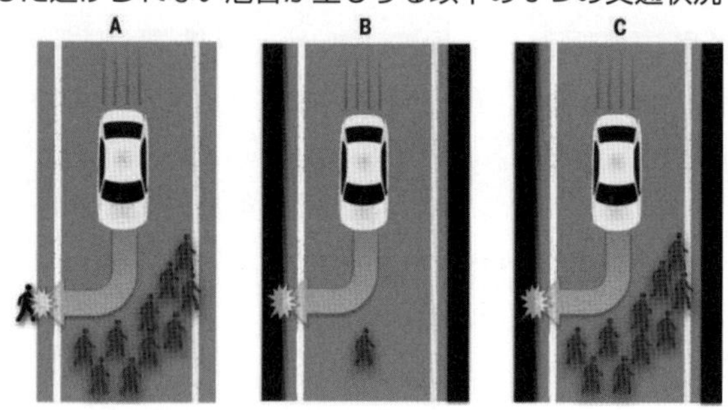

出典：Bonnefon et al［2016］p. 1574.

回答者の76％が10人以上の歩行者が犠牲になるならば、１人の歩行者が犠牲になるほうが道徳的で、犠牲者の数を最小限に抑えるプログラムを用いた功利主義的な自動運転車が望ましいと回答した。しかし、自分や家族が犠牲になる状況では、功利主義的な自動運転車の購入には積極的でなく、搭乗者である自分と家族を守る自己防衛的な自動運転車が発売されればそちらを選ぶと結論づけている。

つまり、犠牲になる１人が運転者自身の場合には、自分が犠牲になるようプログラミングされた自動運転車を購入することはまず考えられず[22)]、この結果、現実には、自分と家族を守る自己防衛的な自動運転車が選ばれることになるだろう[23)]。

21）アマゾンメカニカルターク（the Amazon Mechanical Turk：MTurk）のプラットフォームを活用した調査である。

22）実際、メルセデスベンツ社は2016年10月時点で、4、5レベルの完全自動運転車では歩行者ではなく運転者自身を守るようプログラミングするとの考えを示している。Michael Taylor, Self-Driving Mercedes-Benzes Will Prioritize Occupant Safety over Pedestrians, Car and Driver, Oct 6, 2016, https://www.caranddriver.com/news/a15344706/self-driving-mercedes-will-prioritize-occupant-safety-over-pedestrians/

さらなる派生問題として、自動運転時の判断をAIが行う際に生じうる問題への議論が始まっている。たとえば、AIがモラルハザードを引き起こすことはあるのか、自動運転システムを使用して走行中の車両が規範を遵守するものであることをどのように担保するかといったことが論点となる[24]。

b　各種アンケートの活用

(i)　モラルマシーン（MORAL MACHINE）[25]

マサチューセッツ工科大学の研究所（メディアラボ）が2016年からweb上で公開している。自動運転など機械による判断をする時を想定し、倫理的な選択のジレンマが発生する時、人間ならばどう行動するのかを投票形式にしてデータを収集している。多言語対応で日本語での回答も可能である。

(ii)　自動運転の社会受容性に関する調査[26]

損保ジャパン日本興亜は2017年2月には日本、2018年2月にはドイツで自動運転の社会受容性に関する調査を実施している。この中にはトロリー実験を想起させる自動運転車のアルゴリズムに関する項目も含まれている。「直進すると他の車への接触（自車も相手車も破損、けがはなし）が見込まれ、ハンドルを切ると土手に落ちること（自車は大破、けがはなし）が見込まれる場合に、自動運転車にはどちらを選択してほしいと思いますか。」については、日独ともに7割近くが土手に落ちるほうを選択するが、特にドイツでは若年層ほど他の車への接触を選ぶ傾向がみられた。また、

---

23)　このような状況を受け、たとえばアウディやボルボではレベル3以降の自動運転車について、死亡事故等の法的責任は企業が完全に負うと明言している。ここから、保険をどのように設計するかという問題が生じる。詳細は4で論じる。

24)　たとえば以下を参照のこと。平成29年度警察庁委託事業みずほ情報総研株式会社「技術開発の方向性に即した自動運転の段階的実現に向けた調査研究報告書」（2018年3月）（https://www.npa.go.jp/bureau/traffic/council/jidounten/2017houkokusyo.pdf）。

25)　http://moralmachine.mit.edu/

26)　20〜70代の男女一般生活者を対象としたインターネット調査で、サンプル数はドイツでは3000件、日本では3600件である（https://www.sjnk.co.jp/~/media/SJNK/files/news/2018/20180410_1.pdf）。

「直進すると歩行者1人の死亡が見込まれ、ハンドルを切ると自らの死が見込まれる場合」はドイツより日本のほうが「自らの死」を選ぶ傾向がより高く、この傾向が日独ともに男性より女性のほうが強いという結果が出ている。さらに、「直進すると子供の歩行者1人の死亡が見込まれ、ハンドルを切ると大人3人の歩行者の死亡が見込まれる場合は、日本では子供1人のほうがやや上回り、ドイツでは大人3人のほうがやや上回っているが、若年層ほど子供1人を選ぶ傾向にあることが明らかになった。

(3)　フォード・ピント事件

つぎに、自動車産業をめぐる功利主義的判断の是非をめぐる問題として、フォード・ピント事件について検討する。この事件は企業倫理や技術者倫理をめぐるケーススタディでも長年多用されてきたが、今後加速する自動運転車の開発をめぐって学ぶべきことが多い。

a　概　　要

1970年代初めにフォード社の小型車ピントが各地で起こした死傷事故の原因となった欠陥の発生原因の評価に関する問題である。当時小型車市場が急激に拡大していたため、同業他社との競争を有利に進めるために、開発期間を大幅に短縮してピントを市場に出し、結果としてリコールすべき欠陥車を売り出して多くの死傷事故を引き起こした[27]。創刊間もない消費者運動雑誌「マザージョーンズ」に1977年に掲載された記事「ピントの狂気」[28]で衝撃的に伝えられた内容が「通説」とされた。のちにピント車の欠陥を引き起こした設計の根拠となった人命軽視の非倫理的な計算を示すとされた「ピント・メモ」は不正確な記載が多いなど問題点が明らかになってきたが[29]、この事件がアメリカを中心に企業倫理が注目されるきっかけになったことは確かである。

---

27)　インディアナ州の裁判所はフォード社に重過失殺人罪を適用したが、これはアメリカ企業に対して初めて殺人の刑事罰が求刑された事例となった。高橋浩夫『戦略としてのビジネス倫理入門』（丸善出版、2016）14～15頁。

28)　Dowie, Mark (1977) “Pinto Madness,” Mother Jones, September/October 1977 issue. http: //www.motherjones.com/politics/1977/09/pinto-madness/

b　倫理的論点

「通説」に対しては、以下の問題点が指摘されている。①市場の拡大が予想された小型車の開発競争で後発だったフォードが開発期間を大幅に短縮してピントを売り出したこと、②フォードのエンジニアは追突時の安全についての欠陥に製造開始前に気づいたものの、生産ラインがすでに組み上がっていたため、フォードの首脳陣は生産開始を決定した、③ピントは当時の追突時安全基準を満たしていたものの、フォードは効果的なロビー活動により、アメリカ政府が企図していた安全基準強化を阻止し続けた。

以上の「通説」の真偽に関わらず、このケースの倫理的論点は以下の2点に集約される。ピントを市場に出すことによってもたらされる社会全体への便益と、その結果交通事故に遭遇してしまう少数の犠牲者が支払う犠牲（費用）とを天秤にかけることの妥当性、また、リコールをかけた際の会社の費用と被害者に支払う損害賠償金の総額を試算して判断の根拠としたことである[30)]。

さらに、フォードのエンジニアは「企業内専門職」と言える立場であり、技術者としての倫理と、企業の従業員としての組織の決定に従うことのジレンマに直面していたと考えられる。この他、今後開発競争が加速していく自動運転車の開発をめぐって留意すべき点を多数指摘できる事例と言える。

4　自動運転の社会実装化と損害保険会社の企業倫理

ここまでは自動車をめぐる代表的な倫理問題であるトロリー問題とフォード・ピント事件について、倫理学的観点からの課題整理を行ってきた。これを受け、自動運転の社会実装化に向け、法的規制や自動車メーカー

29）　この通説を含めてフォード・ピント事件がどのように伝えられ、そこから技術者倫理教育の場でどのように活用されているかを包括的に調査した研究として、伊勢田哲治[2016]「フォード・ピント事件をどう教えるべきか」技術倫理研究13号(2016) 1～36頁がある。

30）　梅津［2002］（注10）pp. 34-37。

のあり方からさらに踏み込んで、どのようなことが損害保険会社の企業倫理上の課題となりうるか検討する。

(1) 「ドイツ自動運転とコネクテッドカーに対する倫理コード」からの示唆

ドイツでは、2017年8月に交通・デジタルインフラ省が設置した倫理委員会が自動運転を含むコネクテッドカーをめぐる倫理的課題に対する世界初のガイドラインとなるThe German Ethics Code for Automated and Connected Drivingを発表した。法律家、哲学者、神学者、消費者団体代表、自動車メーカーの技術者など14名からなる倫理委員会が、今後想定されるレベル4から5の自動運転を想定して議論をすすめ20項目の倫理コードを発表した[31)]。これは3の冒頭で紹介した日本学術会議の提言に対する一つの回答とも言えるだろう。

たとえば項目9では「避けられない状況において、個人的特徴（年齢、性別、身体的もしくは精神的状況）による区別は厳格に禁止される。また、被害者を別の被害者に置き換えるような行為も禁止される。人身事故での傷害を受ける人数を減らすための一般的なプログラミングは認められる可能性がある。特定のモビリティ・リスクの発生に関与する当事者は、それに関与しない人たちを犠牲にしてはならない」とされ、トロリー問題に対しては、個人的な特徴を考慮することは非倫理的との見解を示すとともに、明確な標準化にも倫理的に議論の余地がないプログラムの策定にも限界があることを示している。

他の項目でも同様の限界を指摘されているものの、損害保険会社としては企業倫理に関わる検討は避けて通れない課題であろう。

---

31)　全文は以下よりダウンロード可能である。https: //www.bmvi.de/SharedDocs/EN/publications/report-ethics-commission.pdf?__blob=publicationFile

　このガイドラインの解説と試訳は以下を参照のこと。友成匡秀「ドイツ「自動運転とコネクテッドカーの倫理規則20項目」が示す報告制と現状での限界点」ReVision Auto & Mobility（2017年10月15日）（https: //rev-m.com/self_driving/ドイツ「自動運転とコネクテッドカーの倫理規則20/）。

⑵　消費者保護と完全自動化に向けた支援のあり方

自動運転の進展が社会の利便性を向上させるのであれば消費者利益につながるが、開発途上でそれまで生じえなかった事故が引き起こされる場合は消費者にとって不利益であり、消費者問題を引き起こすことになる。また、現在の日本のように少子高齢化が急速に進行すると、過疎化が進んだ地区では公共交通が維持できず生活の足を奪われた人々が存在する。しかしその一方で都市部に住む圧倒的多数の人にとっては、このような過疎地の利便性のために資金を投入することには必ずしも賛成できないかもしれない。自動運転導入をめぐる消費者利益と消費者不利益は単なる費用便益分析では解決策を見出すことはできない。

ところで、企業倫理のケーススタディでは以下のような事例が用いられることが多い。工場の建設により多数の人が生活の質を向上させる製品を手にできる反面、工場周辺の地域住民は公害などの不利益を受ける場合にどのように対応すべきかである。自動運転車の導入をめぐっても、大多数の利便性が増す反面、開発途中で不幸にして事故に遭う少数者が存在するといった状況が生じやすく、企業倫理での研究成果が活用できるだろう。

さらに、このような状況において損害保険会社だからこそできる倫理的な対応としては、事故の発生に対して迅速な被害者救済の仕組みを構築することであろう。たとえば第Ⅱ部第1章5⑵で紹介したように、2016年6月にはさまざまな実証実験の形態に対応可能な事業者向けの「実証実験向け保険」が発売されたことで、同年5月に警察庁から策定・公表された「自動走行システムに関する公道実証実験のためのガイドライン」で示された事業者の賠償能力確保に寄与している。また、自動運転特有の事故を補償するための特約を設けるといった対応は、法的責任を超えた倫理的レベルの対応と捉えられるだろう。

今後も自動運転技術の進展に伴い、常に状況に即した新たな保険商品の開発を続けるとともに、シンプルで消費者にとってわかりやすい商品提供を心掛けることが重要と言える[32)]。また、国土交通省は2017年4月に、各

32)　多くの特約が付与され商品が複雑化したことは、2006年頃から指摘されたいわゆる「保険金不払い問題」の原因の一つとされている。詳細については、鳳佳世子「保険金不払い問題の概要と課題」調査と情報572号（2007）等を参照のこと。

自動車メーカーが実用化している「自動運転」機能が完全な自動運転を意味するものではないということを運転者に向けて注意喚起する文書を発表した。このような認識を普及させるために自動車メーカーが中心的に対応しているが、損害保険会社としても、商品開発はもちろん啓蒙活動を含めてできる支援もあるだろう。それと同時に、自動車保険をめぐって同様の誤解が生じることは容易に想像され、その対応も求められる。以上のような丁寧な対応が自動運転技術に対する社会受容性を高めることにつながるだろう。

⑶　製造物責任と求償権問題

a　過渡期の対応

現行法では交通事故を起こしたドライバーは刑事・民事・行政上の責任を負うことになる。しかし、アクセルやブレーキなど製品に欠陥があり事故が起きた場合には自動車メーカー、さらには部品業者などの供給業者の製造物責任が問われることがありうる。自動運転車の導入により、この責任関係がどうなるのか議論が続いている。今のところは従来からの考え方に準拠して、少なくともレベル３では現行の自動車損害賠償責任保険を適用する方向で議論が進んでいるものの、今後の完全自動運転化に向け根本的な議論が必要である[33)]。

そして、2018年３月に公表された国土交通省「自動運転における損害賠償責任に関する研究会」報告書では「レベル０（一般車両）からレベル４（高度運転自動化）までの自動車が混在する当面の過渡期においては、自動運転においても自動車の所有者らに運行支配や運行利益を認めることができ、迅速な被害者救済のため従来の運行供用者責任を維持しつつ、保険会社などによる自動車メーカーなどに対する求償権行使の実効性確保のための仕組みを検討することが適当である」と記載されている。現行法を遵守する

33)　国土交通省「自動運転における損害賠償責任に関する研究会報告書」（2018年３月）。現在の自賠法では、民法の特則として、運行供用者（所有者等）に事実上の無過失責任を負わせている（免責３要件を立証しなければ責任を負う）が、自動運転システムによる事故においても本制度を維持することの是非が本研究会での論点の一つであった。

だけでなく、将来を見据えて一歩踏み込んだ対応をすることも損害保険会社の倫理的責任と言えるだろう。

b　被害者救済特約

第Ⅱ部第１章５⑴で紹介した自動車保険の被害者救済費用特約の導入により被害者への補償の遅れを回避しうることになる。本特約は無料で自動付帯可能で、事故の責任主体に関わらず、被保険者が被害者に対する補償を提供するための費用を補償するもので、この特約により、自動運転導入前と同様にドライバーに損害賠償請求をすることで補償が受けられる可能性が高まった[34)]。この結果、下記図表に見られるように、どのような場合でも被害者救済が可能となるが、自動運転技術がさらに進化する中でも補償を確実に履行するためには損害保険会社は常に変化を見極めた対応を続ける必要があるだろう。

図表　被害者救済特約と責任分担（求償）

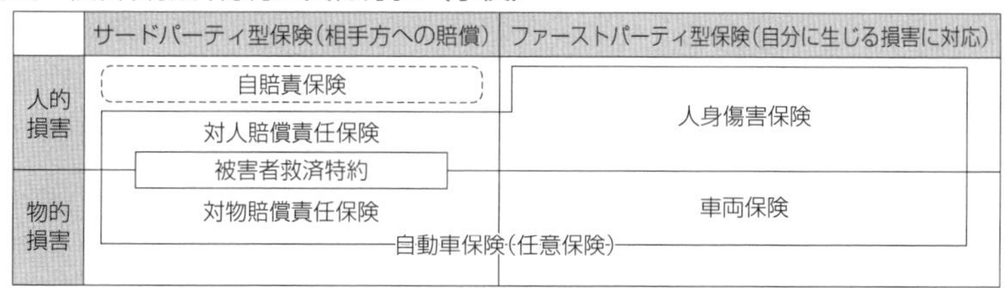

出典：国土交通省　「第３回　中山間地域における道の駅等を拠点とした自動運転ビジネスモデル検討会」配付資料をもとに作成（http://www.mlit.go.jp/road/ir/ir-council/automatic-driving/）

c　求償権行使の実効性確保のための取組み

自動車保険においては、現行法上、損害保険会社が自動車メーカー等に求償可能とされている。しかし第Ⅱ部第１章６⑵で指摘したように、現実には以下の理由から求償が行われていないのが現状である。①製造物責任の立証は困難、②自動車の欠陥が原因の事故は少ない、③運転者は保険で

34)　事故発生当初で責任が不明確な場合や、自動運転システムの欠陥等が公的機関の調査により判明し被保険者の損害賠償義務がないことが認められた場合（ハッキング攻撃を含む）も補償される。

カバーされるので求償のインセンティブがなく、保険者は求償のコストを勘案して求償を断念している。しかしこれは当事者の公平性の観点から問題であり、実効性のある求償スキームが必要である。

今後自動運転が実用化される中で、事故の原因がドライバーの過失ではなく、システムの欠陥であることが明確になれば、運行供用者が責任を負うことの合理性に対する問題意識が生じ、システムの欠陥が原因の事故が増加すれば問題意識が高まることが想定される。このような事態を見据えて、損害保険会社としては求償権行使に実効性を持たせるための取組みに積極的に着手すべきだろう。

⑷　サイバーリスク対策

国内外のサイバー攻撃の急増を受け大手損害保険各社は「サイバー保険」の補償範囲を拡大していて、保険市場の規模も急拡大している[35)]。自動運転をめぐっては、ハッキングにより引き起こされた事故の損害（自動車の保有者が運行供用者責任を負わない場合）について、どのように考えるかが問題であるが、前出の国土交通省「自動運転における損害賠償責任に関する研究会」では、自動車の保有者等が必要なセキュリティ対策を講じていない場合等を除き、盗難車による事故と同様に政府保障事業で対応することが適当である[36)]との見解が示されている。サイバーリスクの規模拡大に伴い[37)]、損害保険会社としてはこのようなスキームの実行可能性について常に注視していく必要があるだろう[38)]。

---

35)　「サイバー保険補償広く　損保、風評対策やリスク診断 20年の市場4倍に」日本経済新聞2017年11月9日朝刊。

36)　国土交通省・前掲注33)。

37)　2018年版の世界経済フォーラム「グローバルリスク報告書」で示された「発生する可能性が高いグローバルリスク」のトップ5に「サイバー攻撃」と「データの不正利用または窃取」が入った（https://www.mmc.com/content/dam/mmc-web/Global-Risk-Center/Files/Global-Risks-2018(Japanese).pdf）。

38)　この他、ソフトウェア引き渡し時の状況とその後のアップデートの有無の把握など課題は多い。さらに、従来から存在する損害保険の約款において明示的に補償されておらず、免責の対象ともされていないサイバーリスクであるサイレント・サイバーリスクへの対応も欠かせない。

5　むすびに

自動運転技術の導入は、損害保険会社の主力商品に生じる劇的な変化である。そして、コネクテッドカー（connected car）が導入され、インシュアテック（insurtech）が進展することにより、自動車をめぐって従来の常識を超えた新たな補償スキーム構築の可能性が高まっている。このような中で損害保険会社は今後もそれまで経験のない事態を経験し、法的基準だけでは判断しきれない倫理的な判断を求められる事態がさらに増えていくだろう。本章ではこのような意識の下、企業倫理上の課題を整理し、対応策を考えるために必要な倫理理論とその応用について検討してきた。

企業倫理上の問題に対する絶対的な正解は存在しないが、企業の存続のためには何らかの価値判断をする必要がある。自動運転の社会実装化に向けては、近年急速に関心が高まっているSDGs（持続可能な開発目標）[39]達成のための活動との観点から対応することも、社会的合意を得やすくするための一案だろう。

さらに自動運転は自動車に限定されるものでなく、船舶はじめ、将来的にその市場規模の拡大が期待される。いずれにしても自動運転技術の発展を損害保険会社にとってのビジネスチャンスと捉え、同時に企業倫理の観点を取り入れ、保険の社会的効用を高めるよう対応することが重要だろう。

（中林真理子）

39)　2015年9月に「国連持続可能な開発サミット」の成果文書「我々の世界を変革する：持続可能な開発のための2030アジェンダ」が採択された。その中に含まれる「持続可能な開発目標（Sustainable Development Goals：SGDs）は17の国際目標、169のターゲット、232の指標からなる（https://www.mofa.go.jp/mofaj/gaiko/oda/sdgs/pdf/about_sdgs_summary.pdf）。

第 III 部

刑事責任

第1章　刑事責任

1　はじめに

自動運転の社会実装によって受ける影響は、民事責任より刑事責任のほうが大きい。なぜなら、自動車の交通事故に関する過失責任について、民事責任では、すでに、現行法上、過失責任の原則が修正されているのに対し、刑事責任では、現行法上、過失責任の原則が貫かれているためである。

そのため、自動運転の社会実装に伴って刑事責任にどのような変容が生じるかを検討しておくことは非常に重要である[1]。

本稿では、まず、刑事責任と民事責任の相違を確認し（2）、自動運転に係る刑事責任に関連する現行法規を整理した上で（3）、本稿執筆時点である2019年5月までの関連法規の改正等の動向を概観し（4）、2019年の道路交通法および道路運送車両法の改正の内容を確認する（5）。そして、運転者の刑事責任（6）、メーカー関係者の刑事責任（7）、交通サービス関係者の刑事責任（8）について考察する。

2　刑事責任と民事責任の相違

自動車の交通事故に関する過失責任についての、民事責任と刑事責任の

1）　2018年秋以降、本稿執筆時点である2019年5月までに発表された、自動運転に関する刑事責任に関する主な文献を以下に列挙する。杉俊弘ほか「特集・自動運転をめぐる現況と課題」警察学論集71巻9号（2018）1～119頁。杉俊弘ほか「特集・自動運転の実現に向けた取組」月刊交通2018年10月号2～63頁。石井徹哉ほか「論説・AI時代の刑事司法」罪と罰56巻2号（2019）5～75頁。深町晋也ほか「特集・人工知能の開発・利用をめぐる刑事法規制」法時1136号（2019）4～59頁。

大きな違いは、民事責任では、すでに、現行法上、過失責任の原則が修正されているのに対し、刑事責任では、現行法上、過失責任の原則が貫かれていることである。そのため、自動運転の社会実装によって受ける影響は、民事責任より刑事責任のほうが大きい。以下、詳述する。

過失責任の原則、すなわち、法的責任を問うための要件として過失を必要とする原則は、近代法制の基本的な原理である。現行法上、刑法においても（刑法38条1項）、民法においても（民法709条）、過失責任の原則が基本原則として規定されている。

しかしながら、自動車の交通事故の過失責任については、刑事責任と民事責任とで、法的責任としての性格の違いから、現行法上、以下のような違いがある[2)]。

刑事責任は、社会秩序維持のために、罪を犯した加害者に対して国家が制裁として刑罰を科すものである。そのため、加害者の故意過失という主観的要件と切り離して考えるのが難しい。したがって、現行法上、交通事故時の刑事責任については、過失責任の原則が貫かれている。

すなわち、運転者の過失で交通事故が発生した場合、運転者は、過失運転致死傷罪（自動車の運転により人を死傷させる行為等の処罰に関する法律（以下「自動車運転死傷行為等処罰法」という）5条）で処罰されるところ、同罪は、過失を要件としている。

また、仮に、自動車の欠陥が原因で交通事故が発生した場合、製造者は、業務上過失致死傷罪（刑法211条前段）で処罰されるところ、同罪も過失を要件としている。

これに対し、民事責任は、被害者を救済するために、発生した損害を経済的に補填しようとするものである。そのため、加害者の故意過失から離れ、被害者の権利侵害という客観的要件に重きを置いて考えることが比較的許されやすい。したがって、現行法上、交通事故時の民事責任については、被害者保護の見地から、特別法によって過失責任の原則が修正されている。

すなわち、運転者の過失で交通事故が発生した場合、人身損害に関して

2)　この点については、中川由賀「自動運転導入後の交通事故の法的責任の変容——刑事責任と民事責任のあり方の違い」中京ロイヤー vol. 25（2016）41〜52頁も参考にされたい。

は、自動車損害賠償保障法が適用されるところ、同法は、危険責任および報償責任の考え方に基づいて、責任主体を「運転者」から「運行供用者」に拡大した上で（同法3条）、実質的な無過失責任主義を採っている（同法3条）[3)]。

また、仮に、自動車の欠陥が原因で交通事故が発生した場合、製造者は、製造物責任法によって責任を問われるところ、同法は、危険責任、報償責任および信頼責任の考え方に基づいて、損害賠償責任の要件として、「過失」を要件とせず、「欠陥」を要件とすることとしている（同法3条）[4)]。

このように、交通事故の過失責任について、現行法上、刑事責任では、運転者および製造者の双方について過失責任の原則が貫かれているのに対し、民事責任では運転者および製造者の双方について過失責任の原則が修正されている。

一方で、従来の交通事故は、「運転者の過失」によるものがほとんどであったところ、自動運転導入後の交通事故は、「自動車の欠陥」によるものが増えてくる。そのため、自動運転の社会実装によって受ける影響は、民事責任より刑事責任のほうが大きい。

民事責任については、すでに、国土交通省が、2018年3月、「自動運転における損害賠償責任に関する研究会報告書」において、レベル3およびレベル4の自動運転車の交通事故の損害賠償責任について、「従来の運行供用者責任を維持しつつ、保険会社等による自動車メーカー等に対する求償権行使の実効性確保のための仕組みを検討する。」旨の方針、つまり、従来どおり、人身損害については、運行供用者に実質的な無過失責任での損害賠償責任を課すことによって被害者救済を図る旨の方針を示している[5)]。

では、刑事責任については、どのようになるのであろうか、以下、検討していく。

---

3)　山下友信「自動運転と賠償制度の問題点」自動車技術69巻12号（2015）29頁。

4)　土庫澄子『逐条講義製造物責任法〔第2版〕』（勁草書房、2018）7〜10頁。

5)　国土交通省自動車局「自動運転における損害賠償責任に関する研究会報告書（平成30年3月）」（http://www.mlit.go.jp/common/001226452.pdf）。

3　現行の関連法規

自動運転車に関する刑事責任の検討に入る前提として、自動車に係る刑事責任に関連する現行法規を整理しておきたい。道路交通に関する国内法規には、事故が起きないよう、事前に規制を行うための規制法と、事故が起きたときに、事後に責任を問うための交通事故時の過失責任に関する法律がある。

まず、交通事故時の過失責任に関する法律について説明し、つぎに、規制法について説明する。

(1)　交通事故時の過失責任に関する法律

a　自動運転死傷行為等処罰法

交通事故が起きたときの刑事責任に関する法律としては、運転者の刑事責任に関して、自動車運転死傷行為等処罰法が設けられている。運転者の過失による交通事故が発生した場合、運転者は、過失運転致死傷罪（自動車運転死傷行為等処罰法5条）で処罰される。

> 自動運転死傷行為等処罰法5条（過失運転致死傷罪）
> 　自動車の運転上必要な注意を怠り、よって人を死傷させた者は、七年以下の懲役若しくは禁錮又は百万円以下の罰金に処する。ただし、その傷害が軽いときは、情状により、その刑を免除することができる。

b　刑法211条前段

自動車の欠陥が原因で交通事故が発生した場合、民事責任に関しては、製造物責任法という特別法が設けられており、同法3条が適用される。これに対し、刑事責任に関しては、このような特別法は設けられていない。

自動車の交通事故により人が死傷した場合、現行法上、理論的に、メーカー関係者に適用されるのは、業務上過失致死傷罪（刑法211条）である。処罰例としては、三菱自動車工業製トラックタイヤ事件がある[6)]。

6)　最判平成24年2月8日刑集66巻4号200頁。

刑法211条前段（業務上過失致死傷罪）
　業務上必要な注意を怠り、よって人を死傷させた者は、五年以下の懲役若しくは禁錮又は百万円以下の罰金に処する。

⑵　規制法

a　概　　観

規制法としては、自動車一般に関する法律として、道路交通法と道路運送車両法がある。また、事業者に関する法律として、運送事業に関する道路運送法および貨物自動車運送事業法がある。

これら規制法には、道路交通の関与者に対するさまざまな義務規定が定められている。また、それら義務規定の履行を確実にするため、一部の義務規定については、その義務に違反した際の罰則規定も定められている。自動車に関する刑事責任というと、交通事故時の過失責任がまず思い浮かぶが、規制法の義務規定違反としての刑事責任もまた重要である。

また、規制法は、交通事故時の過失責任との関係でも重要である。すなわち、交通事故時の過失責任においては、「過失」の認定が必要であるところ、過失とは注意義務違反であって、過失を認定するためには注意義務の内容を特定する必要があり、「注意義務は、法令、契約、慣習、条理等の様々な根拠から生じ」る[7)]。そして、交通事故時の過失責任においては、道路交通に関する規制法における義務が注意義務の主な発生根拠となることから、その意味でも規制法は重要である。

b　道路交通法

道路交通法は、道路交通に関する道路使用者の義務や交通ルールについて定めた法律であり、それらの義務規定に違反した場合、道路交通法違反として処罰されることになる。

道路交通法は、「第１章　総則」および「第４章　運転者及び使用者の義務」に運転者に対する義務を設けている。また、「第３章　車両及び路面電車の交通方法」「第４章の２　高速自動車国道等における自動車の交通方法

7)　幕田英雄『捜査実例中心 刑法総論解説〔第２版〕』（東京法令出版、2015）218頁。

等の特例」の規定が定められており、運転者は、これらに定められた交通方法に従う義務がある。

道路交通法における運転者の義務は、3つに整理できる。この点については、道路交通法の所管庁である警察庁の報告書において、以下のとおり説明されている[8)]。1つ目は、①「運転操作に係る義務」、すなわち、運転操作そのものに関する義務、たとえば、制限速度遵守義務、信号遵守義務、車間距離保持義務、安全運転義務である。2つ目は、②「安定操作確保義務」、すなわち、運転操作に係る義務を確実に履行するために上乗せで課せられている義務、たとえば、保持通話の禁止等、画像注視の禁止、飲酒運転禁止等である。3つ目は、③「その他の義務」、運転操作には直接関係ない義務、たとえば、救護義務、運転免許証提示義務、故障時の停止表示器材表示義務等である。

そして、①「運転操作に係る義務」については、さまざまな具体的義務規定に加え、それら個々の規定では網羅しきれない部分を補うための抽象的義務規定としての安全運転義務（道路交通法70条）が設けられている[9)]。

道路交通法70条（安全運転の義務）
車両等の運転者は、当該車両等のハンドル、ブレーキその他の装置を確実に操作し、かつ、道路、交通及び当該車両等の状況に応じ、他人に危害を及ぼさないような速度と方法で運転しなければならない。

c　道路運送車両法

道路運送車両法は、自動車の安全性等の確保のための法律である。道路運送車両法は、自動車の安全性等の確保のため、自動車が満たすべき技術基準として「保安基準」を設けている（同法40条～46条）。保安基準の具体的内容は、道路運送車両法の下位規範である国土交通省令の「道路運送車両の保安基準」に詳細に規定されている。

そして、道路運送車両法は、自動車の設計・製造過程から使用過程まで

8)　警察庁「技術開発の方向性に即した自動運転の実現に向けた調査研究報告書（道路交通法の在り方関係）平成30年12月」（https://www.npa.go.jp/bureau/traffic/council/jidounten/2017houkokusyo.pdf）23～27頁。
9)　道路交通執務研究会編著『執務資料道路交通法解説〔17訂版〕』（東京法令出版、2017）734～735頁。

の全期間にわたって、自動車が保安基準に適合して安全性を確保できるようにするため、①型式指定（同法75条〜75条の6）、②点検整備（同法47条〜57条の2）、③検査（同法58条〜76条）、④リコール（同法63条の2〜64条）という一連の制度を設けている。

そして、これら一連の制度に関して、①の型式指定制度および④のリコール制度に関して、製作者等に対して義務規定が設けられるとともに、義務規定違反に対する罰則規定が設けられている。また、②の点検整備および③検査に関して、自動車の使用者等に対して義務規定が設けられるとともに、一部の義務規定違反に対する罰則規定が設けられている。これら罰則規定の具体的内容については、6および7において後述する。

d　道路運送法および貨物自動車運送事業法

道路運送法および貨物自動車運送事業法は、旅客自動車運送事業および貨物自動車運送事業に関し、輸送の安全確保、利用者の利益の保護および利便の増進、ならびに道路運送の発達のために設けられた法律である。

4　関連法規の改正等の動向

つぎに、本稿執筆時点である2019年5月までの道路交通に関する関連法規の改正等の動向を概観する。まず、前提として、技術開発および社会実装に向けた政府の動向、つぎに、交通事故時の過失責任に関する法律に関する動向、その後、規制法に関する動向について概観する。

(1)　技術開発および社会実装に向けた動向

政府は、2014年から毎年1回、官民ITS構想ロードマップを発表してきており、世界一の高度道路交通システムを構築・維持し、日本・世界に貢献することを目標として政策を推進している[10]。

10）　高度情報通信ネットワーク社会推進戦略本部・官民データ活用推進戦略会議「官民ITS構想・ロードマップ2018」（https://www.kantei.go.jp/jp/singi/it2/kettei/pdf/20180615/siryou9.pdf）。

そして、政府は、2018年4月、「自動運転に係る制度整備大綱（以下「制度整備大綱」という）」を公表し[11]、目的および基本的考え方を示すとともに、分野別に、今後具体的に検討していくべき関連法規を洗い出し、基本的施策の方向性を示した。そして、関係各省庁は、この方針に沿って法制度の見直しを進めている。

(2) 交通事故時の過失責任に関する法律

交通事故時の過失責任に関する法律については、自動車運転死傷行為等処罰法および刑法の所管庁である法務省において、本稿執筆時点である2019年5月までに、自動運転導入に伴うこれらの法律の見直しの要否や解釈等についての委員会設置や報告書発表等はない。

ただ、制度整備大綱において、刑事責任に関し、「今後、自動運転車を市場化する際には、交通ルール、運送事業に関する法制度等により、運転者、利用者、車内安全要員、遠隔監視・操作者、サービス事業者といった様々な関係主体に期待される役割や義務を明確化していくことが重要である。これらを踏まえ、刑事責任に関する検討を行う。」とされている[12]。つまり、まずは、規制法における義務等の明確化を先行させ、それをふまえて刑事責任に関する検討を行うということである。

すなわち、前述のとおり、交通事故時の過失責任においては、「過失」の認定が必要であるところ、過失とは注意義務違反であり、「注意義務は、法令、契約、慣習、条理等の様々な根拠から生じ」[13]、交通事故の刑事責任においては、道路交通に関する規制法における義務が主な発生根拠となる。したがって、今後、道路交通法や道路運送車両法といった規制法の見直しによる道路交通関与者の義務等の明確化をふまえて、刑事責任に関する検討が進むものと思われる。そして、刑事責任に関する検討が進む中で、たとえば、構成要件の明確化や法定刑の見直しの必要性等が生じ、自動車運

11） 高度情報通信ネットワーク社会推進戦略本部・官民データ活用推進戦略会議「自動運転に係る制度整備大綱」（https://www.kantei.go.jp/jp/singi/it2/kettei/pdf/20180413/auto_drive.pdf）。

12） 官民データ活用推進戦略会議・前掲注11）19頁。

13） 幕田・前掲注7）218頁。

転死傷行為等処罰法5条や過失行為による死傷事故に関する一般的な規定である刑法211条前段のみで対応するのは適当ではないとの判断がなされれば、別途罰則規定を創設していくこととなろう。

(3) 規 制 法

a 道路交通法

道路交通法を所管する警察庁は、2015年10月、自動運転に関する委員会を立ち上げ、その後、自動運転に関する法整備に向けた検討を進めてきた。

まず、警察庁は、2016年3月、「自動走行の制度的課題等に関する調査研究報告書」を公表し[14)]、同年5月、「自動走行システムに関する公道実証実験のためのガイドライン」を公表し[15)]、実験車両が保安基準を満たし、道路交通法等の関係法令を遵守して走行し、運転者が乗車して監視を行って緊急時の対応を行うことを条件して、公道実証実験を認めることとした。

さらに、警察庁は、2017年3月、「自動運転の段階的実現に向けた調査研究報告書」を公表し[16)]、同年6月、「遠隔型自動運転システムの公道実証実験に係る道路使用許可の申請に対する取扱いの基準」を公表し[17)]、遠隔型自動運転システムの公道実証実験を、道路交通法77条の道路使用許可を受けて実施することができる許可対象行為として認めることとした。

以上は、主に公道実証実験に関する措置であったが、その後、自動運転車を取り巻く状況が実証実験段階から社会実装段階へと進むに連れ、議論の中心は、社会実装に向けた議論に移行していった。

---

14) 日本能率協会総合研究所「平成27年度警察庁委託事業　自動走行の制度的課題等に関する調査研究報告書　平成28年3月」(https://www.npa.go.jp/koutsuu/kikaku/jidosoko/kentoiinkai/report/honbun.pdf)。

15) 警察庁「自動走行システムに関する公道実証実験のためのガイドライン　平成28年5月」(https://www.npa.go.jp/koutsuu/kikaku/gaideline.pdf)。

16) みずほ情報総研「平成28年度警察庁委託事業　自動運転の段階的実現に向けた調査研究報告書　平成29年3月」(https://www.npa.go.jp/bureau/traffic/council/jidounten/28houkokusyo.pdf)。

17) 警察庁「遠隔型自動運転システムの公道実証実験に係る道路使用許可の申請に対する取扱いの基準　平成29年6月」(https://www.npa.go.jp/laws/notification/koutuu/kouki/290601koukih92.pdf)。

そして、警察庁は、2018年3月、「技術開発の方向性に即した自動運転の段階的実現に向けた調査研究報告書」を公表し、レベル3以上の自動運転システムの実用化を念頭に入れた交通法規等のあり方、隊列走行の実現に向けた課題、その他の課題についての見解を示した[18)]。

さらに、警察庁は、2018年12月、「道路交通法改正試案」[19)]および「技術開発の方向性に即した自動運転の実現に向けた調査研究報告書（道路交通法の在り方関係）（以下「警察庁2018年12月付け報告書」という）」[20)]を公表した。

以上のような経緯を経て、2019年5月、レベル3の自動運転システムの社会実装のため、道路交通法が改正されるに至った。改正の具体的内容は、5において後述する。

警察庁は、2019年3月、「技術開発の方向性に即した自動運転の実現に向けた調査研究報告書（新技術・新サービス関係）」[21)]を公表し、高速道路でのトラック隊列走行および限定地域での無人自動運転移動サービスについての検討結果を示しており、今後、レベル4の自動運転システムの社会実装に向けた議論がさらに展開されていくことが想定される。

b　道路運送車両法

道路運送車両法を所管する国土交通省は、2017年2月、自動走行車の公道実証実験を可能とするための措置の実施を行い、走行ルートの限定や緊急停止ボタンの設置等の安全確保措置を講じること等を前提に、保安基準55条に基づき、地方運輸局長が認めた場合には、操縦装置およびかじ取り装置に係る基準を緩和できることとした[22)]。

---

18)　みずほ情報総研「技術開発の方向性に即した自動運転の段階的実現に向けた調査研究報告書　平成30年3月」（https://www.npa.go.jp/bureau/traffic/council/jidounten/2017houkokusyo.pdf）。

19)　警察庁「道路交通法改正試案」（https://search.e-gov.go.jp/servlet/PcmFileDownload?seqNo=0000181132）。

20)　警察庁「技術開発の方向性に即した自動運転の実現に向けた調査研究報告書（道路交通法の在り方関係）」（https://www.npa.go.jp/bureau/traffic/council/jidounten/2018houkokusyo.pdf）。

21)　警察庁「技術開発の方向性に即した自動運転の実現に向けた調査研究報告書（新技術・新サービス関係）」（https://www.npa.go.jp/bureau/traffic/council/jidounten/2018houkokusyodai2wgr.pdf）。

さらに、国土交通省は、2018年3月、遠隔型自動運転システムの公道実証実験に必要な手続を明確化するため、遠隔型自動運転システムを搭載した自動車の基準緩和認定制度を創設した[23]。

以上は、公道実証実験に関する措置であるが、自動運転車を取り巻く状況が実証実験段階から社会実装段階に向けて進む状況の下、2018年4月の制度整備大綱の公表を受けて、国土交通省は、自動運転車の社会実装のため、2018年9月、レベル3および4の自動運転を対象とする「自動運転車の安全技術ガイドライン（以下「自動運転車ガイドライン」という）」を公表した[24]。このガイドラインは、道路運送車両法および道路運送車両の保安基準の改正までの架橋となるものである。すなわち、現在、国際的に、国連欧州経済委員会内陸輸送委員会自動車基準調和世界フォーラム（以下「WP29」という）において、レベル3以上の自動運転車の安全基準および安全性評価手法についての議論が本格化しているが、本稿執筆の2019年5月時点では、レベル3以上の自動運転車に関する安全基準および安全性評価手法の合意には至っていない。そのため、WP29の議論に先んじて、国内的に、わが国独自に、保安基準を策定するのが難しい状況にある。そのような状況下において、「国際的な議論を踏まえた安全基準や安全性評価（基準認証）手法が策定されるまでの間においても、適切に安全性を考慮した自動運転車の開発、実用化を促すことを目的として策定」[25]されたのが同ガイドラインである。

自動運転車ガイドラインは、自動運転車の安全性に関する基本的な考え方として、「自動運転車は、それぞれのレベルに応じた走行条件下において、人間のみが運転する場合よりも高度な認知、判断及び操作を行い、ヒューマンエラーに起因する事故が削減されるものでなければならない。」としている。そして、自動運転車が満たすべき車両安全の定義を、「許容不可能なリスクがないこと」、すなわち、「自動運転車の運行設計領域（ODD）にお

22）国土交通省「道路運送車両の保安基準等の一部を改正する省令等について（概要）」（http://www.mlit.go.jp/common/001171831.pdf）。

23）国土交通省「遠隔型自動運転システムを搭載した自動車の基準緩和認定制度の創設について」（http://www.mlit.go.jp/common/001229340.pdf）。

24）国土交通省自動車局「自動運転車の安全技術ガイドライン　平成30年9月」（http://www.mlit.go.jp/common/001253665.pdf）。

25）国交省・前掲注24）1頁。

いて、自動運転システムが引き起こす人身事故であって合理的に予見される防止可能な事故が生じないことと定め」ている[26]。その上で、この定義に基づいて自動運転車が満たすべき車両安全要件10項目を設定している。

さらに、国土交通省は、2019年1月、「交通政策審議会陸上交通分科会自動車部会自動運転等先進技術に係る制度整備小委員会報告書～自動運転等先進技術に対応した自動車の安全確保に係る制度のあり方～」を発表した[27]。この小委員会報告書では、①保安基準、②型式指定、③点検整備、④検査、⑤リコールのそれぞれについて、速やかに検討すべき「短期的取組」と、国際的議論動向をふまえて対応すべき「中長期的な取組」を示した。

また、国土交通省は、2019年3月、使用過程時のメンテナンスにおいて特に重要となる車載式故障診断装置に関し、「車載式故障診断装置を活用した自動車検査手法の在り方について（最終報告書）」を公表し、車載式故障診断装置を活用した自動車検査手法のあり方について具体的制度設計を示した[28]。

以上のような経緯を経て、2019年5月、道路運送車両法が改正されるに至った。改正の具体的内容は、5において後述する。

c 道路運送法および貨物自動車運送事業法

前述のとおり、自動車一般に関する法律である道路交通法および道路運送車両法については、2019年5月、改正がなされたが、事業者に関する法律である道路運送法および貨物自動車運送事業法については、2019年5月時点でそのような動きはない。

道路運送法および貨物自動車運送事業法については、2018年4月の制度整備大綱において、「自動運転で人・貨物を運送する業務を行う場合の事業

26） 国交省・前掲注24）3頁。

27） 国土交通省交通政策審議会陸上交通分科会自動車部会自動運転等先進技術にかかる制度整備小委員会「交通政策審議会陸上交通分科会自動車部会自動運転等先進技術に係る制度整備小委員会報告書～自動運転等先進技術に対応した自動車の安全確保に係る制度のあり方～ 平成31年1月」（http://www.mlit.go.jp/common/001268639.pdf）。

28） 車載式故障診断装置を活用した自動車検査手法のあり方検討会「車載式故障診断装置を活用した自動車検査手法のあり方について（最終報告書）」（http://www.mlit.go.jp/common/001279097.pdf）。

許可に必要な要件や手続き等の枠組みは従来どおりとする。」とされている。その上で、「新たに運転者が車内に不在となる自動運転車で旅客運送を行う場合においても同等の安全性及び利便性が確保されるために必要な措置を検討する。」[29]としており、今後、無人自動運転移動サービスに関する措置が検討されることとなろう。

5　2019年改正の内容

前述のとおり、2019年5月、道路交通法および道路運送車両法が改正されるに至った。

以下、両法律の改正の内容を整理する。

(1)　道路交通法

2019年5月の道路交通法改正は、レベル3の自動運転システムの社会実装を想定したものであり、要点は、以下の3点である[30]。

a　自動運行装置の定義規定等の整備

1点目は、「自動運行装置」の定義規定を設け、同装置を使用して自動車を用いる行為を道路交通法上の「運転」の定義に含むとしたことである（道路交通法2条1項13の2・17）。

自動運行装置を使用する行為の位置付けについての立法的な選択肢としては、1つ目の選択肢としては、自動運行装置を使用する行為を「運転」行為に含めた上で、従来の「運転」行為に対する義務規定を適用していくという構成、2つ目の選択肢としては、自動運行装置を使用する行為を「運転」行為には含めず、別概念の行為として定義し、その行為に対する新たな義務規定を設けるという構成があり得るところ、道路交通法改正は、前者を選択している。

---

29)　官民データ活用推進戦略会議・前掲注11）20～21頁。

30)　警察庁「道路交通法の一部を改正する法律案要綱」（https://www.npa.go.jp/laws/kokkai/310308/01_youkou.pdf）。

道路交通法2条（定義）
この法律において、次の各号に掲げる用語の意義は、それぞれ当該各号にさだめるところによる。
13の2　自動運行装置　道路運送車両法（昭和26年法律第185号）第41条第1項第20号に規定する自動運行装置をいう。
17　運転　道路において、車両又は路面電車（以下「車両等」という。）を本来の用い方に従って用いること（自動運行装置を使用する場合を含む。）をいう。

b　運転者の義務規定の整備

2点目は、自動運行装置を使用して自動車を運転する場合の運転者の義務規定の整備である。

すなわち、自動運行装置を備えた自動車の運転者に対し、当該自動運行装置の一定の条件を満たさない場合には、当該自動運行装置を使用した運転を禁止する規定を設けた（道路交通法71条の4の2第1項）。

一方で、一定の条件を満たさなくなった場合にただちに適切に対処することができる態勢でいるなどの場合に限り、道路交通法71条5号の5（保持通話の禁止、画像注視の禁止）を適用しないこととした（道路交通法71条の4の2第2項）。

道路交通法71条の4の2（自動運行装置を備えている自動車の運転者の遵守事項等）
1項　自動運行装置を備えている自動車の運転者は、当該自動運行装置に係る使用条件（道路運送車両法第41条第2項に規定する条件をいう。次項第2号に同じ。）を満たさない場合においては、当該自動運行装置を使用して当該自動車を運転してはならない。
2項　自動運行装置を備えている自動車の運転者が当該自動運行装置を使用して当該自動車を運転する場合において、次の各号のいずれにも該当するときは、当該運転者については、第71条第5号の5の規定は、適用しない。
1号　当該自動車が整備不良車両に該当しないこと
2号　当該自動運行装置に係る使用条件を満たしていること
3号　当該運転者が、前2号のいずれかに該当しなくなった場合において、直ちに、そのことを認知するとともに、当該自動運行装置以外の当該自動車の装置を確実に操作することができる状態にあること。

c　作動状態記録装置による記録等に関する規定の整備

3点目は、作動状態記録装置に関する規定の整備である。

すなわち、自動運行装置を備えた自動車の使用者等に対し、作動状態記録装置を備えていない状態での運転を禁止するとともに（道路交通法63条の2の2第1項）、記録の保存を義務づけた（道路交通法63条の2の2第2項）。

さらに、警察官が、整備不良車両に関し、運転者に対して作動状態記録装置の記録の提示を求めることができ、製造者等に対して情報判読のための必要な措置を求めることができることとした（道路交通法63条）。

道路交通法63条（車両の検査等）

警察官は、整備不良車両に該当すると認められる車両（軽車両を除く。以下この条において同じ。）が運転されているときは、当該車両を停止させ、並びに当該車両の運転者に対し、自動車検査証その他政令で定める書類及び作動状態記録装置（略）により記録された記録の提示を求め、並びに当該車両の装置について検査をすることができる。この場合において、警察官は、当該記録を人の視覚又は聴覚により認識することができる状態にするための措置が必要であると認めるときは、当該車両を製作し、又は輸入した者その他の関係者に対し、当該措置を求めることができる。

道路交通法63条の2の2（作動状態記録装置による記録等）

1項　自動車の使用者その他自動車の装置の整備について責任を有する者又は運転者は、自動運行装置を備えている自動車で、作動状態記録装置により道路運送車両法第41条第2項に規定する作動状態の確認に必要な情報を正確に記録することができないものを運転させ、又は運転してはならない。

2項　自動運行装置を備えている自動車の使用者は、作動状態記録装置により記録された記録を、内閣府令で定めるところにより保存しなければならない。

(2) 道路運送車両法

2019 年 5 月の道路運送車両法改正は、レベル 3 以上の自動運転システムの社会実装を想定したものであり、要点は、以下の 5 点である[31)]。なお、条文は、割愛する。

a　保安基準対象装置への自動運行装置の追加

従前の道路運送車両法は、システムが「認知・判断・操作」を代替する技術を想定していなかったため、自動運行装置が保安基準対象装置となっておらず、道路運送車両法の規制の範囲外だった。

これに対し、2019 年 5 月の改正では、自動運行装置を保安基準対象装置に追加することによって規制の枠組に組み入れている。

この改正点は、刑事責任の内容自体に直接的に影響を及ぼすものではないが、保安基準の対象範囲が広がり、規制の対象範囲が増えたという意味で間接的な影響がある。

b　電子的な検査に必要な技術情報の管理に関する事務を行う法人の規定

従前の道路運送車両法では、自動運転システム等の電子装置に関する検査は、警告灯の確認等の簡易な方法でしか行われていなかった[32)]。

これに対し、今後は、車載式故障診断装置を活用した検査を行うこととし、2019 年 5 月の改正では、その検査に必要な技術情報の管理に関する事務を自動車技術総合機構に行わせることとしている。

この改正点は、刑事責任の内容自体に直接的に影響を及ぼすものではない。

c　分解整備の範囲の拡大および点検整備に必要な情報の提供義務規定

道路運送車両法は、整備のうち、特に自動車の安全性に大きな影響のある整備等を「分解整備」とし、自動車整備事業者が分解整備を行うには認

31）　国土交通省「道路運送車両法の一部を改正する法律案要綱」(http: //www.mlit.go.jp/common/001277896.pdf)。

32）　国交省・前掲注 27）30 頁。

証を受けなければならないとすることで、自動車の安全性を担保している。しかしながら従前の道路運送車両法では、自動運行装置の整備等がこの「分解整備」の範囲に含まれておらず、認証を受けていない自動車整備事業者が自動運行装置の整備等を行えるようになっていた。

これに対し、2019年5月の改正では、「分解整備」を「特定整備」という名称に改め、対象整備に自動運行装置の整備等を追加することにより、これを行う自動車整備事業者が認証を受けなければならないこととした。

この改正点は、刑事責任の内容自体に直接的に影響を及ぼすものではないが、自動車整備事業者が認証を受けなければ行えない整備範囲が拡大し、認証を受けずに整備等を行った場合に処罰される範囲が拡大したという意味で間接的に影響はある。

また、従前の道路運送車両法では、自動車製造者等から自動車整備事業者への情報提供が義務づけられていなかった。

これに対し、2019年5月の改正では、自動車製造者等に対し、特定整備事業者等への点検整備に必要な型式固有の技術情報の提供の義務規定を設けるとともに、罰則規定を設けている。

d　プログラムの改変による改造等に係る許可制度

従前の道路運送車両法は、プログラムの改変による改造等を想定していなかったため、これに関する規制がなされていなかった。

これに対し、2019年5月の改正では、プログラムの改変による改造等に対処するため、自動運行装置等に組み込まれたプログラムの改変による改造等について、許可制度を創設した。そして、同許可制度に関する罰則規定を設けている。

e　その他

5点目として、自動運転とは直接関係ない改正点もいくつかある。

刑事責任に関係する改正として、完成検査の瑕疵等に対する是正措置命令等の規定が創設され、これに関する罰則規定が新たに設けられている。

6　自動運転導入後の運転者の刑事責任

以上の道路交通法および道路運送車両法の改正をふまえて、2019年道路交通法改正が対象としているレベル3を対象として、運転者の刑事責任について考察する。まず、交通事故時の過失責任について検討し、つぎに、規制法違反としての刑事責任について検討する。

(1)　交通事故時の過失責任

運転者の過失による交通事故が発生した場合、運転者は、過失運転致死傷罪（自動車運転死傷行為等処罰法5条）により処罰されるところ、同罪は、過失を要件としている。

前述のとおり、過失とは注意義務違反であり、運転者の過失を認定するためには運転者の注意義務の内容を特定する必要があるところ、「注意義務は、法令、契約、慣習、条理等の様々な根拠から生じ」る[33)]。自動運転死傷行為等処罰法違反の運転者の過失の認定においては、道路交通に関する行政上の取締法規である道路交通法における運転者の義務が主な発生根拠となる。

そして、前述のとおり、道路交通法における運転者の義務には、①運転操作に係る義務、②安定操作確保義務、③その他の義務があるところ、自動運転死傷行為等処罰法違反の過失の認定においては、道路交通法における運転者の義務のうち①の運転操作に係る義務が運転者の注意義務の主な発生根拠となる[34)]。そして、①「運転操作に係る義務」については、具体的義務規定に加え、個々の規定では網羅しきれない部分を補うために安全運転義務（道路交通法70条）が設けられている[35)]。

では、レベル3の自動運転車の運転者の義務の内容は、具体的にどのようなものであろうか。

この点、わが国に先んじてレベル3の自動運転システムの社会実装のた

33）　幕田・前掲注7）218頁。
34）　警察庁・前掲注8）22〜27頁。
35）　道路交通執務研究会・前掲注9）734〜735頁。

めの道路交通法の改正を行ったドイツは、自動運行装置を使用して自動車を運転する場合の運転者の義務規定として、第1b条1において、自動運行装置作動時の具体的義務規定を設け、第1b条2において、使用条件を満たさなくなった場合の具体的義務規定を設けている[36)]。

一方、わが国の2019年道路交通法改正では、71条の4の2第1項に自動運行装置を備えている自動車の運転者の遵守事項等に関する規定として、「自動運行装置を備えている自動車の運転者は、当該自動運行装置に係る使用条件（道路運送車両法第41条第2項に規定する条件をいう。次項第2号に同じ。）を満たさない場合においては、当該自動運行装置を使用して当該自動車を運転してはならない。」という規定を設けているものの、ドイツの改正道路交通法のような、自動運行装置作動時および使用条件を満たさなくなった場合の具体的義務規定は設けていない。

この点、警察庁は、2018年12月公表の道路交通法改正試案において、「SAEレベル3の自動運転システムを使用する運転者は、常に同システムから運転操作を引き継ぐことを求められる可能性があること等を踏まえ現行法上、運転者に課せられている安全運転義務（法第70条）をはじめ、次に掲げる項目以外の交通ルールについては、引き続き適用する」という方針を明らかにしている[37)]。すなわち、レベル3の自動運転システムを使用する運転者には、安全運転義務が課されており、これによって安全確保が図られており、自動運行装置作動時および使用条件を満たさなくなった場合の具体的義務内容については、安全運転義務の解釈によることとなる。

この点、2019年道路交通法改正は、71条の4の2第2項において、保持通話の禁止および画像注視の禁止の規定の適用除外の要件として、「1号　当該自動車が整備不良車両に該当しないこと」「2号　当該自動運行装置に係る使用条件を満たしていること」という要件に加え、「3号　当該運転者が、前2号のいずれかに該当しなくなった場合において、直ちに、そのことを認知するとともに、当該自動運行装置以外の当該自動車の装置を確実に操作することができる状態にあること」を掲げている。このことにかんがみると、運転者は、自動運行装置を使用して自動車を運転する際、「「当該自動車が整備不良車両に該当しないこと」「当該自動運行装置にかかる

36）　警察庁・前掲注8）37〜38頁。
37）　警察庁・前掲注19）1頁。

使用条件を満たしていること」のいずれかに該当しなくなった場合において、直ちに、そのことを認知するとともに、当該自動運行装置以外の当該自動車の装置を確実に操作することができる状態にある義務」が課されていると解される。

そして、これを前提として、具体的事故における過失の認定においては、結果予見可能性を前提とした結果予見義務違反の有無、結果回避可能性を前提とした結果回避義務違反を検討し、過失を認定することとなり、事案ごとの個別具体的な判断となる。レベル3の自動運転車では、①（システムによる作動継続に問題のない状況下での）システムによる運転の場面、②システムから運転者への運転引継ぎの場面、③運転者による運転の場面があるため、場合分けが必要となる。さらに、②システムから運転者への運転引継ぎの場面では、介入要求の有無、システム作動継続が困難になったことの運転者の認識の有無、運転者による引継ぎの有無を掛け合わせた場合分けによる検討が必要となる[38)]。

⑵　規制法違反

a　道路交通法違反

レベル2以下の自動車においては、運転者が認知、判断および操作を行っていたため、車両が道路交通法の交通ルールに違反する挙動をすれば、運転者が道路交通法の罰則規定により処罰された。

これに対し、レベル3以上の自動運転車においては、認知、判断および操作をシステムが代替する場面が生じるため、車両が道路交通法の交通ルールに違反する挙動をしても、必ずしも運転者が道路交通法の罰則規定により処罰されるとは限らない。運転者が道路交通法の罰則規定により処罰されるか否かは、前述の交通事故時の過失責任と同様、場面によって場合分けをして検討する必要がある。

そのため、今後、レベル3以上の自動運車が道路交通法の交通ルールに違反する挙動をした場合、まずは、自動運行装置が作動状態だったか否か

---

38)　この点については、中川由賀「自動運転レベル3及び4における運転者の道路交通法上の義務と交通事故時の刑事責任」中京ロイヤー vol. 30（2019）11～21頁も参考にされたい。

を明らかにする必要があり、2019年の道路交通法の改正によって創設される作動状態記録装置の設置、記録の保存、記録の提示および情報判読のための必要な措置の要求の規定を活用して、この点を明らかにしていくこととなる。その上で、場面によって場合分けをし、運転者に対して道路交通法の罰則規定を適用できるか否かを検討していく必要がある。

また、道路交通法には、個々の交通ルール違反以外に、他の規定と趣が異なる規定として、整備不良車両の運転禁止規定が設けられており、この違反行為についての罰則規定も設けられている（道路交通法62条、119条1項5号、同条2項、120条1項8号の2、同条2項、123条）。そこで、車両が道路交通法の交通ルールに違反する挙動をし、その原因が車両の問題にあった場合、運転者は、この整備不良車両の運転の禁止違反の罰則規定により処罰される可能性がある。ただ、現行法上、整備不良車両の運転の禁止規定違反の罰則規定の法定刑は、極めて軽いため、今後、法定刑の見直しが必要と思料する。

道路交通法62条

車両等の使用者その他車両等の装置の整備について責任を有する者又は運転者は、その装置が道路運送車両法第三章若しくはこれに基づく命令の規定（略）又は軌道法第十四条若しくはこれに基づく命令の規定に定めるところに適合しないため交通の危険を生じさせ、又は他人に迷惑を及ぼすおそれがある車両等（次条第一項において「整備不良車両」という。）を運転させ、又は運転してはならない。

b　道路運送車両法

運転者は、車両の使用者として、道路運送車両法による規制も受ける。

道路運送車両法は、使用過程での点検整備および検査に関し、車両の使用者に対する義務規定を設けており、一部については、罰則規定を設けられている。

具体的には、①無車検車の運行禁止違反（同法58条1項、108条1号）、②非適合車等の使用者に対する地方運輸局長による整備命令に対する違反（同法54条1項、54条の2第1項、109条7号）、③整備命令に従わない使用者に対する地方運輸局長による使用停止処分に対する違反（同法54条2項、54条の2第6項、108条第2号）の罰則規定が設けられている。

ただ、現行の道路運送車両法には、非適合車に対する運行禁止規定はあるものの（同法40条ないし42条）、これに対する直接の罰則規定はない。また、使用者には、点検整備により自動車を保安基準に適合するよう維持すべき義務（同法47条）、日常点検整備義務（同法47条の2）、定期点検整備義務（同法48条）が課されているものの、これらに対する直接の罰則規定もない。

今後、レベル3以上の自動運転車においては、運転者ないし車両の使用者が交通事故の防止のために果たすべき役割は、自らが安全運転をすることから、システムによる安全運転を担保することへと変容していく。そこで、使用過程における非適合車の運行を防止するため、前述の道路交通法における整備不良車両の運転の禁止違反の罰則規定の法定刑の見直しや、道路運送車両法における定期点検整備に関する罰則規定の必要性について議論する必要があるのではないかと思料する[39)]。

7　自動運転導入後のメーカー関係者の刑事責任

メーカー関係者の刑事責任について、まず、交通事故時の過失責任について検討し、つぎに、規制法違反としての刑事責任について検討する。

(1)　交通事故時の過失責任

a　処罰対象

前述のとおり、自動運転車の交通事故により人が死傷した場合、現行法上、メーカー関係者に適用される可能性があるのは、業務上過失致死傷罪（刑法211条）である。

民事責任に関しては、現行法上、個人だけでなく、法人も、製造物責任の責任主体となる。これに対し、刑事責任に関しては、現行法上、業務上過失致死傷罪の処罰対象は、個人のみであり、法人は処罰対象となってい

39)　この点については、中川由賀「自動運転に関するドライバー及びメーカーの刑事責任――自動運転の導入に伴って生じる問題点と今後のあるべき方向性」中京ロイヤー vol. 27（2019）15〜29頁も参考にされたい。

ない。そのため、処罰対象となるのは、法人である会社ではなく、個人である役員または従業員である。三菱自動車工業製トラックタイヤ事件でも、業務上過失致死傷罪で処罰されたのは、個人である従業員のみであり、法人については、いわゆるリコール隠しとして、道路運送車両法による処罰がなされたが、業務上過失致死傷罪による処罰はなされていない。

刑事製造物責任については、販売前の過失を捉えて、設計・製造部門の関係者が処罰される場合もあれば、販売後の過失を捉えて、回収等を行わなかった品質保証部門の関係者が処罰される場合もある。三菱自動車工業製トラックタイヤ事件においては、品質保証部門長等が、ハブを装備した車両につきリコール等の改善措置の実施のために必要な措置を採り、強度不足に起因するハブの輪切り破損事故がさらに発生することを防止すべき業務上の注意義務を怠ったとして業務上過失致死傷罪で処罰されている。

自動運転車の交通事故が発生した場合、刑事製造物責任の処罰対象となる可能性があるのは、完成車メーカーの役員または従業員に限られない。事故の原因がセンサー等の装置にあったならば、その装置のメーカーの役員または従業員が処罰対象となる可能性がある。また、事故の原因が自動運転車に搭載されたシステムにあり、仮に、そのシステムが完成車メーカーではなく、別のシステム開発会社によって開発されていたならば、その会社の役員または従業員が処罰対象となる可能性がある。これらの者の過失については、いわゆる過失の競合の問題が生じる。そのため、事実認定および法的評価が非常に複雑になることが想定される。

b　運転者の過失責任と製造者の過失責任の相違

時々誤解があるように感じていることとして、自動運転車による事故が発生した場合、従前の交通事故において運転者に科せられていた刑事責任がそのままの形でメーカー関係者に転嫁されることになるようなイメージを持たれていることがあるように思われる。

しかしながら、従前の交通事故における運転者の過失責任と、自動運転車の交通事故におけるメーカー関係者の過失責任とでは、判断の切り口が異なる。

すなわち、運転者の過失責任は、運転行為時において、運転者として課せられている注意義務を怠った過失に対して問われるものである。これに対し、メーカーの関係者の過失責任は、製造段階、または、販売後に過失を捉える場合であれば販売後に危険性を認識して以降のしかるべき時点において、メーカー関係者として課せられている注意義務を怠った過失に対して問われるものである。このように、従前の交通事故における運転者の過失責任と、自動運転車の交通事故におけるメーカー関係者の過失責任とでは、判断の切り口が全く異なっている。

c　自動運転車の刑事製造物責任の立証・法的評価の難しさ

メーカー関係者は、自動運転車の交通事故により人が死傷した場合、業務上過失致死傷罪により処罰される可能性があるが、実務上、刑事製造物責任は、特に、因果関係や過失について立証上・法適用上のハードルが高く、実際の処罰事案は、限定的になると思われる。

元々、刑事製造物責任は、その立証には多大な時間および労力を要する犯罪類型である。たとえば、三菱自動車工業製トラックタイヤ事件は、従来型自動車の物理的な欠陥が問題になった事件であるが、その事件でも事故発生から判決確定まで約 10 年を要している。

さらに、今後、自動運転車に関しては、さまざまなセンサー類、複雑な構造を有する中央演算装置、膨大なプログラム等があり、事故原因の解明がより複雑になることを想定される。また、自律型自動運転車、すなわち、当該自動車に設置されたセンサー類からの情報のみに基づいて運転する自動運転車ではなく、協調型自動運転車、すなわち、センサー類からの情報に加えて、路側インフラや他の自動車等からの情報に基づいて運転する自動運転車の場合、さらに事故原因の解明が複雑となろう。このように、今後、自動運転車については、事故原因の解明のために、これまで以上の高度な専門性と多大な時間を要すると思われる。そのため、実際の処罰事案は、限定的になると考えられる。

(2)　規制法違反

a　処罰対象

つぎに、規制法違反としての刑事責任について検討する。前述のとおり、メーカー関係者に対する交通事故時の過失責任の問責が限定的になると想定されることにかんがみると、今後は、規制法の活用による適正処分がこれまで以上に重要になる[40]。

メーカー関係者は、道路運送車両法による規制を受ける。

前述のとおり、交通事故時の過失責任である業務上過失致死傷罪（刑法211条前段）の処罰対象となるのは、個人である役員または従業員のみである。これに対し、道路運送法の罰則規定については、個人だけでなく、法人である会社も処罰対象となる。三菱自動車工業製トラックタイヤ事件でも、個人である役員とともに、法人である会社も処罰を受けている[41]。

b　罰則規定

前記のとおり、道路運送車両法は、自動車が満たすべき技術基準である保安基準を設け、自動車のライフサイクルの全期間において自動車が保安基準に適合して安全性を確保できるよう、型式指定、点検整備、検査、リコールという一連の制度を設けている。そして、道路運送車両法は、型式指定およびリコールに関し、メーカーに対する義務規定および罰則規定を設けている。現行の道路運送車両法の型式指定やリコールに関する罰則規定は、これまでの型式指定時の偽装問題や、リコールに関する偽装問題をふまえて、改正を繰り返して、相当整備されてきたという経緯がある。具体的には、以下のとおりである。

まず、型式指定に関する規定は、以下のとおりである。すなわち、メーカーは、保安基準に適合する自動車を製作することが求められ、認証制度により自動車が保安基準に適合することが確認される（同法75条〜75条の3）。そして、①メーカーが報告徴収・立入検査の際に報告懈怠、虚偽報告、検査拒否、検査妨害、検査忌避、陳述拒否および虚偽陳述といった不正行為を行った場合、行為者は、1年以下の懲役もしくは300万円以下の罰金または併科に処せられ、事業主は、法人の場合、2億円以下の罰金、人の場合、300万円以下の罰金に処せられる（同法75条の6第1項、106条の4、111条1号）。また、法定刑は軽いが、②同法75条の6第1項以外に定めるもの

40)　この点については、中川由賀「自動運転に関するドライバー及びメーカーの刑事責任——自動運転の導入に伴って生じる問題点と今後のあるべき方向性」中京ロイヤーvol. 27（2017）15〜29頁も参考にされたい。

41)　東京高判平成20年7月15日判時2028号145頁。

以外に関する検査拒否、検査妨害、検査忌避、陳述拒否および虚偽陳述に関する罰則規定（同法100条2項、110条1項9号）、③保安基準適合検査および完成検査修了証交付の違反に関する罰則規定（同法75条4項、112条）等も設けられている。

つぎに、リコールに関する規定は、以下のとおりである。すなわち、現行法規上、①メーカーは、不具合情報を入手し、調査・検討を行い、設計または製作過程に起因する保安基準不適合が認められれば、リコールの実施を決定し、国土交通大臣にリコールの届出をした上で（同法63条の3第1項・2項）、リコールを実施することになるところ、改善措置の届出懈怠または虚偽届出については罰則規定が設けられている（同法106条の4第2号）。②そして、メーカーは、改善措置の実施状況について国土交通大臣に報告を行うこととされており（同法63条の3第4項）、改善措置の実施状況に関する報告懈怠または虚偽報告の罰則規定も設けられている（同法110条1項3号）。③また、メーカーが自主的なリコールを行わないような場合は、国土交通大臣は、メーカーに対し、リコール勧告を行ったり、リコール命令を行ったりすることができ（同法63条の2）、命令違反に対する罰則規定も設けられている（同法63条の2第5項、106条の4第1号）。④そして、改善措置に関しては、報告懈怠、虚偽報告、検査拒否、検査妨害、検査忌避、陳述拒否または虚偽陳述について罰則規定が設けられている（同法63条の4第1項、106条の4第3号）。

8　自動運転導入後のサービス事業関係者の刑事責任

(1)　自動運転導入に伴うサービス化

今後、自動運転の社会実装と併せて、自動車のサービス化が進む可能性が指摘されている[42]。また、現在、車両外に利用者が存在し、その利用者が遠隔監視・操作を行う公道実証実験が行われており、今後、このような

42）　官民データ活用推進戦略会議・前掲注10）11頁。

形態でのサービス展開の可能性もある[43]。

そのため、制度整備大綱においても、刑事責任に関し、運転者だけでなく、利用者、車内安全要員、遠隔監視・操作者、サービス事業者といったさまざまな交通関与者に期待される役割や義務を明確化することが重要であり、これらをふまえて刑事責任に関する検討を行う旨述べている[44]。

今後の自動車のサービス形態がどのようなものになっていくか自体がまだまだ不透明であり、各交通関与者が担う役割や課せられる義務の内容も不確定なまま、刑事責任について論じるのは非常に難しい。

ただ、最も早く2020年に社会実装が予定される限定地域におけるレベル4の移動サービスについて、現在想定される問題点を考察したい。

⑵　当面の方針

政府は、制度整備大綱において、限定地域におけるレベル4の移動サービスについて、当面は、現在の実証実験の枠組みを利用する方針を示している[45]。現在の実証実験の枠組みを利用するとは、具体的には、以下のとおりである。

すなわち、道路交通法関係については、警察庁が、2016年に「公道実証実験のためのガイドライン」、2017年に「遠隔型公道実証実験のためのガイドライン」を出しており、遠隔型自動運転システムの公道実証実験については、道路交通法77条における所轄警察庁による道路使用許可を受けて実施することができる許可対象行為としている[46]。

また、道路運送車両法関係については、国土交通省が、2017年自動走行車の公道実証実験を可能とするための措置をとり、2018年遠隔型自動運転システムを搭載した自動車のための措置をとり、実証実験については、道路運送車両法の下位規範である「道路運送車両の保安基準」55条の基準緩和認定制度を利用することとしている[47]。

43）官民データ活用推進戦略会議・前掲注10）7頁。
44）官民データ活用推進戦略会議・前掲注11）19頁。
45）官民データ活用推進戦略会議・前掲注11）15頁および17頁。
46）警察庁・前掲注17)。
47）「道路運送車両の保安基準等の一部を改正する省令等について（概要)」。

(3)　実証実験段階から社会実装段階への移行に伴って生じる問題点

では、この実証実験の枠組みを事業化に利用しようとした場合、生じてくる問題はないのかを検討する。

実証実験と事業の本質的な違いは、事業には採算性が必須となってくるという点である。

限定地域におけるレベル4の移動サービスは、技術の発展の過渡期における初期の段階では、車内保安員を車内に搭乗させる有人サービスでの社会実装が想定される。車内保安員が担うべき役割自体が現段階では不確定であるが、現段階で想定される役割としては、たとえば、車両が停止したときに、従来型自動車と同様の操作により、路肩への移動、迂回、発進を行ったりという操作が考えられる。また、従来型自動車のような操作は行わず、別の方法として、路肩に寄って止まるボタンを押して停止し、レスキューを待ったり、障害物を迂回するボタンを押して、その後、レベル4による運転を再開したりというような操作も考えられる。

しばらくは、このような車内保安員を登場させた有人サービスが提供される時期が続き、その後、遠隔監視・操作を伴う無人サービスの社会実装が想定される。遠隔監視・操作者が担うべき役割自体も現段階では不確定である。「遠隔監視」と「遠隔操作」とでは、その役割に格段の差がある。

まず、車内保安員を搭乗させた有人サービスに関する問題点を考えてみると、現在の実証実験のガイドラインでは、テストドライバーが運転免許を保有している必要があり、テストドライバーが常に周囲の道路交通状況や車両の状態を監視し、緊急時には必要な操作を行う義務を課されている。

では、これを事業に適用し、車両保安員に二種免許を必要とし、車両保安員に常時の監視義務と緊急時に直ちに対応すべき義務を課し、交通事故時に法的責任を負うとすると、タクシーやバスと変わらないことになり、事業としての採算性は全くないことになる。

また、遠隔監視・操作を伴う無人サービスに関する問題点を考えてみると、現在の実証実験のガイドラインでは、遠隔監視・操作者は、常に車両および走行する方向の状況や実証実験車両の状態を監視し、緊急時に直ちに必要な操作を行うことができる状態を保持することとされている。

では、これを事業に適用し、一人の遠隔監視・操作者が1台の車両の常時の監視義務と緊急時に直ちに対応すべき義務を課し、交通事故時に法的責任を負うとすると、これもタクシーやバスと変わらないことになり、むしろ離れているだけリスクが増すだけで、事業としての採算性は全くないことになる。

(4) 安全性確保のあり方

一方で、未だ技術の発展段階にある過渡期において、車両保安員や遠隔監視・操作者に常時の監視義務や緊急時にただちに対応すべき義務を課さないとすると、十分な安全性が確保されないのではないかという懸念がある。

この点、仮に、「車両による安全性の担保」のみによって、道路交通の安全性を確保すべきという考え方に立つならば、そもそも、車両保安員や遠隔監視・操作者に常時の監視義務や緊急時にただちに対応すべき義務を課さなければ安全性が確保できないような自動運転車両をレベル4の自動運転として社会実装するのは、安全性の見地から問題であり、どれくらい先の将来になるかはわからないものの、車両保安員や遠隔監視・操作者に常時の監視義務や緊急時にただちに対応すべき義務を課さなくても安全性が確保できるようになるまで技術が発展するのを待って初めて社会実装すべきということになるであろう。

しかしながら、この点、政府は、官民ITS構想・ロードマップ2018において、レベル4の限定地域での無人自動運転移動サービスの実現期待時期を2020年までとした上で[48]、制度整備大綱において、自動運転に係る制度の見直しに向けた進め方として、自動運転の市場導入期である2020年頃は、「人間の操作による安全性の担保」「車両による安全性の担保」「一般車にも適用される走行環境による安全性の担保」に、「自動運転向け走行環境条件設定による安全性の担保」を加えることによって、担保すべき安全レベルを上回るようにするという方針を示している。そして、技術の進展に伴って、「車両による安全性の担保」の割合が増えていき、その分、「人間の操作による安全性の担保」「自動運転向け走行環境条件設定による安

48）官民データ活用推進戦略会議・前掲注10）28頁。

全性の担保」が減っていくことを想定している[49]。

この考え方は、技術の発展段階にある過渡期における、技術の社会実装の要請と安全性確保の要請のバランスのとり方として合理的である。ただ、問題は、その具体化である。当面は現在の実証実験の枠組みを利用するとしても、そのような状態が長く続くことは問題である。現段階での「車両による安全性の担保」の限界を正確に把握し、「人間の操作による安全性の担保」および「自動運転向け走行環境条件設定による安全性の担保」によって補完しなければならない部分を明確にし、車両保安員ないし遠隔監視・操作者が担うべき役割と走行環境条件設定の規制の程度についての議論を早急に深化させ、適切な法整備を行うことが必要であると考える。

9　おわりに

現在、自動運転に関する技術は、急激に発展しており、社会実装に向けた動向もめまぐるしい。ただ、最終目標は、自動運転の社会実装自体ではなく、現在生じている道路交通に関するさまざまな課題を解決することである。その課題解決のために、自動運転という技術をどのような形で社会実装していくのがよいのかを見極め、その上で、そのビジョンに沿った法整備を行っていくことが肝要であろう。

なお、本稿は、市原国際奨学財団の研究助成を受けて実施した研究の成果に基づくものである。

（中川由賀）

49）　官民データ活用推進戦略会議・前掲注 11）10～12 頁。

第Ⅳ部

自動運転車を巡る国際的動向

第1章　自動運転車に係るドイツおよびイギリスの動向

1　はじめに

日本では自動運転を盛り込んだ道路交通法や道路運送車両法の改正法案が第198回国会に提出され、成立した。この改正道路交通法は、すでに自動運転を盛り込んだ立法（特にドイツ）に関する議論を参考にしている。そこで本章では、改正されたドイツの道路交通法（StVG）[1]および立法化されたイギリスの自動運転車および電気自動車法（Automated and Electric Vehicles Act 2018、以下「AEV法」という）[2]を検討の対象とする。いずれの立法も自動運転に関して全面的な解決を意図するものではなく、あくまで今まで積み重ねてきた方針を一部具体化したものである。不明確な部分も多いものの、事故に関する解決を保険で対応することを明らかにした点に意義がある。またこれらの立法から明らかになる今後の製造業者の責任の展開に

1）　改正道路交通法を検討するものとして金岡京子「自動運転をめぐるドイツ法の状況」藤田友敬編『自動運転と法』（有斐閣、2018）35頁（以下では金岡aとして引用する）、吉本篤人「ドイツにおける自動走行の民事責任と道路交通法（StVG）の改正動向」交通法研究46号（2018）140頁以下、泉眞樹子「ドイツにおける自動運転者の公道走行――第8次道路交通法改正」外国の立法275号（2018. 3）41頁、金岡京子「高度自動運転車の運行に係る制度整備課題――ドイツ道路交通法との比較法的検討」損害保険研究80巻3号（2018）41頁（以下では金岡bとして引用する）がある。また修正箇所も反映した法案の邦訳としては、平成29年度経済産業省・国土交通省委託事業「高度な自動走行システムの社会実装に向けた研究開発・実証事業（自動走行の民事上の責任及び社会受容性に関する研究）」法的論点整理WG（仮訳：浦川道太郎）「第8次道路交通法改正法の改正点」2017. 8（http: //www.technova.co.jp/pdf/germany_transportation_law_amendment.pdf）。

2）　すでに概要を紹介するものとして、芦田淳「［イギリス］2018年自動運転車及び電気自動車法の成立」外国の立法278号（2019. 1）8頁がある。なお、AEV法は、北アイルランドには適用されない。

ついても検討する。

2 ドイツ改正道路交通法

(1) 従来の交通事故に対する補償制度

ドイツにおける道路交通法（StVG）は、日本とは異なり、民事責任も取り込んだものとなっている。すなわち、日本の自動車損害賠償保障法（以下「自賠法」という）も含まれたものとなっている。ただし、日本の自賠法とは異なり、賠償義務者の責任は物損も対象となる。

車両の保有者（Halter）は、道路交通法7条1項により、車両の運行に際して他人の生命、身体、健康、または物に損害を与えた場合に賠償責任を負う。この責任は、保有者の過失に左右されない危険責任であり、不可抗力の場合を除き、免責されない（同条2項）。なお、保有者は、義務保険法（PflVG）1条によって、自己、所有者および運転者のために、賠償責任保険に加入することが義務づけられている。

これに対して、車両の運転者（Fahrzeugführer）は、道路交通法18条1項により、同法7条1項の場合に賠償義務を負うが、その損害が運転者の有責性（Verschulden）によるものではないときは、責任を負わない。

(2) 道路交通法改正までの経緯

連邦政府は、自動運転やネットワーク化された車両（いわゆるコネクテッドカー）を推奨しており、連邦交通・デジタルインフラ省は、2015年9月「自動化およびネットワーク化された運転の戦略」を公表している[3)]。

これらをふまえ、連邦政府は、2017年1月25日に道路交通法改正法案

3） Bundesministerium für Verkehr und digitale Infrastruktur（BMVI）, *Strategie automatisiertes und vernetztes Fahren*, 2015. 9（https: //www.bmvi.de/SharedDocs/DE/Publikationen/DG/broschuere-strategie-automatisiertes-vernetztes-fahren.pdf?__blob=publicationFile）. なお、道路交通法改正までの経緯については、金岡a・前掲注1）35頁以下が詳細である。

を閣議決定し、同年1月27日に連邦参議院に法案を提出し[4)]、同年2月20日に連邦議会にも提出した[5)]。連邦参議院は、同年3月10日に連邦議会に対して法案修正を求める意見を議決し[6)]、これに対する連邦政府の反論[7)]をふまえて、連邦議会は、法案を一部修正し、同年3月30日に可決した[8)]。連邦参議院は、同年5月12日に連邦議会で可決された法案を可決し[9)]、第8次道路交通法改正法が成立した。その後、第8次道路交通法改正法[10)]は、同年6月20日に公布され、同年6月21日に施行された[11)]。

(3) ドイツにおける自動運転技術段階と改正道路交通法の対象

ドイツにおける道路交通法を参照する際に注意すべき点は、SAEのレベル（序3(1)参照）とは異なる独自の技術段階を採用していることにある[12)]。ドイツの技術段階は、技術段階1（運転支援）、技術段階2（一部自動化された運転機能）、技術段階3（高度に自動化された運転機能）、技術段階4（完全に自動化された運転機能）、技術段階5（自動（無人の）運転）に分かれている。

技術段階1では、運転者は縦操縦または横操縦のいずれかを持続的に行う。一部がシステムによって実行され、運転者は、システムを持続的に監視し、いつでも運転を引き受ける準備状態になければならない。

技術段階2では、一定の時間または特定の状況において、システムが車両の縦操縦も横操縦も引き受ける。運転者は、システムを持続的に監視し、いつでも運転を完全に引き受ける用意がなければならない。

技術段階3では、一定の時間または特定の状況において、システムが車

---

4)　Bundesrat（BR）Drucksache, 69/17.

5)　Deutscher Bundestag（BT）Drucksache, 18/11300.

6)　BR Drucksache, 69/17（Beschluss）.

7)　BT Drucksache, 18/11534.

8)　BT Drucksache, 18/11776.

9)　BR Drucksache, 299/17.

10)　本章での条文の訳については、浦川・前掲注1）を参考にしているが、文章に合わせて適宜変更を加えている。

11)　詳細な改正経過や改正理由などについては、金岡a・前掲注1）61頁以下、泉・前掲注1）45頁以下参照。

12)　BMVI, *Strategie automatisiertes und vernetztes Fahren*, S. 5. 金岡・a前掲注1）39頁以下、吉本・前掲注1）165頁参照。

両の縦操縦および横操縦を引き受ける。運転者はシステムを持続的に監視する必要はないが、十分な時間的余裕をもって運転を引き受けるよう要請された時には運転を引き受けられる状態になければならない。

技術段階 4 では、定義された特定の状況において、システムが車両の縦操縦および横操縦を完全に引き受ける。運転者はシステムを監視する必要はないとされ、システムは、あらゆる状況で危険を最小限度にする状態にすることが可能である。

技術段階 5 では、出発から目的地までシステムが完全に自動車を引き受ける。運転者を必要とせず、自動車内にいる者は全員乗客となる。

SAE によるレベル 1～3 とドイツにおける技術段階 1～3 では、ほとんど相違はないといってよい。ただし、SAE ではあらゆるレベルに遠隔型が存在しており、車両外に遠隔操作・監視者がいることはレベルに影響を与えていないが、ドイツにおいては、技術段階 4 までは運転者が車内にいることを前提としており、その意味で遠隔型は技術段階 5 になると考えられる[13)]。

技術段階 3 と技術段階 4 では、運転者によるシステムの監視義務の有無、システムが危険を最小限度にすることができるかどうかで決定的に異なる[14)]。また無人の技術段階 5 だけを別格の扱いとしており、SAE と異なり、運転者がいる技術段階 4 までを道路交通法で取り扱ったものと考えられる。しかし、ドイツ道路交通法では、技術段階 4 も対象としているものの、技術段階 3 と技術段階 4 を区別なく取り扱っている。技術段階 4 では、技術段階 3 とは異なり、運転者が応答しなくとも、システムが常にリスクを最小限にすることを前提としている[15)]。この技術的設備について、改正法では明記されていないため、SAE レベル 3 までを対象とした改正であったという指摘がされている[16)]。

---

13)　Reinhard Greger, 'Haftungsfragen beim automatisierten Fahren', NZV2018, S. 1.

14)　Runder Tisch „Automatisiertes Fahren“, Bericht zum Forschungsbedarf, 2015. 7, Anhang 5 Benennung und Klassifizierung automatisierter Fahrfunktionen（https://www.bmvi.de/SharedDocs/DE/Anlage/Digitales/bericht-zum-forschungsbedarf-runder-tisch-automatisiertes-fahren.pdf?__blob=publicationFile）.

15)　Runder Tisch „Automatisiertes Fahren“, a.a.O.（Fn. 14）.

16)　泉・前掲注 1）46 頁参照。なお、技術段階 4 が許されないという意味ではないと指摘するものとして König, 'Die gesetzlichen Neuregelungen zum automatisierten Fahren', NZV2017, S. 124 Fn. 18.

⑷　改正道路交通法の内容

道路交通法改正法によって変更・追加された規定は、1a 条（高度または完全に自動化された運転機能を備えた車両の運行許可等）、1b 条（高度または完全に自動化された運転機能を使用する運転者の権利および義務）、1c 条（評価）、6 条 1 項 14a 号（運転者がいない車両の駐車）、6 条 4a 項（高度または完全に自動化された運転機能を備えた車両が公道を運行する際の法令の公布に関する規定）、12 条 1 項（責任最高限度額の増額）、32 条（車両登録の目的）、第Ⅵa 章 63a 条（高度または完全に自動化された運転機能を備えた車両のデータ処理）、63b 条（授権の根拠）である。以下では、特に重要であるという規定について詳述する。

a　1a 条（高度または完全に自動化された運転機能を備えた車両の運行許可等）

1a 条 1 項では、高度に自動化された運転機能を備えた車両（技術段階 3）と完全に自動化された運転機能を備えた車両（技術段階 4）の運行が当該機能を「規定に則して使用」される場合に許可される。「規定に則して使用」とは、その使用の種類や範囲について製造業者の仕様に基づくことを示している。この「規定に則して使用」については、法律上明確にされておらず[17)]、その意味で製造業者に一定の裁量（たとえば、高速道路のみで使用し、一般道路では使用できないなど）があるといえる。しかし、1a 条 2 項によって備えるべき技術的設備が示されていることから、この点で製造業者の裁量は制約されることになる。

1a 条 2 項では、高度また完全に自動化された車両は、始動後に縦操縦および横操縦を含む運転タスクを処理するために当該車両を制御できること（1 文 1 号）、制御中に適用される交通諸規則に適合する状態にあること（1 文 2 号）、運転者によりいつでも手動によりオーバーライドが可能または自

17）　連邦参議院は、結果として、製造業者が「規定に則して使用」を定義づけることができるとして、明確化されるべきであるという意見を述べていたが、連邦政府はこの提案に反対意見を述べている。BT Drucksache, 18/11534 S. 2, S. 14. 連邦議会は、これらの意見を受けて、運転者に「システムの使用説明書に反する使用」を指摘する製造業者の義務があるとし、新たに 1a 条 2 項 1 文 6 号が挿入された。BT Drucksache, 18/11776 S. 2.

動運転の解除が可能なこと（1文3号）、運転者自身による車両制御の必要性が認識できること（1文4号）、運転者自身による車両制御の必要性を運転者に対してオーバーライド前に、十分な時間的余裕をもって運転者に視覚的、聴覚的、触覚的またはその他の知覚しうるような形で指示できること（1文5号）、システムの使用説明書に反する使用について運転者に指摘すること（1文6号）といった技術的設備を満たしていなければならないとする。さらに、製造業者は、システムの使用説明書において当該車両が1文の要件に適合していることを丁寧に説明しなければならないとしている（2文）。

1a条3項では、国際的な規定に合致することなどが規定され、4項では、高度また完全に自動化された運転機能を始動し、規定に則した使用をする者がなお運転者であるとする。

b　1b条（高度または完全に自動化された運転機能を使用する運転者の権利および義務）

1b条は、高度または完全に自動化された運転機能を使用する際の運転者の権利と義務を規定し、1項では運転機能を使用して車両制御をしている間、交通状況から目を逸らし、車両制御から離れることが許されるとしながら、同条2項の義務にいつでも応じられるように知覚準備状態（wahrnehmungsbereit）でなければならならないとする。同条2項では、システムが要請した場合（1号）、運転機能の規定に則した使用のための条件がもはや存在しないことを運転者が認識したか、または明白な状況に基づいて認識しなければならない場合（2号）、運転者は車両制御を遅滞なく再度引き受ける義務がある。

当初1b条1項は存在していなかったが、連邦参議院より同条2項2号の「明白な状況」の解釈が運転者に許されている活動に依存していることから、不明確であるとの指摘[18]から加えられたものである。運転者が交通状況から目を逸らし、車両制御から離れることが許される例としては、システムの使用説明書の範囲内で運転者がハンドルから手を離し、道路から目を逸らし、インフォテインメントシステムでのメールの処理などの他の

18）　BT Drucksache, 18/11534 S. 4 unter Nr. 5.

活動に従事することが許されるとしている[19]。その意味で、運転者は、同条2項で規定されている状況を認識し、車両制御を再び引き受けることができるほどに知覚準備状態にいなければならない。また2項2号に従って認識されるべき状況は、車両の制御と交通状況から逸らしている状態でも認識できるほどに明白でなければならないとされる。この例としては、運転者が他の車両の警笛によって運転の誤り、したがってシステムの技術的障害に対して注意を喚起され、あるいはシステムが外部の原因なしに非常停止を行った場合などが想定されており、このような状況では、たとえシステムによる引受け要請がなかったとしても、運転者は車両制御を再び引き受けなければならない[20]。

c　63a条（高度または完全に自動化された運転機能を備えた車両のデータ処理）

63a条1項は、車両制御について運転者とシステムの間で交替が行われる場合に、衛生測位システムにより伝達された位置と時間を保存する。またシステムにより車両制御の引受けを運転者に要請した場合、技術的な障害が発生した場合も同様の保存が行われる。同条2項は、一般的な個人情報保護規定の範囲で、要求がある場合に州の法律により道路交通を監督する官庁に送信しなければならないとし、送信されたデータは当該官庁で保存および使用ができるとする。ただし、データ伝達の範囲は、必要な程度に制限されることが規定されている。同条3項では、7条1項に規定された事件との関係で、法的請求権の行使、清算または防御のために当該データが必要であること（1号）、および自動化された運転機能に相当する自動車が当該事件に関与した場合（2号）、保有者は同条1項で記録されたデータを第三者に対して送信するよう指示しなければならないとする。同条4項では、保存されたデータが原則6ヵ月後に消去されなければならないとし、当該自動車が7条1項に規定された事件に関与していた場合は、3年後に消去されなければならないとする。同条5項では、7条1項に規定された事件との関係で、同条1項により保存されたデータを匿名化された形式で事故研究のために第三者に提供できるとする。

19）　BT Drucksache, 18/11776 S. 10.
20）　BT Drucksache, 18/11776 S. 10.

d　63b 条（授権の根拠）

63b 条は、連邦交通・デジタルインフラ省が 63a 条の実施のための法規命令を発する権限を有するとしており、具体的には保存媒体の技術的な形態と場所ならびに保存の方法（1 号)、データ保存義務の名宛人（2 号)、自動車販売の際に保存されているデータを不正アクセスから保護するための措置（3 号）に関して法規命令を発する権限を有するとしている。

(5)　改正道路交通法の評価

改正道路交通法の評価については、さまざまであるが、ここでは運転者の権利と義務、製造業者の責任を取り扱う。

a　運転者の権利と義務

1a 条 4 項によって、高度または完全に自動化された運転機能を規定に則して使用している者は、車両を操縦していなくとも依然として運転者となる。したがって、運転者として一般的な義務を負うことになる[21)]。

(i)　知覚準備状態

運転者は、1b 条 1 項前段で運転者が交通状況から目を逸らし、運転タスクから離れることが許されるが、同条 2 項の義務を果たすことができるように知覚準備状態になければならず（後段)、この許容しうる知覚準備状態の程度は、それ自体ではほとんど判定できず、司法上の手段によって証明できないとされる[22)]。したがって、実際に問題となるのは、同条 2 項の解釈ということになる。この点、同条 2 項 1 号の場合には、たとえばシステムによる音響による引受け要請が聞ける状態となり[23)]、比較的明らかである。他方で、同条 2 項 2 号については、前述の連邦議会での例を見る限り、

21）　高度あるいは完全に自動化された運転機能を使用する義務を運転者は負わず、機能を使用していれば回避可能であったとして運転者は非難されないとする。Gregger, NZV2018, S. 4. このよう機能の使用義務は、道路交通令 1 条の一般規範から導き出すことはできないとされる。Hentschel/König/Dauer, *Straßenverkehrsrecht*；*Beck'sche Kurz-Kommentare Bd. 5*, 45. Aufl., 2019, StVG §1b Rz. 11.

22）　Hentschel/König/Dauer, a.a.O.（Fn. 21), StVG §1b Rz. 5.

23）　BT Drucksache, 18/11776 S. 10.

不明確であるが、少なくとも運転席で寝たり、離席したりすることは、もはや許可された活動の対象にはならない[24]。したがって、かなり短時間の制御中断のみが許され、もはや長い完全な制御喪失は許されないとされる[25]。

(ii)　再引受け義務

運転者は、1b条2項各号に従って「遅滞なく」再度自身で運転制御を引き受けなければならない。ここでの「遅滞なく」の意味については、ドイツ民法121条1項1文の「責めに帰すべき遅延なく」を意味するとされる[26]。運転者が時間的余裕[27]の範囲内で引き受けない場合、これは原則として、運転者が同条1項で許された逸らす程度を超え、同時に1項で要求された知覚準備状態を欠いていることを示すことになる。そのため、63a条1項2文によって保存された引受け要請や運転者自身による引受け時点の記録は、1b条2項の「遅滞なく」という指示によって、責任を決定づけるとされる[28]。この意味で、63a条によって保存されるデータは、非常に重要であるが、どのように事故の衝撃などからデータを保護するかを考慮すると、63b条1文1号によって依然として保存媒体や保存場所が定まっていないことは、今後の国際的な議論が必要であることを示すといえる。

b　製造業者の責任

改正道路交通法において、直接製造業者の責任を規定したものは存在しない[29]。したがって、製造業者の責任は、製造物責任法1条1項1文あるいは一般不法行為に関するドイツ民法（BGB）823条1項によって規律されることになる。

24）　Schirmer, ‘Augen auf beim automatisierten Fahren! Die StVG-Novelle ist ein Montagsstück’, NZV2017 253, 256.

25）　Greger, NZV 2018 1, 3.

26）　Greger, NZV 2018 1, 2.

27）　1a条2項1文5号で求められる「十分な時間的余裕」が前提となるが、現在、どの程度の時間的余裕がなければならないかは明らかではない。特に車速によっては時間というパラメータ自体が機能しうるかも問題となる。Lüdemann, Sutter, Vogelpohl, ‘Neue Pflichten für Fahrzeugführer beim automatisierten Fahren’, NZV2018, 411, 415.

28）　Hentschel/König/Dauer, a.a.O.（Fn. 21）, StVG §1b Rz. 7.

（i）製造物責任

直接規定されていない以上、道路交通法の規定は、製造業者の責任に影響を及ぼさないとも考えられる。しかし、以下で述べるように、改正法が製造物責任法の欠陥の解釈に影響を与える可能性はある。

製造物責任法3条1項は、製造物責任法上の損害賠償請求は、流通に置かれた時点で法益侵害の原因となる安全に関連する欠陥の存在に基づいている。製造物に欠陥が存在するかどうかは、製造業者が自身の製造物を製造するのに正当に期待できる安全性に従って決定される。したがって、この客観的な安全性の判断において、1a条2項は、対象車両の備えるべき技術的設備を示し、また3項が国際的な規定に合致するよう示しているという限りで、関係しうる。

特に問題となりうるのは、道路交通法1a条2項1文2号で規定されている自動化された車両制御中に車両制御に向けられた交通規制に適合する状態にあることを要求していることである。道路交通令（StVO）36条1項および38条1項では、緊急車両の合図、警察の合図や指示に従う義務があり、ここでいう交通規則として把握されうる。この義務を履行するようシステムに組み込むことは、さまざまな問題を生じさせうることが考えられる[30)]。しかし、システムの使用説明書でこのような義務を履行できないとすることは、1a条2項1文2号に反する可能性がある[31)]。そのため、自動車製造業者は、システム限界として履行できない交通規則を特定し、システムの使用説明書でそのような場合に自動運転を終了するように設定することも可能である。このようなシステムの記述は、1a条2項1文4号5号を満たすのであれば問題がないといえる[32)]。この場合は、1b条2項1号に

29）1b条4項（修正前1b条3項）の規定をめぐって、連邦参議院は、「事実上責任が常に運転者にあり続け」、「製造業者の製造物責任が考慮されていない」（BT-Drs. 18/11534, S. 4h.）と批判し、連邦政府は、製造業者が責任を負わないことを意味するものではないと述べ、連邦参議院の提案に同意しなかった（BT-Drs. 18/11534, S. 14）。

30）道路交通令36条に基づいて警察の指示を受け取る者が車両内にいない場合にどのようにして停車させるかを検討し、通信技術の可能性とハッキングのリスクをふまえてありうる手段を示すものとして Stender-Vorwachs/Steege, 'Das Aus für Autonomes Fahren? Rechtliche und technische Möglichkeiten von Verkehrskontrollen bei autonomen Fahrzeugen', NZV2017, S. 553.

31）Bodungen/Hoffmann, 'Hoch- und vollautomatisiertes Fahren ante portas - Auswirkungen des 8. StVG-Änderungsgesetzes auf die Herstellerhaftung', NZV2018 S. 100.

よる引受け要請になると考えられる。これに対して、緊急車両のサイレンまたは警察官の手信号が道路交通法1b条2項2号の意味における「明白な状況」にあたると指摘する見解もある[33]。しかし、条文の構造上、1a条2項1文の設計要件を満たしている場合にのみ、1b条が適用されるという問題点が依然として存在する。結局、前述のように、立法資料からはシステムの誤作動が存在し、これに運転者が応対することが期待されていることから、どこまでをこの範囲に組み込むことができるかが問題となる。また交通規則のあり方も再検討される必要もあろう[34]。

(ii)　BGB823条1項に基づく責任

製造業者が不法行為法上負う注意基準は、主として「欠陥」の評価と同じ客観的基準に従って決定されるため、その限りで道路交通法は関係しうる[35]。特に823条1項が問題となるケースは、製造物責任が適用できない場合、すなわち、市場投入後に問題が明らかになったものであり、若干の説明を要する。

製造業者の義務は、製造物の市場投入（流通）では終わらないことで学説上一致をみており、市場投入後も監視する義務があるとされる[36]。これは、製造物責任が立法される以前に、欠陥とされるものとして、3類型（製造上の欠陥、設計上の欠陥、指示上の欠陥）と並んで製造物監視上の欠陥が存在したことに由来する。この義務は、いわゆる社会生活上の義務（Verkehrssiche-rungspflicht）[37]のひとつであり、義務主体は製造業者である。

このような製造物監視義務は、受動的製造物監視義務と能動的製造物監

32）　Bodungen/Hoffmann, NZV2018, S. 101.

33）　Wolfers, 'Rechtslage geklärt：Automatisiertes Fahren ist möglich', RAW2017, S. 88.

34）　この点でイギリスの Law Commission & Scotland Law Commission, *Automated Vehicles：a joint preliminary consultation paper*, 2018. 1, ch. 9（https://s3-eu-west-2.amazonaws.com/lawcom-prod-storage-11jsxou24uy7q/uploads/2018/11/6.5066_LC_AV-Consultation-Paper-5-November_061118_WEB-1.pdf）が示唆に富む。

35）　Bodungen/Hoffmann, NZV2018 S. 97.

36）　Schwenzer, 'Rückruf- und Warnpflichten des Warenherstellers', JZ 1987, S. 1059. 判例としてはBGHZ 80, 199, 202等がある。

37）　社会生活上の義務については浦川道太郎「クリスティアン・フォン・バール著『社会生活上の義務（1）（2）』」早稲田法学57巻1号（1982）119頁以下、2号（1983）261頁以下を参照。

視義務に分けて理解される[38]。受動的製造物監視義務は、損害事象、安全性に関する顧客の苦情を収集し、体系的に評価することに限定されるのに対し、能動的製造物監視義務は、自身の製造物のありうる損害リスク情報の発生と評価に関するものである。すでに長い間市場に多くが出回っている定評のある製造物については一般的に製造物監視義務を認める根拠が著しく弱く、特に大きな損害の可能性をもつ複雑な新しく開発された製造物については能動的監視義務まで負うと考えられる。しかし、実際には、立証責任が被害者側に課されていることから[39]、どのような製造物について能動的監視義務を負うかは、必ずしも明らかではない。少なくとも自動運転システムは、高度の危険を伴う革新的な製造物であるため、製造業者は、ありうる損害の危険性を積極的に調査する必要があるとされる[40]。

しかし、重要なことは、監視によって得られた情報をもとにどのような措置をとるべきであったかという問題に集約される[41]。なぜなら、製造物監視義務に違反したとしても、損害を回避できたといえるかは、別の問題だからである。損害を回避するために義務づけられる措置としては、警告・交換・回収などが考えられ、特に回収は最も損害を回避できる措置ではあるが、製造業者に対して最も影響があるものである。そのため、ドイツにおいても回収義務自体の存在は認める見解が多いものの、その要件については見解が分かれている[42]。特に自動運転においては、ソフトウェアのアップデート義務を課すかという問題として顕在化しうる[43]。

38) *Münchener Kommentar zum Bürgerlichen Gesetzbuch*, Bd. 6, 7. Aufl., 2017, §823 Rn. 838ff.［Wagner］.（以下、Münchkomm-Wagner で引用）。

39) BGH NJW 1981, 1603, 1605.

40) Greger, NZV 2018, S. 4.

41) Münchkomm-Wagner, §823 Rn. 840ff.［Wagner］.

42) 否定的なものとして、Brüggemeister, 'Produkthaftung und Produktsicherheit', ZHR 152（1988）, S. 525f., Foerste/Graf v. Westphalen, *HdB Produkthaftung*, 3. Aufl., 2012 §24 Rn. 340ff., 肯定的なものとして Schwenzer, 'Rückruf- und Warnpflichten des Warenherstellers', JZ 1987, S. 1061ff., Bodewig, *Der Rückruf fehlerhafter Produkte*, S. 181ff.（1999）. などがある。

43) ソフトウェアのアップデートに関しては小塚荘一郎「自動車のソフトウェアと民事責任」藤田友敬編『自動運転と法』（有斐閣、2018）227 頁以下参照。

3 イギリスAEV法

(1) 従来の交通事故に対する補償制度

イギリスも日本やドイツと同様、1930年以来自動車を使用する者は、強制保険に加入しなければならない。生命、身体被害、あるいは物的損害を被った者に対する運転者の責任をカバーするためのものであり、物損も含まれる点は、ドイツと同様である。

1988年道路交通法（Road Traffic Act 1988）143条1項は、保険なしに自動車を道路上あるいはその他公共の場所で使用してはならないとし、145条3項で自動車の使用によるありうる責任に関して保険をかけなければならないとする。この場合、同条4項により死亡または人身被害については無制限の補償を、物的損害については最大120万ポンドを提供しなければならない。

このように強制保険が付保されている点は、日本やドイツと変わらないが、注意しなければならないのは、日本の自賠法のような直接請求を認める根拠が存在しないということである。したがって、被害者の損害賠償請求権を根拠づけるのは、主としてネグリジェンス（negligence）[44]による。すなわち、運転者が他の道路利用者に対して負う注意義務に違反して損害を生じさせた場合、損害賠償が認められる。このように考えると、事故時に車両が故障していた場合が問題となる。この点、1988年道路交通法40A条などによって公道上の走行適性を有していることについては運転者などが責任を負うことになっており、過失がなかったことの証明は困難であることから、結果として運転者が責任を負うことになる。

(2) AEV法成立までの経緯

イギリスは、2016年7月に自動化された車両の法整備に係る政府方針[45]を公表し、実施したパブリックコメントの結果をふまえ、2017年1月

44）日本でいうところの過失不法行為となるが、必ずしも同一ではないため、カタカナ表記を用いる。

に一部修正（特に強制保険）した方針を公表した[46]。イギリス運輸省は、2017年2月に「自動車技術と航空に関する法案」を議会に提出したが、同年5月に総選挙が実施された結果、事実上の廃案となった。同年10月には「自動運転と電気自動車に関する法案」が議会に提出され、2018年7月19日に法案は可決され、成立した。なお、2次立法がなされていないため、規制の内容がどのようなものになるかの指針になるにすぎないことに注意を要する。

(3) AEV 法の内容

AEV 法は、第1部「自動運転車：保険会社の責任など」(1条～8条)、第2部「電気自動車：充電」(9条～13条)、第3部「雑則」(20条～22条）から成る。以下では、第1部のうち、特に重要であるという規定について詳述する。

1条は、条件を満たした車両型式を運輸大臣がリストに掲載、更新、公表するとしており、どのレベルの自動運転技術までを対象とするかは必ずしも明らかではない[47]。手がかりとなるのは、8条1項aであり、自動運転を「個人によって車両が制御されておらず、監視される必要がないモードで動作している場合」としているにすぎない。

---

45) Centre for Connected and Autonomous Vehicles (CCAV), *Pathway to Driverless Cars : Proposals to support advanced driver assistance systems and automated vehicle technologies*, 2016. 7 (https: //assets.publishing.service.gov.uk/government/uploads/system/uploads/attachment_data/file/536365/driverless-cars-proposals-for-adas-and_avts.pdf).

46) CCAV, *Pathway to driverless cars : Consultation on proposals to support Advanced Driver Assistance Systems and Automated Vehicles Government Response*, 2017. 1 (https: //assets.publishing.service.gov.uk/government/uploads/system/uploads/attachment_data/file/581577/pathway-to-driverless-cars-consultation-response.pdf).

47) なお、法案からは明らかではないが、所管大臣は、法案が SAE レベル3をカバーしているかという質問に対し、以下のような書簡を出している。すなわち、まず法案が SAE レベルに基づかない理由として、時間の経過によってレベル自体変わりうることを指摘し、現状の SAE レベル3相当については法案の対象としておらず、レベル4相当レベル5相当を対象としていると述べている。UK Parliament, 'Letter dated 13/03/2018 from Baroness Sugg regarding whether the Automated and Electric Vehicles Bill=s provisions cover Level 3 vehicles' (http: //data.parliament.uk/DepositedPapers/files/DEP2018-0264/Baroness_Sugg_-_Baroness_Randerson_AEV_Bill_2nd_reading.pdf).

2条1項は、(a)自動運転中に自動化された車両によって生じた事故で、(b)車両に事故当時保険が掛けられており、(c)被保険者や他者が損害を受けた場合、保険会社が損害賠償責任を負うとしている。この規定により、被害者が保険会社に対して直接請求することが可能となった。また2条2項は、1988年道路交通法144条2項などにより、車両に保険を掛けなくてよい地方公共団体などが所有する車両が事故を起こした場合、車両所有者が損害賠償責任を負うとする。したがって、現状では、許されていないにもかかわらず、車両に保険を掛けていなかった場合には、2条1項が適用されず、同条2項も適用されないこととなる。

3条1項は、(a)保険会社や車両所有者が2条で事故について被害者に対して責任を負い、(b)事故がかなりの程度被害者によってもたらされた場合には、保険会社などの責任の総額について1945年法改正（寄与過失）法（Law Reform (Contributory Negligence) Act 1945）に基づく減額を適用するとしている。また同条2項では、自動運転を開始することが適切でない場合に自動運転開始を許可した車両管理者の過失が全面的に事故の原因であった場合、自動化された車両の保険会社や所有者が責任を負わないとしている。本条1項の目的のために、6条3項は、あたかも自動化された車両の挙動が2条による損害賠償について責任を負う者の過失（fault）のように扱われるとしている。

また4条では、許可されていないソフトウェアの改ざんが行われた場合、安全上重要なソフトウェアのアップデートが行われなかった場合、2条1項で定められた保険会社の責任が制限あるいは免責されうるとしている。ただし、安全上重要なアップデートが生じた場合の製造業者の義務については規定を置いていない。また5条によって、事故に対して責任を負う者（他の道路利用者や製造業者など）がいる場合には、保険会社の請求権を定めているが、この請求権の実効性を担保する内容については規定がなされていない。

(4)　AEV法の評価

AEV法の評価に関するものとしては、イングランド・ウェールズ法律委員会およびスコットランド法律委員会が作成した共同準備諮問書（a joint preliminary consultation paper)[48]がある。これは、コネクティッドおよび自動運転車両センター（Centre for Connected and Autonomous Vehicles（CCAV））が道路上に安全で効果的な自動化された車両の展開を可能にするために、現在の規制枠組のレビューをするように依頼したものであり、この共同準備諮問文書をもとにパブリックコメントが実施された[49]。したがって、必ずしも AEV 法の評価のためだけのものではないが、現時点での AEV 法に関する法律委員会の評価も含むものといえる。この共同準備諮問文書は、第1章から第10章から成り、自動化された運転システムが展開される前後にどの程度の安全が保証されなければならないか、民事責任（第6章）と刑事責任（第7章）、人工知能に対する交通ルールを採用する必要性があるか（第9章）などが主として検討対象となっている。ここでは第6章での民事責任をもとに、寄与過失、因果関係、データの保存、製造業者の責任を検討する。

a　寄与過失

寄与過失は、日本の過失相殺に近いものであるが、複数の当事者に過失があった場合の損害賠償責任の割り当てをするものである。しかしながら、2条1項のもとでは保険会社に過失があるとは考えられないため、6条3項で自動化された車両の挙動を2条で責任を負う者の過失としている。法律委員会は、過失を前提としない責任についての負担割合を決定するために、人間の過失基準を適用される可能性について懸念を抱いている[50]。また車両をどのような環境で投入するかにもよるが、被害者が負傷に対して全面的な責任を負う場合も100％の減額になるかなども不明であるとする[51]。このような場合には因果関係がないとして2条1項の責任が発生しない可能性もあるが、つぎに述べるように因果関係が不明確であることか

48）　Law Commission & Scotland Law Commission, *supra* note 34.

49）　パブリックコメントは、2019年2月18日に締め切られ、2021年3月までに最終報告書・勧告が出される予定である。

50）　Law Commission & Scotland Law Commission, *supra* note 34, 6. 37. ライトをつけずに自転車に乗っている者が自動車と接触した例を挙げ、自動車の運転者がこの者を発見するのが困難であった場合、自転車に乗っている者にかなりの責任があるといえるが、Lidar を搭載した自動化された車両であれば、ライトをつけていないことは影響がない可能性を指摘する。

51）　Law Commission & Scotland Law Commission, *supra* note 34, at 6. 38.

ら、生じないとはいえない。

b　因果関係

2条1項に基づいて責任が生じるためには、事故が自動化された車両「によって引き起こされ」なければならない。8条3項では、(a)事故には「2つあるいはそれ以上の因果的に関連する事故」が含まれ、(b)自動化された車両によって引き起こされた事故が「自動化された車両によって部分的にもたらされた事故」を含むと付け加えている。特に(a)は、複数の因果関係のある事故を単一の事故とみなすようにも読むことができ[52)]、そうすると人間の運転者が運転する自動車が自動運転車両に追突し、押し出された自動運転車両が前方の自動車に追突する場合も単一の事故として扱われる可能性もある。その結果、自動化された車両の保険会社が前方の自動車の損害を2条1項に基づいて賠償し、5条に基づいて追突してきた自動車に求償することも考えられるが、そもそも事故が自動化された車両によるものではないと判断される可能性もある[53)]。法律委員会は、問題を裁判所に委ねてよいと考えているようであるが、さらなる明確化が必要であるかどうかの意見を募集していた[54)]。

c　データの保存

AEV法では、データ保存についての規定は存在しない。しかし、保険会社は車両が事故現場にいたか、自動運転を使用していたかを確認するために、車両が収集したデータを使用することが考えられる。イギリス保険協会は、インシデント前30秒と後15秒をカバーするデータ（タイムスタンプ、GPSの位置、その時点で使用されていた自動モード、およびドライバーの介入に関する記録など）を保存し、少なくとも6ヶ月間保存することを求めている[55)]。しかしながら、このような保存の場合、車両が衝突などのインシデントを検出したときにうまく機能する可能性もあるが、直接の衝突を伴わ

52）*Id.*, at 6. 47, note 423.

53）*Id.*, at 6. 47.

54）*Id.*, at 6. 51.

55）Thatcham/ABI, *Regulating Automated Driving*, 2017. 7, Annexe B：Data information, p 32.（https://www.abi.org.uk/globalassets/files/publications/public/motor/2017/07/regulating-automated-driving/）.

ないなどのインシデントを検出できない場合には機能しない可能性が指摘されている[56]。少なくともどの程度のデータをどのくらいの期間保存しておくべきかについては依然として不明であるが、事故から長期間経過後に請求された場合、保険会社が確認できるかという問題がある。そこで法律委員会は、AEV法の請求の要件として、事故時に被害者が一定期間内に警察あるいは保険会社に通知することを要件とする可能性を指摘している[57]。

d　製造業者の責任

AEV法では、最終的な責任配分を規定していないが、2条1項に基づいて被害者に損害賠償を支払った保険会社は、5条に基づいて被害者に対して責任を負う者に対して求償することができる。製造業者に対する責任を追及する手段は、1987年消費者保護法（以下「1987年法」という）に基づく製造物責任とネグリジェンスである。

(i)　1987年法に基づく製造物責任

1987年法3条1項では、製造物の安全性について一般的に人が期待することができるほどでない場合、製造物には欠陥があると規定している。法律委員会は、規制の枠組みは非常に関連性があり、規制当局による承認という単純な事実が自動的な抗弁にはならないが、欠陥のない証拠となりうるという裁判例を引用する[58]。AEV法では、どのような設備を満たすことによって自動化された車両が承認されるかは、明らかではないため、今後具体化される規制が欠陥判断のひとつの要素となりうる。また欧州委員会は、現在、IoTや自律システムのような新しい開発を考慮して、製造物責任指令（Product Liability Directive 85/374/EEC）が目的に適合しているかを検討しており、2019年半ばまでに指令の解釈に関するガイダンス文書を発行する予定[59]であり、この点に注意が必要である。

56)　Law Commission & Scotland Law Commission, *supra* note 34, at 6. 57.

57)　*Id.*, at 6. 58.

58)　*Id.*, at 6. 82.

59)　Communication from the Commission to the European Parliament, the Council, the European Economic and Social Committee and the Committee of the Regions, Artificial Intelligence for Europe, Brussels, 25. 4. 2018, COM（2018）237 final.

(ii) ネグリジェンスに基づく責任

他方で、ネグリジェンス訴訟を提起することの主たる利点は、1987年法より広範囲な損害賠償（商用財産に対する損害賠償、純粋な経済的損失など）が利用できることにある[60]。請求者は、製造業者が自身に対して義務を負っていること、その義務に違反していること、その違反が請求者に損失をもたらしたこと、その損失がそれほど遠くないこと（not to remote）を証明しなければならない。請求者は、製造業者の行為がその状況において合理的な製造業者の行為を下回ったことを証明することが要求される。製造業者に過失があったに違いない場合、何が過失（fault）であったかなどを特定する必要がないとされる[61]。しかしながら、革新的技術においては、合理的な製造業者の行為、製造業者に過失があったに違いない場合を証明することは困難といえ、今後の展開が注目される。

4　今後の製造業者の責任の展開

(1) 自 動 化

各立法は、いずれも自動化を主として規定されたものである。自動化が進めば、運転者の役割は減少し、それとともに事故における運転者の過失は観念できなくなる。そうすると、事故の原因は、車両に問題があった可能性があり、製造業者の責任が前面に出てくることになる。このようななかで、被害者が補償されるための制度として、ドイツもイギリスも保険から支払われることになり、いずれの立法も製造業者の責任に変更はない。しかし、ドイツ道路交通法1a条2項・3項が製造物責任の欠陥判断に影響を与える可能性があるように、今後どのような規制がなされるのか、この規制がどこまで詳細に規定されるのかによって、その影響の仕方は異なるといえる。

したがって、自動化によって製造業者の責任が前面に出てくるが、従来と同様、製造業者の責任は規制の解釈に左右されることになる。

60） Law Commission & Scotland Law Commission, *supra* note 34, at 6. 96.
61） *Id.*, at 6. 95.

(2) コネクティビティ

従来、運転者と車両によって安全性が確保されてきたところ、自動化によって運転者の役割が減少したからといって、車両だけで安全性を確保することは困難である。自動化にとって必要なのは、車両の技術だけでなく、運転環境（車線変更における白線の認識など想起されたい）が重要である。さらに安全性を確保するためには、（道路等を含む）運転環境との通信などによって安全性を確保する必要があり、コネクティビティを車両が備えることが期待される。コネクティビティを備えることによって、製造業者の責任に与える影響としては、ドイツの製造物監視義務が参考となる。前述のように新たな技術開発による製造物（特に大きな損害の可能性がある自動車など）は、能動的製造物監視義務を負っているといえるが、どのように監視すべきかという問題も存在し、コネクティビティを備えることによってこの問題を解消できる可能性があるからである[62)]。

この場合、製造物監視義務との関係では、ソフトウェアのアップデートをどのように理解するか、欧州一般データ保護規則との関係性[63)]が問題となりうる。たとえば、AEV 法は安全上重要なアップデートを被保険者などがしなかった場合の保険会社の減免責を定めている。しかし、安全上重要なアップデートがあった場合の製造業者の責任については、規定を置いておらず、車両の販売後であることから製造物責任ではなく、一般不法行為（ネグリジェンス、ドイツでいえばBGB823条１項）が問題となる。ハード面の交換・回収とソフト面の交換・回収（ソフトウェアのアップデート）を同様

62） たとえば、アメリカの *Restatement (Third) of Torts：Product Liability*, §10（1998）は、製造物を監視し続けることが過重な負担であること、警告の対象を同定することが困難であることを根拠として、販売後の製造業者の警告義務を限定している。そのため、コネクティビティによってこれらの根拠が失われることから、販売後も製造業者が関与する限りで、不法行為上の義務が問題となりうると指摘されている。Bryant Walker Smith, ‘Proximity-Driven Liability’, 102 Geo. L.J. 1777, 1794（2014）. ただし、アメリカ固有の問題（ディスカバリー制度の存在、車両に係る自己認証、陪審と裁判官の役割など）が存在する点に注意が必要であろう。

63） Piltz/Reusch, ‘Internet der Dinge：Datenscutzrechtliche Anforderungen bei der Produktbeobachtung’, BB2017, S. 841. Klink-Straub, Straub, ‘Nächste Ausfahrt DS-GVO—Datenschutzrechtliche Herausforderungen beim automatisierten Fahren’, NJW 2018, S. 3201.

に考えることはできないため、さらなる検討が必要であろう。

また欧州一般データ保護規則により、個人データの収集はかなりの程度制限される。製造物監視義務を履行するために、個人データに接触することが考えられ、この限度で欧州一般データ保護規則を考慮しなければならない。そのため、製造業者の責任を回避するために行われる製造物監視義務の履行と欧州一般データ保護規則が重なる可能性があり、さらなる検討が必要であろう。また第一次的な責任を負うであろう保険会社からすれば、事故時のデータは、責任を決定づけるものであり、そのアクセスに相当な関心があるといえる。実際、ドイツの保険会社 Alianz は保険会社がアクセスしやすいような提案（車両と第三者がデータを保存するモデル）を行っているが、欧州一般データ保護規則だけでなく、ドイツ道路交通法 63a 条に抵触するとして否定的な見解が多く、実現困難と見られている[64)]。

5　おわりに

各立法から車両規制のあり方、交通規制のあり方が今後重要であることがわかる。また被害者との損害の公平な分担を考えると、ドイツのように車両に運転者がいる場合は問題がないとしても、イギリスのように必ずしも運転者の存在を前提としていない場合は問題が生じる。たとえば日本における複数加害者の責任割合の決定は、同種のものを比較対象としており（たとえば共同不法行為における使用者間の求償が問題となった最判平成 3 年 10 月 25 日民集 45 巻 7 号 1173 頁参照）、AEV 法のような車両の挙動を過失として扱うことはこのような問題に対応するためにありうる手段であるが、法律委員会が指摘するように、その場合の過失基準はどのようなものであるべきかが今後議論される必要がある。さらに、SAE レベル 4・5 で自賠法が適用されるかは定かではないが、適用される場合には、日本の自賠責の基準が維持できるかも問題（特に重過失減額制度）となる。

また各国の立法は、現在のところ自動化を中心とし、コネクティビティ

64） Thomas Hoeren, 'Ein Treuhandmodell für Autodaten?—§63a StVG und die Datenverarbeitung bei Kraftfahrzeugen mit hoch-oder vollautomatisierter Fahrfunktion', NZV2018, S. 153. 金岡 b・前掲注 1）77 頁。

を考慮して行われたものとはいえないが、問題の性質上、一挙に解決する手段はないといえる。レビューを繰り返していくことが重要であると考えられ、今後の展開が待たれる。

（柴田　龍）

第2章　ITS・自動運転の国際動向（欧州連合、米国、中国）と課題

1　はじめに――自動運転の実現に向けた準備

日本では2020年を目標に「限定された領域における自動運転」や「トラック隊列走行」等の実現に向けて技術開発はもちろんのこと関連する法律の見直しによる準備が加速している。このような動きは日本に限らず世界中で進められている。100年に一度とも言われる産業から文化にまで影響を与える大変革を他の国地域に先駆けて迎え入れ、取り込むことは次世代のさまざまな領域における先行的優位を形成するだろうし、逆に乗り遅れれば取り返しのつかない衰退の開始をもたらすことは明らかである。しかしその反面、それらの準備が独善的で国際的に孤立したものとなればこれも問題で、いわゆるガラパゴス化を招きその果実を充分享受できないことになる。そんな矛盾的困難な状況の下、他の国や地域はどのように、またどのような考え方に基づきこれら自動運転の準備を進めているのかを知っておくことは有益なことと思われる。この第Ⅳ部第2章ではそれに加えて今後検討していくべき課題について若干言及する。

2　国際動向

日本では「官民ITS構想・ロードマップ」に沿って関連省庁の連携のもと自動運転に向けた制度整備が進められている。他の主要地域の制度整備の動向として、EU（欧州連合）、米国そして中国のITS・自動運転に関する政策を断片的なものではあるが以下に紹介する。

(1)　EU（欧州連合）

a　政　　策

EUの自動車政策は脱炭素の比重が大きいものとなっている。パリ協定を受けて欧州委員会は、EUとその産業が革新、デジタル化および脱炭素の世界的リーダーになるという目標のための「Europe on the move」という政策を発表した。特に欧州の道路輸送分野におけるさまざまな問題への対処や特定の開発を支援することを目的とする「Mobility Package」という指針が3回にわたり発表[1]されている。

「First Mobility Package」（2017年5月）で提案されたテーマ

道路輸送市場へのアクセスおよび旅客と貨物輸送オペレーターの職業へのアクセス/レンタル貨物輸送車/ロードチャージと電子通行/運転と休憩のルール/自動車課税/大型車のCO_2モニタリングと報告

「Second Mobility Package」（2017年11月）で提案されたテーマ

バスとコーチ市場へのアクセス/クリーンビークル指令/複合輸送指令/自動車とバンのCO_2基準/バッテリーイニシアチブ

2018年5月17日に欧州委員会から発表された「Third Mobility Package」が今後の欧州の自動運転の方向性を明示している。この指針では、「大型車のCO_2基準、貨物輸送伝票のデジタル化、高度な自動運転技術の展開、インフラ安全管理」が対象となっており、欧州産業の競争力を支えつつ欧州に暮らすすべての人が、より安全な交通手段、汚染の少ない車両、高度なモビリティ技術の恩恵を享受できるようにしていくことを目的としている。

・安全に関する具体的な目標

2020年から2030年の間に交通事故死亡者数と重傷者数を現状の半分に減らす（2017年の死亡者数：25,300人、重傷者数：135,000人）。さらに2050年までに死亡者数0、重傷者数0を達成する。

・環境に関する具体的な目標

パリ協定達成も視野に入れトラックの平均CO_2排出量を2025年には

1)　*See* IRU website "European Commission Mobility Package" *available at https://www.iru.org/where-we-work/europe/europe-overview/european-commission-mobility-package*

2019年と比較して15%削減。さらに2030年には2019年と比較して30%削減する。

・コネクテッドと自動運転

ヨーロッパを完全自動化およびコネクテッドモビリティシステムの世界的リーダーにすることを目的とした戦略を提案する。

b　技術開発支援策

欧州連合の研究および技術開発活動は複数年にまたがるフレームワークプログラム（FP）によって実施されている。現在進行中のFPは「Horizon 2020」と称され2014年に開始され総額800億ユーロの予算ですすめられており、2020年に完了する。この「Horizon 2020」により2016年以降「自動運転を実現するICTインフラ」や「公道での複合隊列走行」「都市道路交通の自動化デモンストレーション」などのプロジェクトが実施された。つぎの第9次FP（2021年-2027年）は「Horizon Europe」と名付けられ、その内容が2018年6月7日に発表された。欧州委員会は976億ユーロを「Horizon Europe」に、さらに24億ユーロをEuratom（European Atomic Energy Community 原子力の共同開発と管理をめざす研究）の研修プログラムに割り当て、合計で1000億ユーロの予算を提供する。

Horizon Europeを形成する3つの柱

・第1の柱　オープン・サイエンス（258億ユーロ）

欧州研究会議（ERC）等を経由して研究者自身が策定、推進する新たな領域のプロジェクトへの資金提供を実施。

・第2の柱　グローバルな挑戦課題と産業競争力（527億ユーロ）

社会的課題、熱帯雨林、産業等EU規模のミッションに関連する研究を直接支援。

・第3の柱　オープン・イノベーション（135億ユーロ）

ヨーロッパが市場創出型イノベーションのフロントランナーになることを目指し、「欧州イノベーション会議」（EIC）経由で欧州全域の技術革新に資する活動に資金を提供。

出典：EU Budget for the future Horizon Europe (https://ec.europa.eu/commission/sites/beta-political/files/budget-may2018-research-innovation_en.pdf)

(2) アメリカ合衆国

a　政　　策

(i) Automated Driving Systems 2.0[2)]

米国では連邦政府および州政府が並立しているため少し複雑である。USDOT（米国運輸省）が自動運転車両に関する合理的な国内規制の枠組み作りに取り組んでおり、一連のガイダンス（助言的文書）を発表している。2017年9月15日にUSDOT傘下のNHTSA（米国道路交通安全局）から「Automated Driving Systems 2.0」(ADS2.0) というガイダンスが発行された。その目的は、急速に進化する自動運転技術に追い着くことができないおそれを持つ「規制」を制限することにより、業界の革新を支える自動運転の技術開発に非規制的な姿勢で臨めるようにすることである。このADS2.0は、NHTSA管轄内のADS（自動運転システム：SAEレベル3から5の自動化に該当する高度に自動化された車両が含まれる）の設計、製造に適用され、対象には乗用車、オートバイ、中型および大型商業車ならびに自動車装備品が含まれる。

2）*See* NHTSA "AUTOMATED DRIVING SYSTEMS 2.0" *available at https://www.nhtsa.gov/sites/nhtsa.dot.gov/files/documents/13069a-ads2.0_090617_v9a_tag.pdf* i　セクション1：自動運転に関する自主的ガイダンス

ADSを設計する事業者は、設計段階において機器の評価、テストおよび検証のための以下の12の安全要素を取り入れることならびにそれらに対処するために採用された方法（業界標準の作成等）を文書化することを推奨する。

12の推奨される安全要素

① システムの安全性：事業者は、ADSに不当な安全上のリスクがないことを保証するためにシステム工学的アプローチを取り入れることおよびISO、SAE等の基準やプロセスを採用すること。

② 運用設計領域（ODD）：事業者は、ADSが機能する特定の条件（道路の種類、地域、速度範囲、環境条件等）である当該車両のODDを文書化すること。

③ 物体と事象の検出と応答（OEDR）：事業者は、ADSのOEDR能力を査定評価・実験・認証するプロセスを文書化すること。

④ 予備手段（リスク最小化）：事業者は、ADSがトラブルに遭遇した場合や安全作動が不可能となった場合、リスク最小化状態へと移行する方法およびその評価等に関するプロセスを文書化すること。

⑤ 検証方法：事業者は、ADSの通常走行、衝突回避、予備手段等のシナリオの下におけるリスク軽減方法を検証する手段を開発すること。

⑥ ヒューマンマシンインターフェース（HMI）：事業者は、ADSが情報や要求を運転者に認知させる方法またはその逆の場合の方法を検討する必要があり、その評価プロセスを文書化すること。

⑦ 自動車サイバーセキュリティ：事業者は、サイバーセキュリティの脅威と脆弱性を最小限に抑えるように努める必要があるためシステム工学的アプローチに基づく健全な製品開発プロセスを順守すること。

⑧ 耐衝撃性：事業者は、衝突のシナリオで車両の乗員を保護するための最善の方法を決定する必要がある。無人ADSは全方向衝撃吸収等の適切な対衝突能力を確保すること。

⑨ 衝突後のADSの挙動：事業者は、衝突発生後にADSを安全な状態に戻す方法、損傷した車両を稼働状態に戻すために必要なメンテナンスおよび修理手順を考慮する必要がある。

⑩ データ記録：事業者は、衝突原因を突き止めるために使用することができ

る誤動作、劣化、または障害に関連するテスト、検証およびデータ収集のためのプロセスを文書化すること。

⑪　消費者教育および訓練：事業者は、ADSと従来の自動車との違いに対処するために販売店の従業員、流通業者および消費者の教育ならびに訓練プログラムを開発し、文書化すること。

⑫　連邦法、州法、および地方自治体の法律：事業者は、ADSの設計について適用されるすべての連邦、州および地方自治体の法律にどのように対応するかを文書化すること。

NHTSAは、以上の12の安全要素を網羅した自主的安全性自己評価を事業者が自ら公表することを推奨しており、現在、すでに自動車メーカー等16社（2019年6月現在）が評価結果（セルフアセスメント）を作成し、USDOTのホームページで公表している（*Voluntary Safety Self-Assessment*（https://www.nhtsa.gov/automated-driving-systems/voluntary-safety-self-assessment））。

ⅱ　セクション2：州への助言

自動車は連邦および州の管轄下で規制されているためADSのテストおよび展開に関し、これら2つの機関の間の一貫性を促進し、両立する法律を作成するためのベストプラクティスが提言されている。

NHTSAの責任範囲は「新しい自動車や機器のためのFMVSS（連邦自動車安全基準）の設定とそれらの基準準拠の強化」、「安全関連の欠陥および連邦の安全基準を満たしていない車両に対するリコールの推進」、「自動車の安全問題の受付」であり、州の責任範囲は「運転者の免許および自動車の登録」、「交通法規」、「安全検査」、「自動車保険および賠償責任」である。NHTSAは、州の既存の規制に関して以下の活動を推奨している。

・ADSのテストおよび展開に関する連邦および州法の前提条件を満たすすべての事業者が（これまでの経歴とは無関係に）州で活動することを可能にする「技術的中立」環境の設定。

・運転免許および登録手続等において「自動車」の法的定義にADSを含ませることおよびADS事業者とその職員に対する実地試験用免許の運用ならびにADSの車両登録。

・緊急事態対応者や法執行機関などの公安機関にADSの事故や衝突を報告するための公安職員による報告および連絡方法の策定。

・ADSのテストと展開に障壁となる可能性がある交通法規の見直し。

加えて州の道路安全担当者のためのベストプラクティスとして、ADSの公道への導入のための手順と条件を策定するための枠組みを州行政に構築するために、ADSに関連する州の役割と活動に対する新たな行政監督支援として次のものを組み込むことを提示している。

・テストを監督し、さまざまな政府関係者からの代表者を含む委員会を組織する主導機関の設立。当該主導機関は、州と事業者間の連絡窓口として機能させる。
・ADS技術のテストに関心のある事業者に許可を与えるための内部プロセス。
・公道でADSをテストするための事業者の申請手続。テストの申請は州レベルで行われ、事業者によって付保される保険、研修手順、安全計画などの情報提供を推奨。
・公道でADSをテストする事業者への許可は州レベルに留めること、州法の執行機関はテスト申請プロセスに関与すること、さらに事業者が要件に従わない場合は許可を一時停止することを推奨。

b　Automated Vehicles 3.0[3)]

2018年10月USDOTは、以上のADS 2.0をふまえてAutomated Vehicles 3.0（AV 3.0）を発行した。これは自動運転車に関連する政策の基本原則や今後の戦略を示している。

(i)　政策の指針となる6原則（USDOT Automation Principles）

①　安全性の優先：自動運転技術がもたらす新たな安全上のリスクに対応する。
②　技術中立性の維持：安全性、モビリティ、経済目標達成のため柔軟かつ技術中立的な競争、開発推進政策を導入する。
③　規制の近代化：AV開発を妨げる規制の見直しまたは廃止。長期にわ

3）　*See* U. S. Department of Transportation “Automated Vehicles 3. 0 PREPARING FOR THE FUTURE OF TRANSPORTATION” *available at* https://www.transportation.gov/sites/dot.gov/files/docs/policy-initiatives/automated-vehicles/320711/preparing-future-transportation-automated-vehicle-30.pdf

たって利用可能な柔軟で適切なアプローチとコンセンサスに基づく自主的技術基準の作成を支持。さらに「運転手」「オペレーター」の定義を人間だけでなく自動システムにも適用する。

④　規制、運用環境の一貫性促進：州、地方政府によって異なるAV関連の法および規制は混乱と障壁を生む。円滑な州間移動のため規制の統一化に向けて、州・地方政府の運輸機関および業界利害関係者と協力する。

⑤　自動化への積極対応：ダイナミックで柔軟な自動化の未来に向けた投資に役立つガイダンス、ベストプラクティス、パイロット計画等を提供。自動車とそれを取り巻く環境間との通信等自動化に役立つ補足的技術に対する準備も推進する。

⑥　米国人が享受する自由の保護、強化：米国人が自ら運転する自由も包含する。障害者や高齢者などの個人が利用できる安全な移動手段を拡充するための自動化技術の支援を推進する。

(ii)　上記6原則を実現するための5戦略（Strategies）

①　利害関係人の関与：自動化に起因する課題に対応するため利害関係者と一般市民を巻き込み懸念と期待に応え、この分野でのUSDOTの技術的および政策決定に対する疑問に応じていく。

②　ベストプラクティス：自動化を交通システムに統合しようとしている利害関係者支援のため研究に基づくベストプラクティスとポリシーにおいて考慮すべき事項を提供する。

③　自主的基準：利害関係者および標準検討機関（SDO）と協力し、自主的な技術標準の形成を援助し、必要に応じてそれらをUSDOTの取組みに組み込み、自動化技術を輸送システムに統合していく。

④　的を絞った研究：将来の政策や政府機関への適切な情報提供を行うために必要な、的を絞った技術研究を実施する。

⑤　規制の近代化：規制が不必要に自動化を妨げないように行政手続法に規定されている過程を経て規制を近代化する。

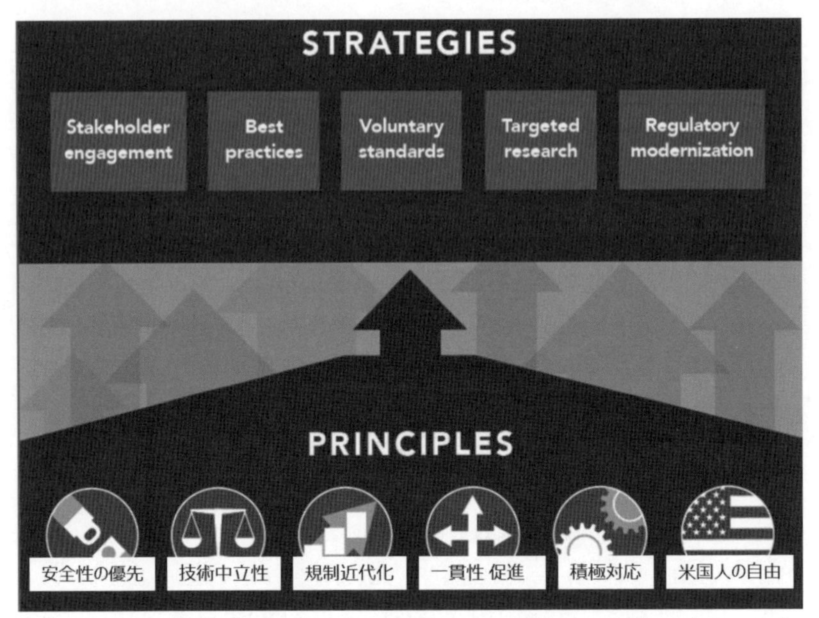

出典：USDOT 発行 "Preparing for the Future of Transportation：Automated Vehicle 3.0"

(3)　中華人民共和国

2019年3月26日にITS Japanセミナーで ITS Japan中国代表の許卉氏[4)]が行った「中国のITS・自動運転の現状」に関する講演によると、中国でも自動運転の実用化に向けた積極的な活動が国家が主体となって進められている。特徴は自律的自動運転車よりも知能網連車（インテリジェントビーグル）と称するコネクテッド技術による自動運転により重きを置いていることで、自動車と「他の自動車」、「人」、「道路」、「クラウド等」との情報交換、情報共有を行うことにより安全、高効率、快適、省エネな走行を実現することを目的としている。

4)　ITS Japan　中国代表　許卉氏：さまざまなネットワークを駆使して中国の「今の」ITS・自動運転関連調査を継続的に推進、その報告は非常に信頼性の高いものと評価されている。

a　政策系統

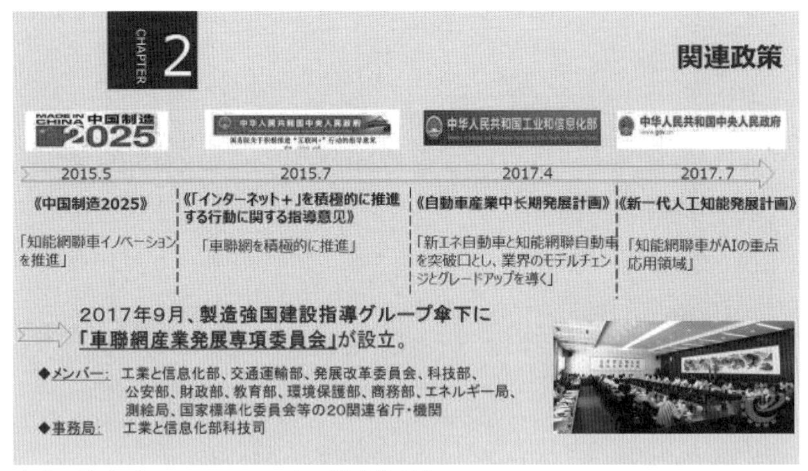

出典：許卉「ITS Japan セミナー発表資料」

自動運転に関連する政策等の系統のおおもとは中国製造業の高度化を目指す産業政策「中国製造 2025」であり、このなかで重点領域の一つとして「省エネルギー車・新エネルギー車」が挙げられている。この「中国製造 2025」に続き、2015 年 7 月には「「インターネット＋」を積極的に推進する行動に関する指導意見」が出され、知能網連車の積極的推進が提示された。2017 年 4 月に「自動車産業中長期的発展計画」が発表され、新エネルギー自動車と知能網連車をキーテクノロジーとして推進することが明示され、同年 7 月にはさらに「新一代人工知能発展計画」が発表され知能網連車が AI の重要応用領域であるとの認識が示された。

推進組織として、2017 年 9 月に国家製造強国建設指導グループ傘下に「車聯網産業発展専項委員会」が設立された。この組織には関連する 20 の関連省庁がメンバーとして名を連ねており、自動運転の政策にかかわっている。このため、関連する非常に広い領域の連携した政策立案、調整が可能となっており、たとえば、工業と信息化部は「自動車の制造、モバイルインターネットの整備」、交通運輸部は「スマートウェイとインフラの建設と管理」、公安部は「交通取締り管理、自動運転テスト車両のナンバープレートの発行」、科学技术部は「最先端科学技術研究の展開と資金補助」、住房と城郷建設部は「土地の開発と企画、建築の安全管理」を担当し、関連する政策を協調的に進めている。

b　試　　験

出典：許卉「ITS Japan セミナー発表資料」

(i)　公道実験

上記政策により、地域による公道試験規則が発行され、北京・河北省、重慶、武漢、浙江、長春が「ブロードバンドモバイル通信に基づいたコネクテッド車モデル地域」に認定され、無錫には「公安部、江蘇省と提携推進するITS総合試験場」が建設され、上海は「知能網連車の試験・モデル地域」に認定された。この結果、北京では44本/合計123 kmの公道テスト道路が設定され、合計9社に57枚の試験ナンバープレートが配布され、公道実験が行われ、安全テスト走行距離は26.43万kmに達している（2019年2月末現在）。重慶にはコネクテッド車の車両認証テストを目指したテストコースが建設され、自動運転車の評価テストも実施されている。

(ii)　路車間協調実験

前述のとおり、中国では「コネクテッド」+「協調」+「自動運転」＝交通安全問題を解決する手段であるため、自動運転と交通システムを融合させる必要があると考えられており、路車間協調実験も実施されている。無錫では、170キロ平方メートルの広域の240以上の交差点で、「通行人監測警告試験」「信号協調場面試験」「高速道路V2X場面試験」「工事/危険ルート場面試験」「危険ルート等凍結等場面試験」「レーンチェンジ警告LCW場面試験」「車両合流警告試験」等を行い、路車間協調の運転支援/自動運転を実現できるかといった技術の検証や路側のカメラ等で検知した交通情報を車に送信できるかといったシーンの検証を行っている。2018年11月にはコネクテッド車ダイレクト通信用の周波数が5, 905-5, 925 MHZとして暫定的に決定されるなど通信の標準化も進んでいる。また、自動運転に欠かせない高精度地図の開発にも10社以上の企業が参加し進めている。

3　今後検討すべき課題

以上のように世界の主要国、地域においては技術の進化を妨げないまたは促進する方向での政策が進められている。日本においても、「自動運転に係る制度整備大綱」等により、法制度領域の準備が進められている。自動運転を社会が受け入れる際に最も厳しく検証されるのは「安全」である。自動運転・ITSの技術で最も期待されている解決すべき課題は、交通事故数、交通事故死者数の削減である。日本の2018年の交通事故死者数は、3, 532人（前年比－162人、－4. 4%）となったが、国の交通安全基本計画では平成32年を目処に交通事故死者数を2, 500人以下とすることが目標とされており、この達成のためにITS、自動運転等の開発・普及に取り組むことで「人に起因する事故の未然防止」を図るということが記述されている。米国の調査[5)]によると交通事故原因の約94%は運転者のミスに起因するとのことなので、自動運転・ITSの実現による交通事故削減には大きな効果が期待できるものと考える。しかしながら、それで交通事故がゼロになることはなく、必ず交通事故は発生する。自動運転・ITSによる安全性向上への期待に比例して事故が発生した場合の社会的インパクトは大きく

5)　*See* NHTSA "Critical Reasons for Crashes Investigated in the National Motor Vehicle Crash Causation Survey" available at https: //crashstats. nhtsa. dot. gov/Api/Public/ViewPublication/812506

なる。このインパクトが過剰なものにならないようにする準備が、今必要だと考えている。日本においても自動運転車による事故に関する議論は開始されており、民事責任領域では自賠責保険の適用が認められる等の成果を上げている。刑事責任領域の議論は世界的に遅れ気味と思われるが、各地域ではそれぞれ鋭意検討が進められている。昨年行われた「ITS 世界会議 2018 Copenhagen」において日、米、欧の有力な刑法学者を集めて「自動運転事故の法的枠組み」とういうタイトルでセッションを実施した。このときの議論は主に自動運転車事故の刑事責任の考え方について行われたので以下にその概要を記す。

⑴　ITS 世界会議 2018 SIS09 における議論

a　テーマ「自動運転車が含まれる交通事故が起きたら」

課題「もし、自動運転車／運転手の共同が事故の原因となったとすると、それは人間である運転手のミスなのか、それとも自動運転車のミスなのか？　もし「自動運転車がミスを犯した」という疑惑が生じたら、我々は刑事法の未知なる領域に向かうことになる……？」

— 人間の運転手の落ち度ならば現行法で対応できるから新たな問題とならない。

— HMI はシステムだが、人間の運転手に落ち度があればこれも新たな問題とならない。

課題「もし、自動運転車が悪かったならば、自動車を処罰することができるか？」

— 自動車がプログラムコードで操作されることになると人々はこの時にコードが何を意味するか、暗示するかを意識し、「自動車を処罰することができるか」を問い始める。

課題「我々は自動車を処罰することができるか？」

— 自動車は処罰の対象として適切ではない。自動車を法廷に立たせることはできない。それは意味をなさない。

— ロボットは、道徳的責任を持つ主体ではない。なぜならば、そうなるためには、悪いことをしたということを理解する必要がある。すなわち、「内省（ないせい）」する能力、自分自身を過去における演技者のように考えることが必要であるが、ロボットは内省能力がない。（何が行われたかの記録はあっても、何をしたかという記憶はない。）

— 自動車は処罰の概念を理解することができないであろう。自由や金銭をはく奪される感覚を持つことがない。

課題「製作者を処罰できるか？」

— 自動運転車の製造者は、理論上、製造物責任法上の責任と同様の流儀で訴追されるリスクに直面する。

まとめ「法的危険負担のために誰も処罰しない？」問題となっているすべてのことのバランスをとるならば、法的な危険負担の理論に頼ることができる。

— 受容される危険負担とは何か。それを自律学習する機械に適用できるか。

— 我々は、ある種のリスクを刑事責任抜きで受け入れることができるか。たとえば、木の枝が落ちてきて怪我をしたとき、ほとんどのケースで、誰かを非難できない。

— 今日の刑事法は、事故における自動運転車を処罰する概念上の基盤がない。

『決定的な問い：社会がAVによる便益のために固有のリスクを受け入れるかどうかである。なぜならその便益はリスクを大きく上回る。』という問題提起でセッションは終了した。

*Sabine Gless, Basel University, Switzerland

b　原因究明の仕組み

この議論の際に併せて再発防止のための原因究明について私案を提示した。

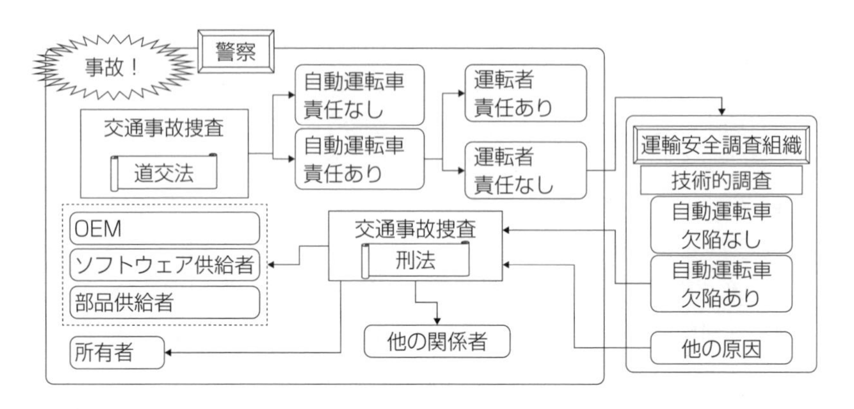

この仕組みは自動運転事故の処理に関して警察とは別の安全調査を行う第三者機関の設置を提案したものである。この図では自動運転車と人が運転する自動車による衝突事故が発生した場合の処理について説明している。

(i)「捜査」と「調査」

衝突事故が発生したとき、まずは警察が「捜査」に入り、自動運転車側に責任があったか、人運転自動車側に責任があったかを判定する。もし、自動運転車側に責任があった場合、つぎにその自動運転車に乗車していた運転者に事故の責任があったか否かを判定する。ここで、もし、運転者に責任がなかったと判定された場合、本件は警察の手から（仮称）運輸安全調査組織に移管され「調査」が行われる。この運輸安全調査組織による「調査」で自動運転車に原因ありと判定された場合、本件は再び警察に戻され、「捜査」が行われる。

事故が発生した場合、当該事故の原因究明が再発防止等に欠かせない。特に事故に係わった自動運転車の欠陥の有無に関する調査は重要である。しかしながら自動運転車の事故調査においては運転を制御したプログラム等の解析を加える必要があることから、現行の自動車に対する調査よりも高度に専門的なものとなることが想定される。自動車メーカーにとっても欠陥の有無の確認は製品の改善に結びつくため、当該調査に協力するモチベーションを持つものと思われるが、その結果が刑事責任の有無に直結するものであれば躊躇が生じ得る。この点を考慮した事故調査の仕組みとして警察による「捜査」と運輸安全調査組織による「調査」を別建ての仕組みとした。

(ii)　自賠責保険との関係

この仕組みは自賠責保険の円滑な運用にも寄与すると考える。自動運転車の事故についても「運行供用者」の存在を認めて、自賠責保険を適用することになっている。その条件として欠陥があった場合、保険金を支払った保険会社がそれを自動車メーカーに求償することが要求されているが、それは容易なことではない。求償請求される自動車メーカーからすると、このような枠組みであっても通常の PL 訴訟への対応と同様の対応をせざるを得ないこととなるからである。上記のような運輸安全調査組織を設置すると当該組織による「調査」結果が自動運転車の欠陥を示す場合、この結果をもって保険会社は求償すればよいのであって、自動車メーカーとの直接的訴訟的対立をすることなく求償の困難さがクリアできるものと考える。

c　紛争解決

自動運転車による事故の解決を訴訟で行うことには非常な困難が伴う。現在、自動車の欠陥を争う製造物責任訴訟は被害者が自動車メーカーを訴え、自動車に欠陥があると認められた場合、自動車メーカーは欠陥部位の特定や原因究明を行うが、その欠陥が部品メーカーから購入した部品にある場合、自動車メーカーは当該部品メーカーに求償を行う。自動運転車の場合、この手続はより困難なものとなるだろう。将来、ソフトウェアメーカーからソフトウェアの供給を受けて製造される部品や自動運転車自体も出てくる可能性もある。そのような場合、現状の製造物責任法では対象となる製造物が動産で有体物に限られていることから、ソフトウェアの欠陥であってもメーカーを経由した求償にたよることになる。また、外部から供給された電子地図や交通情報に瑕疵があっても自動運転車の事故が起こりうることから自動運転車事故に係る紛争は、より複雑な構造を持つことになる。これを訴訟で解決するためには膨大な時間と費用がかかることになる。このような状態を避け、かつ合理的な解決を導く手段として当事者間の合意をベースとした紛争解決である裁判外紛争手続（ADR）の活用を提案したい。中でも効果的なのは仲裁手続きを活用することであろう。仲裁手続きはあらかじめ当事者間で、紛争が生じた場合は当事者間で承認した第三者（仲裁人）の判断に従うという合意を交わし、それに基づいた紛争の解決をするものであり、当該領域の専門家を「仲裁人」とすることで専門的な議論と結論が期待できる。さらに判断に至る手続きは、当事者のニーズに合わせて柔軟に組み立てられるという利点も加わるし、通常一審の判断で決まるため長期化しない。仲裁による判断には判決と同様の効果があり、手続きの違いはあるが強制執行も可能である。以上により仲裁は、当事者間でそこに持ち込むことが合意できれば、実効性のある強力なツールとして機能するものと考えられる。この枠組みを事前に関係者間で合意して仲裁共同体的なものを作ることも有益ではないだろうか。今後の自動運転に関するトラブルで活用する価値は十分あると考える。

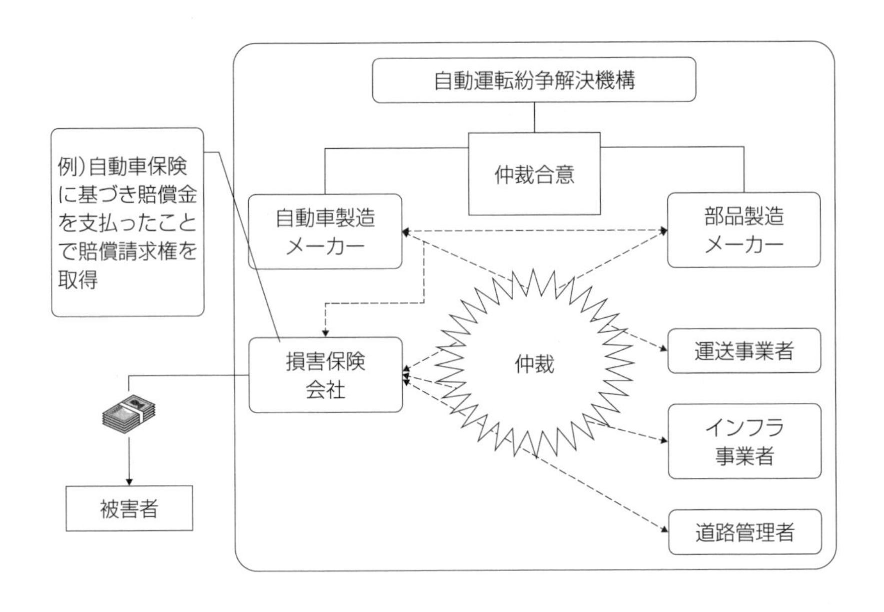

⑵　おわりに

ITS・自動運転は人の基本的要求である「移動・モビリティ」を今までよりも簡便に、また、より多くの人々に提供する手段であり、さらにそこに新たな付加価値を加えるものである。したがってその実現は人々の生活をより豊かなものに導くものであり、一日も早い実現を願っている。そのためには安全の確保は当然のこととして、加えて技術の進歩を妨げないような方向で、関係する各種の規制の点検、発生した事故の処理ルールの明確化などを進める必要がある。ITS・自動運転の実用化において他の国、地域に遅れることのないようスピード感をもってこれらの課題に取り組んでいかねばならないと考えている。

※ITS・自動運転に関する広範囲な情報は特定非営利活動法人 ITS Japan 発行 ITS 年次レポート「日本の ITS」に掲載されており、一般でも入手可能です。

（佐藤昌之）

第 V 部

自動運転社会と AI、その将来

第1章　自動運転に関するAIと法と実務

1　自動運転におけるAIの適用場面

(1)　AIおよびAI技術の定義

AIとはArtifitial Intelligenceの頭文字をとったものであり、人工知能と訳されている。とはいえ、そもそも「知能」を定義すること自体が困難なこともあり、人工知能の定義も、研究者の間でも一致をみない[1)]。

法律においては、平成28年2月14日に公布施行された官民データ活用推進基本法において、「人工知能関連技術」とは、人工的な方法による学習、推論、判断等の知的な機能の実現及び人工的な方法により実現した当該機能の活用に関する技術をいうものと定義されている（同法2条2項）。

平成31年3月に公表された内閣府・人間中心のAI社会原則検討会議による「人間中心のAI社会原則」案においては、AIとは、AI技術が情報システムの一部として組み込まれて使われることが一般的であり、同原則の適用範囲を広くするために、特定の技術を指すのではなく、広く「高度に複雑な情報システム一般」を指すものとして定義されている。

これに先立ち、内閣府・人工知能技術戦略会議による平成29年3月31日付人工知能技術戦略においては、人工知能（AI）技術の語が利用されている。これは、内閣府・人工知能と人間社会に関する懇談会の同月24日付報告書において、AI技術とは、人が知性を用いて行っていると思われている知的活動（認知、推論、学習、思考、これらに基づく行為等）の一部を代替しうる技術とされていることを受けているものと思われる。

1）　人工知能学会監修・松尾豊編著『人工知能とは』（近代科学社、2016）xii。

もっとも、経済産業省の平成 30 年 6 月「AI・データの利用に関する契約ガイドライン」（以下「契約ガイドライン」という）においては、AI 技術とは、人間の行い得る知的活動をコンピュータ等に行わせる一連のソフトウェア技術の総称であるとし、機械学習またはそれに関連する一連のソフトウェア技術のいずれかを指すとしており、政府の中でも AI 技術とは何かという点については、一致をみないというのが現状である。

本章においては、自動運転に係るシステム（「自動運転システム」[2]または「自動走行システム」[3]といわれる）に用いられる AI 技術について検討を加えるが、国土交通省自動車局平成 30 年 9 月付「自動運転車の安全技術ガイドライン」の中では、自動運転システムとのみ表現されるだけで、AI 技術の利用の可否については何ら言及されていない。

⑵ 運転行動の 3 要素と自動運転における AI 技術の適用

a 運転行動の 3 要素

一般に、運転行動は、認知、判断、操作の 3 つの要素で成り立つとされている[4]。交通事故の原因は、統計上、認知に関するミスが最も多いとされ、次いで判断ミス、操作ミスと続くが、ほとんどの事故では、重複してミスが発生しているとされている[5]。

交通事故の削減も目的としている自動運転車の自動運転システムを開発するためには、認知、判断、操作の各運転行動について、適切な自動化をする必要がある。また、これに加えて、自動運転システム自体の操作に関係するヒューマンマシンインターフェイス（HMI）に関しても、音声認識・感情認識、ドライバーの状態認識等の AI 技術が用いられることもある。

この運転行動の自動化には、機械学習や深層学習といった技術による AI 技術を用いて開発する方法と、AI 技術を利用せずに、従来のプログラミングによって開発する方法がある[6]。

---

2) 国土交通省自動車局平成 30 年 9 月「自動運転車の安全技術ガイドライン」参照。
3) 内閣府 2018 年 4 月 1 日「戦略的イノベーション創造プログラム（SIP）自動走行システム研究開発計画」。
4) 小木津武樹『「自動運転」革命――ロボットカーは実現できるか？』（日本評論社、2017）127 頁。
5) 財団法人交通事故総合分析センター「イタルダ・インフォメーション」No. 33。

AI技術、特にディープラーニングを利用する方法は、課題の答えは導出できてもその答えに至るロジックがわからず、危険性を識別できたとしても、新しい何かが出てきたとき、あるいは別のあたらしいところを発したときに、それを識別する保証がないとされている[7]。他方で、AI技術を利用しない方法は、アルゴリズムが極めてシンプルでわかりやすく、ソフトウェアの構造も小さい[8]ことから、事故が発生した場合の原因究明が比較的容易であり、自動運転の地域や路線を限定することで、開発コストの削減、開発期間の短期化に資する。

ただ、自動運転に関するレベル分けのうち、領域を限定せずにドライビングタスクをシステムが行うレベル5の完全自動運転をAI技術を利用せずに実現することは、現時点においては、技術的に不可能と思われる[9]。

そのため、海外のレベル5の自動運転車の開発を行う事業会社は、AI技術を利用した自動運転システムの開発を進めている。

b　機械学習・深層学習

AI技術の中でも、レベル5の自動運転システム実用化に用いられるAI技術は、ここ数年で急速に発展した機械学習および深層学習（いわゆるディープラーニング）を利用したものである[10]。

機械学習および深層学習を利用したAI技術は、急速に普及しつつあり、過去にAIに注目が集まった二度のブームを経て、今の時代は、第三次AIブームと言われている[11]。

機械学習と深層学習が急速に普及しつつある状況の背景には、3つの要因がある。すなわち、データから学習する機械学習・深層学習の手法の発展と、ImageNetをはじめとする大量（かつ良質な）学習用のデータセットが利用できるようになったこと、GPUという行列の計算を並列的に行う

6)　特にDr. ShashouaによるRSS-model（Responsibility-Sensitive-Safety）はさまざまなメーカーに採用されている。

7)　小木津・前掲注4）14頁。

8)　小木津・前掲注4）15頁。

9)　日経クロストレンド編・日本ディープラーニング協会監修『ディープラーニング活用の教科書――先進35社の挑戦から読むAIの未来』（日経BP社、2018）202頁。

10)　日経クロストレンド・前掲注9）204～205頁。

11)　松尾豊『人工知能は人間を超えるか――ディープラーニングの先にあるもの』（KADOKAWA、2015）61～62頁。

処理装置がクラウドコンピューティング等により普及したことである。

機械学習と深層学習には、それぞれさまざまな学習手法が存在し、日々新たな手法が開発されているところである。また、技術的な詳細は、自動運転の法と実務を理解する上では、不必要なところもある。そこで、ここでは、自動運転の法と実務を理解する上で、必要最低限の範囲で、機械学習と深層学習にどのような違いがあるかを説明する。

(i)　機械学習

機械学習は、データから学習をすることを可能とした手法である。これは、第二次AIブームの際にエキスパートシステムと呼ばれていたAI技術とは大きく異なる。第二次AIブーム当時のAI技術は、人間が社会における知識をプログラミング言語でコンピュータに入力することで、知識ベースで一定の出力を行うエキスパートシステムというものであった[12]。

これに対し、機械学習によるAIの生成は、AIに学習させるための生のデータを用意するところから始まる。

生データから、欠損値を除去したり、恣意的なデータを取り除いたりと、選択・加工することで、データベース化し、学習用データとして形を整える。この学習用データを学習用プログラムに学習させることで、学習済みモデルが生成される。

たとえば、一定の数値を予測する回帰アルゴリズムを利用する場合、エキスパートシステムであれば、人間が特徴量とその重み付けを設計し、プログラムしていたのに対して、機械学習の場合、人間は特徴量の設計をするだけで、各特徴量の重み付けは、学習用データを学習用プログラムに学習させることで、コンピュータが行う[13]。このコンピュータが学習用データから学んだ重み付けを、学習済みパラメータという。学習済みパラメータはあくまで重み付けの数値に過ぎず、それだけでシステムとして稼働するものではない。

そこで、一定の入力に対し、一定の出力を返す推論プログラムに学習済みパラメータを組み込む必要があり、これが学習済みモデルとなる。

その意味で、機械学習は、統計を基礎とする手法であり、学習用データ

---

12)　松尾・前掲注11) 87頁。
13)　松尾・前掲注11) 125頁。

に近いものは比較的予測可能であるが、学習用データに含まれていない異常値に対しては適切な予測が行えないし、実際に異常値が入力された場合に、どういう出力がなされるか完全に予測することができない（説明ができない）という欠点がある。

(ii)　深層学習

深層学習とは、機械学習においては人間が特徴量の設計を行っていたのに対し、特徴量の設計すらもコンピュータが行う手法である。この意味で、深層学習は、機械学習という手法の一部である。

もともとは、人間の脳神経回路をモデルとしたニューラルネットワークを応用した学習方法であり、ニューラルネットワークを幅を広く、多層化したディープニューラルネットワークを利用して、複雑な解析を行うことを可能にした。

深層学習を利用すれば、人間が特徴量を設計することが困難な問題に対しても、入力とこれに対応する出力、しかも人間が設計するよりも優れたモデルを実現することができる。学習用データを学習させれば、その学習用データに応じた出力結果が出てくることから、これをエンドツーエンド（End to End）学習と呼ぶこともある。データ量の増加に伴い精度を向上させることができる点が利用するメリットであるといわれている。

しかしながら、特徴量の抽出とモデル化をすべてコンピュータに委ねてしまうことにより、そもそもどうしてその特徴量を選択したのかが不明で、説明することができない上に、どういう出力がなされるかを完全に予測することができない（説明ができない）という欠点がある。

(iii)　欠点の克服に向けた動きとAI技術の利用可能性

機械学習も、深層学習も、上記のとおり、すべての出力結果の理由を説明できないという共通する欠点があることから、自動運転をはじめ、医療、金融、司法その他の透明性が求められる領域での導入に問題があると考えられている。

そのため、重要な特徴を提示する、重要な学習データを提示する等、欠点を克服する研究が行われている。

政策論的には、説明ができない技術であっても、社会的効用がそれを上回り、社会的に受容されるのであれば、利用することが許される余地もあり得る。

翻って見れば、人間が事故を起こした際の不注意についての説明も、事故がわずか一瞬の出来事であるにもかかわらず、後から振り返ってもっともらしい不注意の過程を説明する一種のフィクション（擬制）と言えなくもない。このことからすれば、人間が納得する説明ができなかったとしても、AI 技術による認知、判断、操作が、客観的状況下において想定される人間の事故発生率よりも低い事故率の範囲内に収まり有用性が示されるのであれば、その利用が許される場合もあると思われる。

(3) 自動運転における AI 技術の適用

運転行動の 3 要素に従って、どのように AI 技術が適用されているかについて検討する。

a 認　知

運転行動における認知とは、人間の五官、すなわち視覚や聴覚等によって自車および自車の周囲の状況を把握することを意味する。

自動運転車における認知の対象としては、自車の位置、自車の状態および自車の周辺情報がある。

この中で、自車の位置情報については、GNSS（衛星性測位システム）や、標識、自車の進行ライン、道路の路面・車線情報、路側縁といった情報から構成される高精度三次元地図情報と、それに動的情報[14]、準動的情報[15]、準静的情報[16]を付加したダイナミックマップが利用され、地図上の自車位置の推定に AI 技術が利用されることになる。また、補助的に光学カメラによる車線の認識も利用される。

自車の状態については、車体に取り付けられた速度センサー、加速度センサー、ジャイロセンサー等の各種センサーによって把握されることになる[17]。

14）周辺車両や歩行者情報、進行情報等の ITS 先読み情報をいう。
15）事故情報、渋滞情報、交通規制情報、道路交通情報、狭域気象情報等をいう。
16）交通規制予定情報、道路交通予定情報、広域気象予報情報等をいう。

自車の周辺情報については、車車間通信、路車間通信、歩車間通信や、上記ダイナミックマップを利用するほか、近接車両、障害物、歩行者、移動体の検知、関係性把握、巻き込みの検知が行われることになる[18]。これらの検知には、主に遠くにある物体を検知するミリ波レーダー、近くにある物体を検知するレーザーレーダー（LiDAR)、車線に進入してくる物体を検知する超音波センサー、そして光学カメラが利用される[19]。

認知におけるAI技術は、これらのセンサー類からの情報から、歩行者や自動車、信号、標識、走行可能領域等を識別する際、危険を予測する際、自車・他車の車線変更の可能性を予測する等の認識した物体の行動を予測する際に利用される。

機械学習による物体の識別[20]には、クラス分類・位置特定のアルゴリズムが用いられることになるが、人間、信号機というようにそれぞれの物体を識別する多値分類の場合もあれば、車かどうかということだけを識別する二値分類の場合もある。多値分類の場合には、分類の結果は確率論的になることから、1位の候補のみを採用し、確信度が低いものについては無視するといった処理がなされる。

ここで問題となるのは、AI技術を利用した物体検知を行う上で、未検出を防ごうとして閾値を低くすると、誤検出も増えるトレードオフが生じやすくなることである。誤検出が増えれば、自動運転システムによる円滑な道路交通が難しくなるが、他方で誤検出を防ぐために閾値を上げることで、未検出が発生し、これにより事故が生じる可能性も出てくる[21]。具体的には、画像から歩行者を認識させた結果、歩行者として識別されたものはすべて歩行者であったが、当該画像中に、検出されなかった歩行者がいた場合、適合率は高いものの、再現率が低いことになる。他方で、歩行者として識別されたものの中に、歩行者ではない物があったが、歩行者はすべて

17）小木津・前掲注4）128頁。

18）ダイナミックマップの情報が誤っていた場合には、情報提供者としての責任が追及されることになる。詳しくは、小塚荘一郎「自動車のソフトウェア化と民事責任」藤田友敬編『自動運転と法』（有斐閣、2018）236頁以下参照。

19）小木津・前掲注4）128頁。

20）すべての物体を矩形で位置特定を行う物体検知と、ピクセル単位で特定するセグメンテーションがあるが、計算コストをどれだけかけられるかという問題もある。

21）適合率（Precision）と再現率（recall）の調整は、各社がそれぞれ独自に調整をしている。

検出されていた場合、再現率は高いが、適合率が低いことになる。

結果として、未検出が原因で事故が発生すれば、閾値の設定を調整していれば、事故が防げたはずだという議論が出てくる可能性があり、予見可能性を否定しきれない以上、技術者の過失が問擬されるリスクが残る。バランスの問題ではあるが、国による適切な安全基準の策定により対応すべき事項と思われる。

また、危険・行動の予測に関しては、機械学習を用いたAI技術の場合、学習用データセットに予測精度が依存することから、例外的な事態にどこまで対応が可能かという点で、性能保証をすることが困難という問題点がある。

実際にアメリカで発生した自動運転車の事故においては、センサーで検知した物体のうち、無視して良い物体かをソフトウェアで判定していたところ、無視して良いと判断する方向、すなわち急ブレーキがかかりにくい方向で、感度が低く設定されていたことに原因があるとされている[22)]。

b 判　断

運転行動における判断とは、認知した状況を基礎として、どのような操作を行うかを決定することを意味する。

自動運転車における判断の対象としては、時間的場所的に比較的短いスパンでの走行経路（ドライビングパス）を生成し、操舵および加減速の制御量の算出を行うことになる。

判断および制御におけるAI技術の利用は、認知した情報を基にドライビングパスの生成、操舵および加減速の制御量の算出に利用される。具体的には、モデル予測制御や、行動モデルと強化学習の組合せが用いられる。また、危険・行動の予測をふまえた状況判断に関しては、ルールベースのAI技術との組合せによる相互補完的な状況判断も提唱されている。

この点について、「判断」における人の運転の再現方法について、モデル化すべきドライバーの判断が、熟練した運転スキルを持つドライバーのものかどうか、事故を引き起こさないものであるか等、学習用データに適した「判断」の評価基準をどう設定するかという問題がある。

22） https://www.theinformation.com/articles/uber-finds-deadly-accident-likely-caused-by-software-set-to-ignore-objects-on-road

また、「判断」は、単に「判断」だけ独立に存在しているのではなく、前段階である「認知」や、後段階で「制御」することになる車体性能に応じて、どのような運転が最適かが変わりうるため、特定の熟練ドライバーの運転を、何ら調整することなく、そのまま自動運転で再現することは技術的に難しいとされている。

さらには、交通ルールが変更になっても、判断の内容は変わるため、その都度、再学習または調整が必要になる。

その上、「判断」に関するテスト環境下における性能は、当該テスト環境下における性能を意味するに過ぎず、実際の走行状況におかれた場合に、認知、各車両性能、交通ルールの変更等に応じて、その場その場で微調整をすることは学習済みモデルの生成時以上に技術的に困難と思われる。

このように、判断についてAI技術を利用した場合には、誰の運転技術を学習用データとしたか（すべきか）という評価基準、学習済みモデルの調整それぞれにおいて、事故が起こりうる可能性をゼロにはできず、予見可能性を否定しきれないため、技術者の過失が問議されるリスクがある。

このリスクを解決するためには、シュミレーション上のテスト[23]およびテスト走行により、一定の基準をクリアした場合には、適切な「判断」が可能な学習済みモデルであるという基準が設定される必要があると思われる。

c　認知、判断および制御

認知から制御までに利用されるAI技術として、エンドツーエンドでの深層学習がある。これは、車載カメラの画像から認識される物体、車線、歩行者、障害物と、車体側の速度、アクセルおよびブレーキの角度、操舵角を学習することで、画像のどこの部分に着目してどの程度車体を操作するかを自動化するものである。

ここでの問題点は、どのようなドライバーの判断および制御を基準とするかということに加えて、人間による特徴量設計が行われないことから、事故が発生した際に、なぜそのような挙動をしたのか理由が不明であると

23）　3DCGによる学習は、画像または点群データによるシュミレーションと比較して、実際の道路状況等を反映するものではないため、実際の自動走行に役立つ学習済みモデルの生成には向かないと思われる。

いうことと、特定の学習済みモデルに事故を発生させる原因があることが判明した場合に、当該学習済みモデルを改良するために、追加学習という手法で対応できるのか、追加学習させることでこれまでできていた操作ができなくなる可能性が残るという点を含めて、追加学習用の学習用データセットをどう確保するかということである。

深層学習を用いたAI技術に関して、社会的な有用性よりも透明性が優先される限り、事故発生時に説明が可能な状態にならなければ深層学習を用いた自動運転車を日本で走行させることは困難であると思われる。自動運転車の事故に関して、第一次的には、保険会社が損害賠償金を支払い、これを自動車メーカーに対して求償することになると思われるが、深層学習を用いた場合、同種の事故が同一の自動運転システム下で複数発生しない限り、当該事故の原因が、自動運転システムの瑕疵によるものであることを立証することも、きわめて困難であると思われる。

この点で、説明できる AI（XAI：Explainable AI）ということで、学習履歴を保存し、学習済みモデルの判断根拠を説明できるようにする技術も開発の途上にあり、その発展が待たれる。

d　データフュージョン

運転行動の３要素以外に、自動運転特有の問題として、認知段階における各センサーから得られるデータフュージョンの問題がある。

各センサーは、非同期で情報を取得する。その中で適切な判断・制御を行うためには、得られる１秒当たりのフレーム数、情報取得までの期間等が異なる情報を、２次元の情報と３次元の情報を３次元のマップ上で時間的空間的に整合するように融合させる必要がある。

当該機能が学習済みモデルの推論プログラムの一部に組み込まれている場合には、データフュージョンにおける障害が、学習済みモデルによる認知または判断に不具合を発生させることになる。この場合、学習済みモデルの実運用に係るデータ入力に不具合があることになる。

e　HMI

レベル４、５の自動運転車に対するロングレンジのドライビングパスの生成に当たっての指示や、レベル３の権限委譲に備えたドライバーの状態検知や、ドライバーの疲労度を検知する場合にも、音声認識や画像認識といったAI技術が利用されている。

2　AI（学習済みモデル）の生成と学習用データ

⑴　概　　説

機械学習または深層学習を利用した学習済みモデルの生成のためには、膨大な量の学習用データが必要不可欠である。学習用データの種類は、生成される学習済みモデルの目的に応じてさまざまであるが、法的な規制との関係では、日本においては、およそデータ一般に関する取扱いを定めた法律は存在しないため、原則として自由な利用が可能である。

もっとも、日本においては、個人情報の保護に関する法律（以下「個人情報保護法」という）、著作権法、不正競争防止法、電気通信事業法等の保護の対象となっているデータについては、各法律の規制に応じた処理が必要になる。また、日本法以外であっても、たとえば、EU経済圏内からの個人データの取得に関しては、EUの一般データ保護規則の域外適用や、中国の個人情報については中国のインターネット安全法の問題があるため、学習用データを日本国外から提供を受ける場合には、各国の法規制に応じた注意が必要である。

⑵　個人情報に該当する学習データ

a　定　　義

個人情報とは、個人情報保護法2条に規定されており、生存する個人に関する情報をいい、当該情報に含まれる氏名、生年月日その他の記述等により特定の個人を識別できるもの（他の情報と容易に照合することができ、それにより特定の個人を識別できるものを含む）（同条1項1号）、個人識別符号を含む情報（同項2号）がこれに該当する。個人識別符号には、指紋や顔の画像も含まれるとされている（個人情報保護法施行令1条1号）。

また、人種、信条、病歴、健康診断の結果等のようにセンシティブなデータについては、要配慮個人情報とされる（個人情報保護法2条3項)。たとえば、緊急時の自動停止を実現するために、ドライバーの状態を検知するために、何らかのセンサーを用いてドライバーの身体の情報を取得するような場合には、明示的な同意を得る必要がある（同法17条2項)。

また、個人情報のうち、個人情報データベース等を構成する個人情報を個人データと定義し（個人情報保護法2条6項)、その取扱事業者に対して、データ内容の正確性の確保や、第三者提供を制限する等の義務を課している（同法19条以下)。

b 規　　制

(i) 利用目的の特定

① 個人情報を取得して利用する個人情報取扱事業者は、個人情報の利用目的をできる限り特定し（個人情報保護法15条1項)、その取得に際して、対象者本人に利用目的を通知、公表し（同法18条)、その目的達成の必要な範囲内で取り扱う義務がある（同法16条)。

そのため、個人情報を学習済みモデルの作成に利用するためには、その取得時に、学習済みモデルの作成に利用するという目的の通知・公表が必要になる。

② なお、画像認識の学習済みモデルを生成するに当たっては、個人を特定する目的以外の目的で公共空間に向けられたカメラ画像を利用することになる。

日本においては、2018年3月にIoT推進コンソーシアム・データ流通促進ワーキンググループが、すでに公表していた「カメラ画像利活用ガイドブック」の改訂版を公表しているが、同ガイドブックは、個人情報保護法により守られるべき範囲よりも広く、プライバシー保護の観点で考慮すべき範囲があるとして、事業者に対し、強制ではないものの、配慮が求められるとしている。

同ガイドブックは、基本原則、事前告知時の配慮、取得時の配慮、取扱い時の配慮、管理時の配慮と、配慮事項を組み込んだ適用ケースを記載しているところ、そのうちのひとつとして、タクシー事業者の車内に公共空間に向けたカメラを設置し、町中の看板・交通標識、および道路の混み具合を識別し、これらの情報を抽出した後、速やかに撮影画像を破棄するものが取り上げられている。

当該適用ケースでは、人物の特定に至らない解像度での運用、および人物と判断した領域をアイコン化する想定となっているが、人物の特定が可能な解像度での人物形状の計測および個人の写り込みが発生しうる風景画像の取得に関しても、個人情報を生成しないということであれば、同様に考えることができると思われる。

③　ここで問題となるのが、以前から保管していた個人情報を含むデータを学習済みモデルの生成に利用する場合に、データ取得時には当該データを学習済みモデルの生成に利用することを想定していなかったため、本人に対して利用目的を通知・公表していなかった場合や、利用目体の範囲外となる場合である。

これについては、個人情報保護法の匿名加工情報制度(同法2条9項)を用いることにより利用することを検討することになる。

また、従前の利用目的との関係で「変更前の利用目的と関連性を有すると合理的に認められる範囲」では利用目的の変更が可能であるため（個人情報保護法15条2項)、利用目的の変更によって解決できる場合もある。

(ii)　第三者提供の制限

個人データが、学習済みモデルの生成に利用するデータに含まれている場合、第三者に個人データの取扱いを委託するときや、一定の要件の下で、グループ企業間で共同利用するとき等を除いて、当該データを社外の第三者に提供するためには、原則として本人の同意を得る必要がある（個人情報保護法23条)。

たとえば、走行データ中にドライバーの個人情報が含まれている場合には、これを保険会社等に提供するためには、本人の同意を得る必要がある。

タクシー会社が自社のアプリを利用しているユーザーに対して、タクシー利用後の位置情報を無断で取得していた事例も起きており、注意が必要である。

バス等の公共交通機関が車内から外を撮影した画像を、高精度3D地図を生成する事業者に対して提供する場合、人物の特定ができない状態にして提供する等の配慮が求められると思われる。

⑶　個人情報以外の学習用データ

a　種　　類

個人情報以外の学習用データについては、著作物、営業秘密、限定提供データが考えられる。

b　著 作 物

著作物とは、思想感情の創作的表現をいう（著作権法2条1項1号）。

自動運転の学習済みモデルの作成に利用される可能性があるものとしては、走行に伴って収集されるセンサーからの各種データがあるが、数値については、思想感情の創作的表現に該当しないため、著作権法による保護は困難である。

また、学習用データセットとして整えられた後であっても、各種センサーの存在を前提とすると、創意工夫を発揮する余地があるとは考えにくいため、データベースの著作物（著作権法2条1項10の3号）には該当しないものと思われる。

なお、学習済みモデルを生成するために、3Dデータ化されたシミュレーション用のデータは、ゲーム画像と類似のものであり、著作物として保護されるものと思われる。

c　営業秘密

営業秘密とは、秘密として管理されている生産方法、販売方法その他の事業活動に有用な技術上または営業上の情報であって、公然と知られていないものをいう（不正競争防止法2条6項）。

さまざまな道路状況での走行データについて、事業者内で蓄積され、秘密として管理され、外部に公開されていないものについては、営業秘密に該当することになる。

d　限定提供データ

ビッグデータを保護するために不正競争防止法の平成30年改正により、2019年7月1日より新たに保護をする情報として定められたもの（同法2条7項）であり、業として特定の者に提供する、電磁的方法により相当量蓄積される、電磁的方法により管理されるという3つの要件を満たす場合には、これを侵害する行為に対して差止め（同法3条）等を行うことが可能となった。

これについては、さまざまな道路状況での走行データについて、蓄積したものをパスワード等を設定した上で、データ購入者や業務委託先、コンソーシアム内の企業等に提供する場合には、限定提供データとして保護されることになる。

3　出荷時のAIの性能保証・瑕疵・欠陥

(1)　外注時（開発契約と権利帰属）

自動車メーカーが、自動運転システムまたは自動運転システムに利用される学習済みモデルを外注する場合、当該システムまたは学習済みモデルの開発委託契約の締結が必要になる。

機械学習または深層学習を利用したAI技術による学習済みモデルに関しては、その性能はデータに依存するところが多く、従来のウォーターフォール型のシステム開発ではなく、アジャイル型のシステム開発のように、学習済みモデルの生成、テストデータによる検証、学習用AIプログラムやデータの修正といった作業が繰り返される。このため、あらかじめ学習済みモデルの精度を予測することは困難である。

そこで、契約ガイドラインは、①アセスメント、②PoC、③本開発、④追加学習に契約の段階を分けて、それぞれで徐々に学習済みモデルの精度を高めていくという探索型かつ段階的な契約を前提にしている。

a　AI開発契約の法的性質

学習済みモデルの開発契約は、上記のとおり、探索的段階的に契約が進んでいくものであり、最終的な成果物を契約時に想定できないということから、契約ガイドラインにおいては、その契約の法的性質は仕事の完成を目的とする請負契約（民法632条）ではなく、準委任契約（同法643条、656条）に親和的であるとされている。

しかしながら、自動運転車のシステムとしては、交通事故の削減も目的とされるところ、各機能の予測精度が重要であること、また画像認識や危険予測等には教師あり学習が利用されること、段階的な契約を締結し、本開発前には、PoC（Proof of Concept）が行われており、ある程度本開発についても見通しが立っていることから、納品時にテストデータによる精度について合意することは可能であると思われる。この場合、契約ガイドラインとは異なり、請負契約ということで契約を締結することになる。

b　性能保証

機械学習または深層学習を利用した学習済みモデルの開発は、契約締結時には、最終的な成果物を想定できないことから、契約ガイドラインにおいては、その性能を含めて何ら保証ができないという前提となっている。

しかしながら、上記のとおり、教師あり学習を利用した場合には、テストデータによる精度の検証が可能となっていることから、納品後の実運用段階では新たなデータに対応できないとしても、少なくとも納品時の精度について合意をすることは可能である。

c　権利帰属と利用条件

(i)　権利帰属

機械学習および深層学習を用いた学習済みモデルの生成に当たっては、生データを学習用データセットに選択、加工した上で、学習用のAIプログラムに学習させることで、学習済みモデルを生成することになる。

学習済みモデルは、機械学習の場合には各特徴量の重み付け、深層学習の場合には、各ニューロン間の重み付けである学習済みパラメータと、推論プログラムを組み合わせたものである。

また、各過程におけるノウハウも重要な知的財産である。

これらについて、開発を委託する場合には、権利帰属および利用条件の設定が問題になる。まず、ここでは原則的な権利の帰属について概観する。

①　生データ

生データのうち、センサーが収集した事実それ自体のデータは、単なる数値に過ぎないため、著作物に該当しない。そのため、著作権法による保護の対象外となる。他方で、写真・動画については、著作物性があることになり、著作権が発生する。

また、営業秘密または限定提供データに該当すれば、不正競争防止法により保護される

②　学習用データ

生データと同様に、事実に関する数値については、著作権法の保護の対象外であるが、個々のデータに著作物性が認められれば、著作権が発生し、同法により保護される。

加えて、収集・加工したデータセットが、情報の選択または体系的な構成をすることにより、データベースの著作物（著作権法12条の2）に該当すれば著作権が発生するため、同法の保護を受けることになる。

また、営業秘密または限定提供データに該当すれば、不正競争防止法により保護される。

③　学習用プログラム

発明の要件を満たせば特許を受ける権利の対象となる。当事者間で合意がない場合、プログラムを開発した者が特許を受ける権利を保有することになる。

その上、プログラムの著作物（著作権法10条1項9号）に該当すれば、著作権が発生する。これについては、創作した者に著作権が帰属する。

また、営業秘密に該当すれば、不正競争防止法により保護される。

④　学習済みモデル

学習済みモデルについて、権利の帰属が問題になる場合には、学習済みモデルに何が含まれるかについて、当事者間で共通認識を持つ必要がある。すなわち、生データ、学習用データ、学習用プログラム、推論プログラム、学習済みパラメータ、追加学習をしたことにより生成される派生学習済みモデルのどこからどこまでを含むのかという点を明確にしておかなければ、納品後に紛争が生じることになる。

学習済みモデルについては、発明の要件を満たせば特許を受ける権利の対象となる。プログラムを開発した者が特許を受ける権利を保有することになるが、これは学習済みモデルの生成に必要な生データや学習用データを他の者が提供したとしても変わらない。

学習済みモデルも、プログラムの著作物に該当すれば、著作権が発生し、著作権法による保護を受ける。これもプログラムを創作した者に著作権が

帰属し、他にデータ提供者がいたとしても、変わるものではない。

また、営業秘密に該当すれば、不正競争防止法により保護される。

⑤　学習済みパラメータ

学習済みパラメータは、学習用データを学習用プログラムに学習させることによって自動的に生成された数値であり、特許を受ける権利も著作権も発生しない可能性が高いが、営業秘密に該当すれば同法により保護されることになる。

⑥　ノウハウ

特許法上の発明の要件を満たすノウハウであれば、特許を受ける権利の対象となる可能性がある。

また、営業秘密に該当すれば、不正競争防止法により保護される。

(ii)　利用条件

権利帰属について受発注者間で合意形成ができない場合、学習済みモデルの利用範囲、追加学習の有無、第三者に対する開示、提供、利用許諾等を考慮して、利用条件を設定することになる。

d　損害賠償責任

AI開発においては、①開発契約の履行に際して生じた損害についての責任、②成果物である学習済みモデルの使用により生じた損害についての責任、③成果物である学習済みモデルの使用によって第三者の知的財産権を侵害したことにより生じた損害についての責任があり得る。

もっとも、①開発契約の履行に際して生じた損害についての責任については、通常のシステム開発と異なるところがなく、③については、オープンソースが利用されている場合には、第三者の知的財産権の侵害がないことを表明保証することも困難と思われる。

第三者に損害を生じさせた場合の責任については、本書の民事責任に関する第Ⅰ部第1章および刑事責任に関する第Ⅲ部第1章を参照していただきたい。

なお、契約ガイドライン上は、学習用データ、学習用プログラム、推論プログラムを含め、事故の原因を確定するのが困難であり、そもそも学習済みモデルの挙動を正確に予見できないことから、故意・過失が否定されるとされ、原則としてベンダが責任を負わないこととされている。

e　他社開発 AI 利用時との比較

次項で検討する他社開発 AI 利用時と比較した場合、AI 提供会社が、一定の性能保証および賠償責任を負うことは避けられないことからすれば、自動運転車に関する AI 開発も、一定の性能保証および賠償責任を負う請負型の契約にならざるを得ないと思われる。

そのため、どのように性能保証を行うのかが問題となるが、型式認証を満たすという形での性能保証になると思われるため、今後 AI 技術を利用した自動運転システムの型式認証基準がどうなるのかによることになる。

⑵　内製時または利用時

車体メーカーが AI を内製した場合には、車体の購入者に対する AI の性能保証、事故時の責任が問題になるが、性能保証については出荷時の型式認証および検査の問題であり、事故時の責任については、保険会社からの求償の問題となり、第Ⅱ部第１章を参照していただきたい。

また、車体メーカーが、他社が開発した AI の利用許諾を受けて利用する場合、当該利用許諾における性能保証、利用条件および賠償責任の定め方により、権利関係が変わってくるが、車体メーカーとしては、グローバルに見て製造物責任法に基づく責任追及のリスクがある限り、利用許諾における免責規定等を受け入れることはないと考えられることからすれば、AI 提供会社は、一定の性能保証および賠償責任を負うことは避けられない。

4　学習済みモデルの認証とアップデート／継続学習

⑴　学習済みモデルの認証とアップデート

AI 技術を利用した学習済みモデルは、学習した学習用データを前提に、一定の学習済みパラメータによって特定されることになる。そのため、学習用データに追加変更があれば、学習済みパラメータも変更されることになる。

そのため、出荷後に蓄積されたデータを学習用データとして、さらに学習させた学習済みモデルは、出荷時の学習済みモデルとは異なるものとなる。これをアップデートさせる場合、保安基準をどのように考えるべきか、また、自動運転車の所有者に対して、アップデートの義務を課すか、サイバーセキュリティの観点から、誰にどのような態様でアップデートを行わせるべきか（常にアップデートを受信できる状態を最低限の消費電力で維持し、始動している以外の時間帯でアップデートさせるか、販売店や車検場でオフラインでアップデートさせるか等）、という点について、今後の議論が必要である[24)]。

(2)　継続学習

また、学習済みモデルが出荷時に認証を受けたとしても、ドライバーによる自動運転の利用態様に関する情報をふまえて、出荷後も個々の自動運転車が学習済みモデルを更新する場合、基本となる安全性に影響が出ない範囲でのみ、継続学習が行われる仕組みとする必要がある。

（後藤　大）

24）　この問題については、小塚・前掲注 18）227 頁以下が詳しい。

第2章　自動運転車の社会的意義と社会実装時のルールについて

1　はじめに

自動運転車は、自動車であるとともに、システムで稼働するロボットの発現形態の一つとしての側面を有する交通手段である。

すなわち、誤解を恐れず表現するのであれば、自動運転車は、道路法に基づき整備をされた道路上を走行するという側面では自動車であるものの、GPS情報やカメラ・センサー情報・信号情報など収集された情報を車内外のAIで解析・処理をし、3D化された地図情報に乗せて、自身の進行を決定して走行するロボットであるという特徴を有する。

この3D化された地図情報の上を走行するという意味では、軌道車類似の性質を有しているロボットであるということも間違いではないと考える。この軌道車類似の性質は、磁気マーカー上を走行する自動運転車であれば、路面上にも表現されている。

また、自動運転車は、システムで自律的に稼働するロボットである以上、今までの自動車と異なり、リリースした段階で、完全な機能を担保することが非常に難しい。そのため、リリースした段階では、一定の機能を実装したうえ、使用過程段階で不完全な部分を修正する必要が生じる可能性がある。反面、リリース段階で機能の上限が設定されてしまう現在の自動車とは異なり、技術の向上に伴うパーツの変更やシステムの更新によって、使用過程段階でも性能の向上を図ることが可能になる。

以上のような特色を有する自動運転車は、搭載された各種センサー類や制御装置のスペック、時には利用する通信システムの通信速度などによる機能限界が存在することが現時点で想定されている。

しかしながら、自動運転車は、人が不完全ながらも操縦をしている自動車よりも安全性が必ずしも低いというものではない。人の運転では、運転者の年齢による能力の減退、感情の浮き沈みや体調の不良などによっても制御が不安定になる事態も想定されるうえ、見落としなどのヒューマンエラーも発生する。場合によっては、あえて危険な運転をする人も存在している。交通事故の発生原因の大部分は、このような「運転者に起因するもの」（ヒューマンエラー）によるものである。

自動運転車には、このようなヒューマンエラーが発生する可能性は皆無であり、自動運転の実用化によりヒューマンエラーに起因する交通事故が大幅に削減されることが期待されており、人の運転よりも優れた側面を有する場面がある。

このように、人による制御と自動運転車による制御では、得手不得手というべき差異が存在しており、自動運転車を許容する社会では、移動手段の選択肢が増えることにより利便性が向上する反面、社会が自動運転車の不得手な部分をカバーするようにルール変更を受容せざるを得ないものと考えている。

この受容過程は、自動掃除機が家庭内に普及するにつれ、自動掃除機の機能限界をベースに、家庭内にある家具の配置や家具の高さなどを規定する事態に類似するものである。自動掃除機は優れた利便性を有するものの、その機能には限界があり、毛足の長い絨毯や段差のある家具、一定の高さがない部分には入り込めず清掃を行えない。しかしながら、その機能限界が存在するにもかかわらず、自動掃除機は普及をしており、人々は、自動掃除機により発生した利便性を享受するため、その機能限界を認識したうえで、機能限界をふまえた工夫をすることを受容しているのである。

本稿では、自動運転車が普及することに対する社会的受容性に関する工夫と自動運転車を受け入れることで享受できるであろう未来像の一端を示すことができればと考えている。

2　模擬裁判【事例5】を通じた考察

(1)　模擬裁判のシナリオについて

明治大学自動運転社会総合研究所で行われた模擬裁判については、すでに第Ⅰ部第1章で紹介をしているが、その内レベル4の自動運転バスを取り扱った事例5について、特に敷衍したい。

本事例は遠隔監視型の自動運転バスを想定した事故事案であり、一連の事故としてはバス会社に対する自動車損害賠償保障法上の運行供用者責任等の追及が行われることになる。一連の事故を事象ごとに分析をした場合、バスと幼児が衝突した第1事故と管制センターの監視員が運転再開の判断をしたため発生した第2事故とに分析でき、前者ではバス会社の運用供用者責任、バスの運行を監視していた監視員の過失責任、自動車メーカー、自動車に搭載された部品メーカーの民事責任関係、後者では、バス会社の運行供用者責任、バスの運行再開を判断した監視員の過失責任を巡る民事責任関係に分けて考察することができる。

模擬裁判そのものは、①第1訴訟として、幼児側が、バス会社・管制センター監視員に対して提起した損害賠償請求訴訟、②第2訴訟として、バス会社の加入する保険会社が、保険代位に基づき、自動車メーカーおよび瑕疵が存在したと想定される部品を製造した部品メーカーに対して提起した求償訴訟[1)]という2つの裁判[2)]を通じて行われた。

---

1)　平成30年3月国土交通省自動車局から出された「自動運転における損害賠償責任に関する研究会報告書」において、「自動車ユーザーや自動車メーカー等の適正な責任分担のために、保険会社等による自動車メーカー等に対する求償権行使の実効性確保に向けた検討が必要である。」という記載がなされた問題意識と同様の問題意識に基づくものである。

本事案では、保険会社による求償訴訟が具体化しない場合、自動車メーカー等は、適正な保険料の負担を免れることになるため、具体的な求償訴訟を検討した。

ただし、すべての事故に関して求償訴訟を行なった場合、事故処理に多くの社会的な資源を投入することが必要になるため、保険会社間でコンソーシアムを組み、仲裁手続きを利用した簡便な事故処理方法を確立することや車種ごとの事故率などに基づいて加入保険会社間での損害調整の手続きを行うことなども検討されることも一考ではないかと考えている。

⑵　模擬裁判を通じて検討

自動運転車をめぐる社会受容性の向上を図るうえでは、事故当事者の紛争解決をできる限り迅速に図る紛争解決手段が必要であることは言うまでもない。

一方で、自動運転車の特性に合わせた社会ルールの設定や機能も必要になる。したがって、上記模擬裁判の事例を設定する作業を通じて、自動運転車の社会実装に当たって必要となると考えた装置などに関する検討を行う。

a　データ記録装置の存在について

車内で情報を保存するデータ記録装置については、「技術開発の方向性に即した自動運転の実現に向けた調査研究報告書（道路交通法の在り方関係）」（以下「報告書」という）において、「自動運転車の安全性を高めるため、その他のメーカーや国民が広く利用できるような仕組みの検討も必要であろう。」とされており、今後、データ記録装置に保存するべきデータの種類やデータ記録装置に対して保存するデータ形式、データ記録装置自体の強度などを標準化する努力がなされている。

上記模擬裁判の事例では、バス内に給油や充電までの最大航続距離・最大稼働時間を前提とした保存容量を確保したデータ記録装置が存在し、画像データ・制御データ・センサーデータなどの全データをいったん車内に記録する。そのうえで、車内に記録されたデータは給油時・充電時に管制センターに共有されたのち、事故原因の究明を目的として設立された独立行政法人のデータセンターにも保存されるとした。そのうえで、独立行政法人のデータセンターでは、プライバシー保護の観点から、一定の匿名化処理をしたのち、各自動車メーカーなどに対して、データを共有し、自動運転車の機能向上やサービス向上に利用しているという設定を行った。

これらのデータ利活用に関する設定は、医療分野に関し、「日本再興戦略2016—第4次産業革命に向けて—」が、「①ビッグデータ等の活用による診療支援・革新的創薬・医療機器開発（治療や検査のデータを広く収集し安全に

---

2)　事故の当事者間同士の訴訟と保険求償訴訟を分けることによって、事故の当事者間同士の紛争について、製造物責任という複雑な論点の発生する訴訟に巻き込まれ、被害者救済が遅延することを回避できるのではないかと考えた。

管理・匿名化する新たな基盤を実現)」という産業課題に対して、検討をしていた仕組みを自動運転分野にも応用しようと考えたものである。

医療分野では、「医療分野等の情報を活用した創薬や治療の研究開発の促進に向けて、治療や検査データを広く収集し、安全に管理・匿名化を行い、利用につなげる「代理機関（仮称)」制度を検討する。その際、例えば「代理機関（仮称)」で収集された膨大なデータを活用して、医療現場にエビデンスに基づく診療支援を提供することが可能となる等、医療関係者や患者がメリットを感じられる仕組みとなるよう検討を進める。」とされており、自動運転車においても、機能向上や紛争解決を図るためのデータを確保するための仕組みが必要となると考えて上記設定をした。

この点、保存するデータの対象は、画像データ・制御データ・センサーデータなどの全データとしたが、これはデータが機能する場面が異なると考えたことによる。

すなわち、⑴「自動運転車」対「非自動運転車・自転車・歩行者などのセンサーデータを保有しない者」との交通事故事例においては、現在の交通事故処理と同様の事故処理が必要であり、主として車載カメラのデータを活用した紛争解決が必要になると考えた。

その理由は、⑴の場面では、仮に自車の制御データ・センサーデータしか存在しなかった場合、自車の制御状況の把握は可能であるものの、事故の相手方の挙動を含む事故の全体像の把握が困難となり、客観的な事実に基づいた紛争解決が図れなくなると考えたためである。

一方で、⑵上記交通事故事例において、保険会社からメーカーに対する求償事例では、製造物の機能に関する瑕疵が問題となることから、答え合わせ用の車載カメラのデータのほか、ブラックボックス内のセンサーデータを活用することが紛争解決において有用であると考えたことから、制御データなどの保存が必要であると考えた。

そのうえで、事故データ以外も保存することとしたのは、データの利活用を意識したことのほか、センサーの故障などの原因により、システムが異常な挙動を示していたにもかかわらず、運行を継続することによって事故が起こった場合の運行責任者の責任追及に利用できると考えたことによる。

また、上記模擬裁判では、「公益財団法人自動車事故仲裁センター」という架空の組織にデータが送信・保存される制度が存在することを前提にしている。その理由は、ブラックボックス内の保存では、原因究明に必要なデータが自動車メーカーなどの一方当事者に偏在してしまう可能性があり、データの収集やデータの客観性を保証するために、独立した第三者が保存することが公平に資すると考えたからである。このような第三者によって情報が保存され、情報解析が行われない場合、被害者によるデータ取得に対する困難性や情報解析に多大な費用が必要になるのではないかと危惧している。

b　運行管理センターを巡るルール

遠隔操作型の実証実験のルールについては、警察庁より、「遠隔型自動運転システムの公道実証実験に係る道路使用許可の申請に対する取扱いの基準」に示されており、「遠隔監視・操作者が、映像及び音により、通常の自動車の運転者と同程度に、実験車両の周囲及び走行する方向の状況を把握できること。」という厳しい条件が付加されている。

しかしながら、上記模擬裁判の事例では、現実のコスト面や実現可能性の観点から、管制センター担当者が、複数台のバスの運行を監視するという設定を行った。この想定を通じた考察から、運行管理センターを巡る複数の法的問題点が浮かび上がった。

すなわち、運行管理センターの運営を外部委託した場合や派遣社員を管制員に使用した場合、被害者がバス会社の他に、委託を受けた会社や場合によっては派遣元会社に対する責任追及をしていく事態も想定される。

さらに、技術的には、運行管理センターを必ずしも運行場所と近接した地域に設ける必要はなく、国外に設置することも可能であることが判明した。その場合、運行管理センターに対する訴訟は、渉外事案となることから、責任追及に困難な事態が招来する可能性も想定されるほか、管制員のミスによって事故が発生した場合の刑事事件の処理が困難な事態に陥るということも想定される。

c　障害物の高さについて

上記模擬裁判の事例では、バスの運行再開時に車体下部に入り込んだ幼児の右足首を轢過したにもかかわらず、自動運転車による制動がなされなかったという想定で行なった。

この想定は、自動運転バスは、一定の衝撃で緊急停止するという設定になることを想定しているものの、郊外を走行する自動運転バスでは、路面状況が必ずしも良好な状態で維持されているとは限らず、路面上に石や空き缶などの障害物が存在することも予想されることから、一定程度以下の衝撃では制動がなされない設定がなされることも想定されると考えた。

実際、自動運転車の実証実験段階では、路側帯に植樹された街路樹の枝が伸びていることによる接触、道路上の段差、道路上に石や空き缶などの障害物が存在することによって、自動運転車の走行が困難になっているとの報告がある。社会実装段階では、街路樹や雑草など、路面上に伸びた枝などの障害物の除去が課題になり、自動運転車と一定の細さの街路樹の枝との衝突を許容することや一定の大きさの障害物を乗り越えることは自動運転車の走行上必要となるのではないかと考えた。

自動運転車の普及段階では、車体下部へのセンサーおよびカメラ設置が困難なことを前提にした場合、どの程度の厚さならば乗り越えることを可能とする仕様にするのか、いかなる障害物との接触を許容し、運行を維持するのかなどが課題となるものと考える。

d　無人走行が可能となる自動運転車の制御ルールについて

国土交通省では、現在、次世代モビリティ（自動運転）の実現に向けた取組みとして、ラストマイル自動運転による移動サービス・中山間地域において道の駅等を拠点とした自動運転サービス・ニュータウンにおける自動運転サービスなどに関する実証実験を行われている。

上記模擬裁判の事例では、これらのサービスの実現を念頭に、営業終了後乗客が搭乗していない走行にもかかわらず、乗客等の保護を優先するプログラムが機能し、自動運転車は完全な急制動をしなかったとの設定をした。

自動運転車の場合、車外の人物のみならず、乗員（運転手を含む）もすべて製品の利用者であり、保護の対象とするべきは言うまでもないが、車外にいる歩行者などをも保護することが必要となる。

私見ではあるが、自動運転車では、車内に乗員が存在する場合、車外の人物と乗員のどちらを優先して保護するかということを考慮に入れて制御を行う必要があり、自動運転車が道路交通法に則った形で走行する以上、道路交通法に違反する挙動をしている車外の者より、利用者である乗員・乗客を保護することを優先したプログラムとする必然性が存在すると考える。

一方、車内に乗員・乗客がいない場合、車外の歩行者などの人命と自動運転車どちらを優先するかという判断となり、利益衡量としては、自動運転車という物に比して、車外の人命のほうが重要であることは明らかである。そのため、車外の人命保護が優先されるような制御を行うことが要求されるのではないかと考えている。

そうであるならば、レベル4を想定する自動運転車では、車内の乗員・乗客の有無を確認するシステムを搭載したうえ、車内の乗員・乗客の有無により、制御アルゴリズムを変化させる必要があるものと考えている。

3　社会受容性をめぐる基準について

(1)　ODDの設定について

自動運転システムが正常に作動する前提として、設計上の走行環境に係る特有の条件運行設計領域（ODD：Operational Design Domain）の設定を巡り、現在、盛んな議論がなされている。

国土交通省の「自動運転車の安全技術ガイドライン」[3]では、想定されるODD設定の要素として、道路条件（高速道路、一般道、車線数、車線の有無、自動運転車の専用道路等）、地理条件（都市部、山間部、ジオフェンスの設定等）、環境条件（天候、夜間制限等）、その他の条件（速度制限、信号情報等のインフラ協調の要否、特定された経路のみに限定すること、保安要員の乗車要否等）があげられている。

そのうえで、「レベル3以上の高度な自動運転システムは未だ開発段階の技術であり、あらゆる道路環境や気象条件等で自動運転車が完全に安全な走行が行える技術水準に至っていない。このため、個々の自動運転車が有する性能及び使用の態様に応じた運行設計領域（ODD）を定め、走行環境や運用方法を制限し、自動運転システムが引き起こす人身事故であって、合理的に予見される防止可能な事故が生じないことを確保する必要がある。」と規定されている。

3)　http://www.mlit.go.jp/common/001253665.pdf

上記基準が示す点で、重要な点は、「個々の自動運転車が有する性能及び使用の態様に応じた運行設計領域（ODD）を定め」るとして、各自動車メーカーに運行設計領域（ODD）の設定が委ねられていることである。

この点、平成30年度警察庁委託調査研究である「技術開発の方向性に即した自動運転の実現に向けた調査研究報告書（道路交通法の在り方関係）」[4)]によれば、ODDの設定要素として、各社から得た回答内容があげられている。各社からの回答では、ODDの設定要素は、「道路の種類（6主体：うち、自動車メーカー4主体、自動車部品メーカー1主体、その他研究機関・メーカー1主体）、道路構造（4主体：うち、自動車メーカー3主体、自動車部品メーカー1主体）、車両の速度（6主体：うち、自動車メーカー3主体、自動車部品メーカー1主体、その他研究機関・メーカー2主体）、天候（7主体：うち、自動車メーカー2主体、自動車部品メーカー2主体、その他研究機関・メーカー3主体）、地図等自己位置に係る情報の有無（7主体：うち、自動車メーカー3主体、自動車部品メーカー1主体、その他研究機関・メーカー3主体）等様々なパラメーターがあり、その組合せや設定は回答主体により異なっていた。」という状況にあるという。

以上のように、各社が異なるODDを採用している状況がいかなる状況を招来するのかを想像してみると、理論上は、道路の整備状況は各道路管理者によって一定となっていないにもかかわらず、メーカーが、国や都道府県の認可を必要とせず、地域住民の協力もなしに、国道や都道などの道路の種類などによって走行の可否を決定してしまう可能性がある。

無論、上記調査結果や「自動運転車の安全技術ガイドライン」、道路交通法改正などは、初めに高速道路における自動運転車の走行ということを念頭において検討していることから、上記のような表現になっているものと理解をしているが、一般道路での走行を検討するうえでは、道路整備の標準化のほか、地域住民などの啓蒙活動などを行うため、国や道路管理者による指定という要素が必要になるのではないかと考えている。

自動車の安全な走行を担保するためには、道路整備の水準、標識の設置方法のほか、歩行者や自転車の走行帯の整備の有無、他の交通参加者の予想される走行形態、各道路の交通流量の予測などの客観的な状況の検討が

4)　https://www.npa.go.jp/bureau/traffic/council/jidounten/2018houkokusyo.pdf

必要となることは言わずもがなであるが、社会受容性の観点からは、何よりも、交通ルールの遵守や自動運転車の走行への理解という地域住民などのリテラシー向上も必要不可欠の要素としてあげなければならないのではないかと考えている。

そのためにも、自動運転車の走行可能なODDの指定は、国や道路管理者主導で行われ、当該指定道路については安全な走行を担保するため、交通参加者の遵守すべきルール、ルール違反に対する処罰のあり方や指導方法についても、道路交通法に反映するなどしなければならないと考えており、今後の議論の成熟化を期待したい。

(2)　自動運転車にかかる表示装置について

「技術開発の方向性に即した自動運転の実現に向けた調査研究報告書（道路交通法の在り方関係）」において、自動運転中の車両であることを他の交通主体に対して、表示する必要があるかという問題が議論されている。

この点、私見では、自動運転車システム利用中の自動運転車では、他の交通参加者に対して、当該システム利用中であることを表示するHMIを整備し、他の交通参加者が自動運転車であることを理解する環境を用意しなければならないと考えている。

その理由は、2つあり、1つは自動運転車の性質からくるものであり、2つめは、他の交通参加者と自動運転車を調和させ安全性を向上させるためである。

自動運転車では、安全な走行を担保するため、車間距離を一定距離保つような設定がなされることが予想される。

しかしながら、車間距離を一定距離保つ設定をすることは、自動運転車の保っている車間距離に他車が侵入してきた場合、自動運転車が当該一定距離を維持するため、速度を低下させる必要性が発生し、自動運転車が開けた車間にさらに他車が侵入するなどを繰り返された場合、最終的には、自動運転車は停車するまで速度を落とすということになる。

当該事態が高速道路で発生した場合、危険な状況に陥ることは明らかである。実証実験中に、自動運転車へのいたずらが発生していることに鑑み、このような事態の発生を防止するためには、自動運転車であることを示す装置を設置したうえ、道路交通法において、他の交通参加者に対して、自動運転車に対して禁止される行為（幅寄せ禁止、割り込み禁止など）などを規定し、自動運転車の円滑な走行環境を整備する規制を整備すべきものと考えている。

また、自動運転車は、自らODDとして設定された条件を維持できない場合、レベル3であれば運転者への引き継ぎを行うが、レベル4では停車をすることとなる。

他の交通参加者の安全を確保したうえ、自動運転車の安全な停車を支援するためには、自動運転車に異常事態が発生した場合、自動運転車であることを示したうえ、自らの走行状況を外部に示し、他車が自ら危険回避行動を取ることが可能にすべきものと考えられる。

なお、このような自動運転車の異常挙動を感知してから、レベル3の運転者が安全に運転を引き継ぐためには、約10秒必要であると考えられていることから、この引き継ぎ時間をも外部に表示すべきかという点についても検討する必要がある。

「技術開発の方向性に即した自動運転の実現に向けた調査研究報告書（道路交通法の在り方関係）」[5]でも、このような技術開発の必要性について、「自動運転中であることが外観から分かれば、不具合のある車両の早期発見による危険の未然防止に資する。自動運転中の外観表示がなければ、他の交通主体は一見して自動運転か否か分からず疑心暗鬼になる。こうした外観表示を設けることは、結果的に自動運転に関する国民の理解が広がり、ひいては技術開発の促進にもつながるのではないか。」との意見が記載されている。

なお、すでに実装化されている株式会社小松製作所の鉱山専用の無人ダンプを例に検討をすると、自動運転車であることを常時表示することや自動運転車の挙動を外部に認識させる装置の設置をすることは、社会実装時の社会受容性を高めるうえで、重要な要素になりうるものと考えている。

当該無人ダンプでは、無人ダンプであることや他者を認識していることを示すHMIを装備したうえ、外部から他の交通参加者が制御も可能とした仕様を構築したとされている[6]。無人ダンプから認識されていることを

5）　前掲注4）。

表示され、無人ダンプの挙動を予測できる仕様にしたことにより、他の交通参加者は、無人ダンプから認識されているということを認知できる安心感、外から無人ダンプの制御を行えるという実感を持つことによる安心感により、無人ダンプの走行に対する心理的な受け入れが可能になったとされている。

このように、自動運転車の社会受容性の向上を図るためには、自動運転車であることを外部に示すシステムや無線通信による表示、自動運転車の挙動を外部に表出するシステムの実用化が必要となり、ライティングシステムなどを利用することが有用であろうと考える。しかしながら、自動車を巡るライティングシステムの設置については法規制が存在し、実用化には法規制の緩和が必要となることから、早期に検討が進められることを期待している。

(3)　安全審査基準について

自動運転車を製造・販売するためには、道路運送車両法、自動車型式指定規則、道路運送車両の保安基準、道路運送車両の保安基準の細目を定める告示、独立行政法人自動車技術総合機構審査事務規程などに合致し、国土交通大臣により、自動車の安全性の増進および自動車による公害の防止その他の環境の保全を図るため、型式について指定を受ける必要がある（道路運送車両法 75 条）。

しかしながら、上記保安基準では、自動運転車を前提とした基準はいまだ策定されておらず、今後、自動運転車への対応を行うための施策を策定して行く必要がある。

自動運転車の型式認証に関し、「自動車製作者等又は自動運転車を用いた移動サービスのシステム提供者は、設定された ODD において合理的に予見される危険事象に関し、シミュレーション、テストコース又は路上試験を適切に組み合わせた検証を行い、その安全性について事前に確認することが必要である。」「自動車製作者等又は自動運転車を用いた移動サービスのシステム提供者は、設定された ODD において、自動運転システムが

6)　小松製作所ウェブサイト（https://home.komatsu/jp/company/tech-innovation/solution/）。

引き起こす人身事故であって合理的に予見される防止可能な事故が生じないことについて、シミュレーション、テストコース又は路上試験を適切に組み合わせた検証を行い確認すること。」（「自動運転車の安全技術ガイドライン」より）などが検討されており、システムの安全性を審査するため、路上試験のみならず、シミュレーションによるシステムの安全性審査を行うことが想定されている。

加えて、安全性を確保するため、自動運転車の開発段階からの粒度や開発者の信頼性を含めた審査をすることにより、安全性の向上を図るという取組みも検討されていくと考えられる。

また、自動運転車では、使用過程段階で、システムの更新や部品の性能向上が図られることも想定されることから、販売から使用過程段階における安全審査、製品寿命を迎えるまでの安全審査を規定する必要性が存在している。

高度情報通信ネットワーク社会推進戦略本部・官民データ活用推進戦略会議「自動運転に係る制度整備大綱」においても、「使用過程の自動運転車に求められる保守管理（点検整備・車検の確認事項）及びこれらの車両に搭載されるソフトウェアの継続的な更新に対する審査の在り方について保安基準の策定を踏まえて検討し、必要な対策を段階的に講ずる。」とされている。使用過程段階の安全審査には、車載式診断装置などを活用することが検討されており、「車載式故障診断装置を活用した自動車検査手法のあり方について（最終報告書）」が、車載式故障診断装置を活用した自動車検査手法のあり方検討会から出されている。

この点、本邦においては、すでに車検制度が存在していることから、使用過程段階でも、車両保有者に対し、メーカーが行うシステム更新や部品の交換についての更新義務を課したうえ、当該車検時にシステムの更新などが正しく行われているかの検査を実施することが可能であり、システムの更新などがなされていない場合には運行を停止させることも可能である。

ただし、経年劣化や車載システムの陳腐化により、使用過程段階のシステム更新などでは安全性を担保することが困難な事態の発生やセキュリティを確保できない事態が発生した場合の対策は、保有者の所有権を制限することにもつながることから、これからの課題でもあると考えられる。

このような使用過程段階における安全性確保に関し、家電製品では、長期使用製品安全点検制度として、特定保守製品を購入した所有者に対して、メーカーや輸入業者から点検時期を告知し、点検を受けさせせることによって事故を防止するための制度が設けられている。また、電気用品安全法に基づき、標準使用条件の下で使用した場合に経年劣化により安全上支障なく使用することができるとして設計上設定される標準使用期間が表示されている。

しかしながら、自動運転車は、家電製品以上に、多くの人命に関わる走行中の事故発生が想定されることから、メーカーに対して、一定期間製品の安全性の担保を義務づけさせたうえ、当該期間経過後は、自動運転システムの利用を禁止する、もしくは自動運転システムの利用をブロックするようなプログラムを設けることを義務づけることも検討することが必要になるのではないかと考えている。

(4)　運転者の安全運転義務から乗員のシステム監視責任へ

自動運転車の技術レベルが向上した場合、自動車の安全を担保するのは、下記図表の示すように、人間の操作による安全性の担保から、車両制御システムや走行環境による安全性の担保に移行することになる。

自動運転の実用化に向けた段階的な進め方のイメージ

担保すべき安全レベル
人間の操作による安全性の担保
車両による安全性の担保
一般車にも適用される走行環境による安全性の担保
自動運転向け走行環境条件設定による安全性の担保
⇒客観的な指標の作成
自動運転技術の向上
⇒新技術に係る保安基準の検討
（人の操作、条件等の制約無し）完全自動運転
↑安全性
自動運転技術→

出典：前掲「官民 ITS 構想・ロードマップ 2018」52 頁より

上記のような安全性を担保するものの変化に伴い、運転者の義務も変容するものと考えられ、運転者の直接的な安全運転義務から、自動車保有者

や乗員による間接的なシステム監視義務に移行するものと考えられる。

「技術開発の方向性に即した自動運転の実現に向けた調査研究報告書（道路交通法の在り方関係）」では、道路交通法改正の対象となる自動運転車のレベルをレベル3の自動運転車としたうえで、「システムが道路交通法上の運転操作に係る義務のうち、一部を履行することができず、また、当該義務を履行すべき場面を自動的に検知してシステム使用者に引継ぎを求めることもできない場合には、使用者は、自動運転中に当該義務を自ら履行すべき場面にいつ遭遇するか分からない状態となることから、自動運転中であっても、従来の運転者と同様に周辺の交通状況を監視し、いつでも運転操作を自ら引き継ぐことができるようにしなければならない。」（15頁、下線は筆者による）として、一定の範囲で車両制御システムを監視し、あるいは車両制御システムによる要請の有無にかかわらず、運転操作の引き継ぎ準備をすることを義務づける意見が出ている。

また、「要件適合システムを用いて自動運転中であっても、第4節で検討したとおり運転者が運転の主体であることから、運転操作に係る義務は引き続き運転者が負うべきである。」（23頁）、「自動運転中に運転者が明らかな異常（前車に異常に接近したり、車線を跨いで走行するなど）を認めた場合（開発側としては、システムは冗長性が確保されているため、このような事象が発生する可能性はほとんどないと考えている。）は、安全確保上、運転者は直ちにシステムの使用を中止し、自ら運転操作を行う必要がある。このような措置は、要件適合システムを用いて自動運転中であっても、運転操作に係る義務は引き続き運転者が負っていることとも整合的である。」（24頁）とした議論もなされている。

これは、一定の範囲で、運転者が車両制御システムの挙動を監視し、誤った挙動がなされた場合、車両制御システムの使用を運転者自身が中止することが求められていることを示しており、システム監視義務への移行を議論しているものと考えられる。

なお、このシステムの監視義務の範囲は、現在の道路運送車両法47条で「自動車の使用者は、自動車の点検をし、及び必要に応じ整備をすることにより、当該自動車を保安基準に適合するように維持しなければならない。」と定めていることおよび同法47条の2第1項「自動車の使用者は、自動車の点検をし、及び必要に応じ整備をすることにより、当該自動車を保安基準に適合するように維持しなければならない。」と定められていることから、使用者は、運行中のみならず、運行前の過程を通じて、システムの更新やデータのアップデートをしたうえで、安全にシステムを稼働させるべき義務まで存在すると理解することも可能であると考えている。

自動運転中の運転者の義務について

【前提となる自動運転システムの要件】 ※当該要件を満たすことが法制度上確保されたもの
① ODD 内では、交通ルールに関する法令を遵守した運転制御を行う。
② ODD 外となることや自動運転車の故障により自動運転の継続が困難とシステムが判断した場合に、運転操作の引継ぎを求めるため、運転者が確実に認知可能な「警告」を発する。

【道路交通法上の運転車の義務（現行)】

A 運転操作に係る義務
・安全運転義務 ・制限速度遵守義務
・信号等遵守義務 ・車間距離保持義務 等

B 運転操作以外に係る義務
B-1) A の安定した履行を確保するための義務
・無線通話装置（例：携帯電話）の保持による通話の禁止
・画像表示用装置（例：カーナビ）の注視の禁止
飲酒運転の禁止 等

B-2) その他の義務
・事故時の救護義務 ・故障時の停止表示器材表示義務
・運転免許証提示義務 等

【自動運転中の運転者の義務】

要件①を満たすシステムは、ODD 内で自動運転中は、義務 A を自動的に履行

システムを適切に使用することにより、義務 A の履行が可能に（運転者は引き続き義務 A を負う）

システムを適切に使用することにより、従来義務 A の履行に必要とされた運転者自身による常時監視や運転操作は不要となるため、保持通話及び画像注視の禁止を解除

運転者自身が運転操作を引き継ぐ可能性は常にあるため、引き続き禁止

システムが担う動的運転タスク以外の義務であるため、引き続き義務付け

※ システムの使用は ODD 内に限る必要。
※ ODD 内で自動運転中は、少なくとも、「警告」を認知することができる注意を払い、警告時にシステムの使用を中止して自らの運転操作に切り替えられる態勢を保持することが必要。

出典：「技術開発の方向性に即した自動運転の実現に向けた調査研究報告書（道路交通法の在り方関係)」27 頁より

4 遠隔監視型低速車両について

(1) はじめに

自動運転車に関しては、さまざまな実証実験がなされており、とりわけ後述するみやま市で行われていた実証実験は特色にあふれており、今後の自動運転車普及の一シナリオとしての有用性があるのではないかと考えている。

そこで、本稿では、地方ごとの特性を生かすことのできる低速モビリティの可能性とその実用化に対する検討をしたいと考えている。

(2)　遠隔監視型のレベル4の自動運転車について

平成30年度警察庁委託調査研究である「技術開発の方向性に即した自動運転の実現に向けた調査研究報告書（道路交通法の在り方関係）」では、「2020年代前半に自家用自動車として実用化が見込まれるのは、レベル3までである。技術の半歩先を行くという発想で、レベル4も検討対象とする案もあるが、技術の実情が不明な状況では、その技術の使い方のルールを具体的に考えることも難しく、時期尚早である。」とされている。

一方で、「官民ITS構想・ロードマップ2018」では、「2020年までに、①

2025年完全自動車運転を見据えた市場化・サービス実現のシナリオ

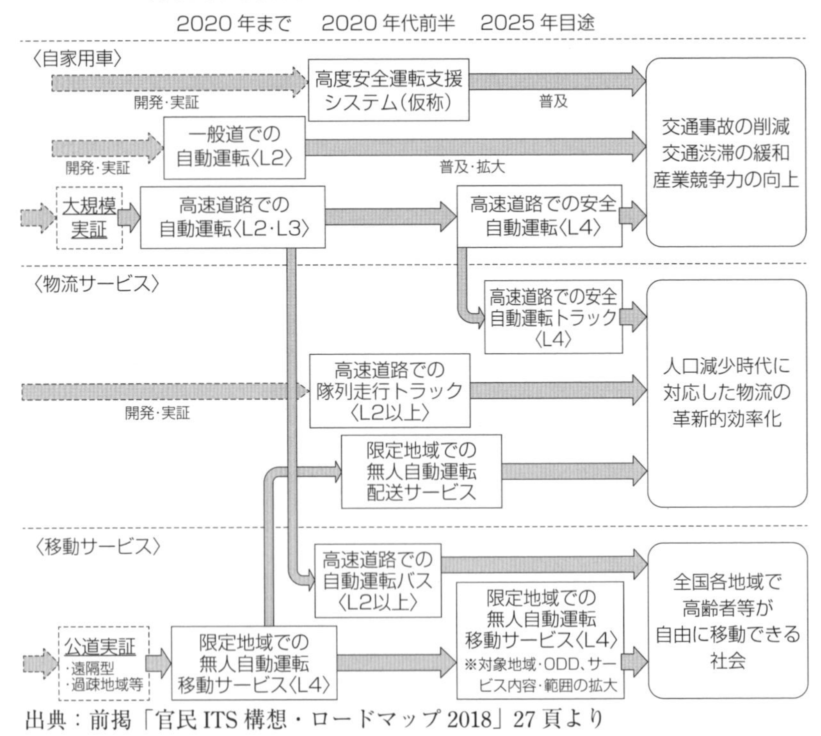

出典：前掲「官民ITS構想・ロードマップ2018」27頁より

高速道路での自動運転可能な自動車（「準自パイロット」）の市場化、②限定区域（過疎地等）での無人自動運転移動サービス（レベル４のもの）の提供を実現するとともに、その後、2025年目途に高速道路での完全自動運転システムの市場化と高度安全運転支援システム（仮称）の普及、物流での自動運転システムの導入普及、限定地域での無人自動運転移動サービス（レベル４のもの）の全国普及等を目指す」ことが議論の対象とされており、国の方針で齟齬が生じている。

この点、自動運転車の成否は、日本の産業構造そのものに大きな影響を与えることから、できる限り早期に、レベル４の無人自動運転移動サービスの実現を目指すべきではないだろうか。

以上のような観点からも、国の車両に関する安全基準である型式認証制度では、自動車の安全性の確保が問題となっているところ、走行速度などを低速に保つことや地域の受け入れ態勢の整備をふまえ、自動運転車の安全な走行を担保できるのであれば、地域ごとに、その安全性を担保する装備や基準が異なるという事態も許容するべきではないかと考えている。

以下では、走行速度を一定の低速に保った場合を例に、整備するべき安全性能が、地域の道路の整備状況や地域住民の受け入れ体制などの差異によって異なる例を示せればと考えている。

自動運転システムの市場化・サービス実現期待時期[※1]

		レベル	実現が見込まれる技術（例）	市場化等期待時期
自動運転技術の高度化				
	自家用	レベル２	「準自動パイロット」	2020年まで
		レベル３	「自動パイロット」	2020年目途[※3]
		レベル４	高速道路での完全自動運転	2025年目途[※3]
	物流サービス	レベル２以上	高速道路でのトラックの後続車有人隊列走行	2021年まで
			高速道路でのトラックの後続車無人隊列走行	2022年以降
		レベル４	高速道路でのトラックの完全自動運転	2025年以降[※3]
	移動サービス	レベル４[※2]	限定地域での無人自動運転移動サービス	2020年まで
		レベル２以上	高速道路でのバスの自動運転	2022年以降

運転支援技術の高度化				
	自家用		高度安全運転支援システム（仮称）	(2020年代前半) 今後の検討内容による

（※1）遠隔型自動運転システム及びレベル3以上の技術については、その市場化等期待時期において、道路交通に関する条約との整合性等が前提となる。また、市場化等期待時期については、今後、海外等における自動運転システムの開発動向を含む国内外の産業・技術動向を踏まえて、見直しをするものとする。

（※2）無人自動運転移動サービスはその定義上SAEレベル0〜5が存在するものの、レベル4の無人自動運転移動サービスが2020年までに実現されることを期待するとの意。

（※3）民間企業による市場化が可能となるよう、政府が目指すべき努力目標の時期として設定。

出典：前掲「官民ITS構想・ロードマップ2018」28頁より

⑶　走行速度による安全性の差異について

自動車事故の致死率は、走行速度が、30 km/hを境に大きく異なると言われている。

すなわち、自動車と歩行者が衝突した場合、自動車の速度が30 km/h以下であれば歩行者の致死率は約10%であるとされているが、30 km/hを境に大きく増加し、自動車の速度が50 km/hに達した場合、歩行者の致死率は80%を超過するとされている。

そうであれば、ODDの設定として、走行速度を30 km/h以下に設定した場合と30 km/hを超過する走行速度を設定した場合では、異なる安全基準を採用する合理性がここに存在することとなる。

また、時速8 km程度の低速走行においては、人と自動車の走行が調和するとの議論も存在する。

このような観点から、ODDの設定として、走行速度を30 km/h以下に設定した場合、走行速度を8 km/h以下に設定した場合などは、通常の走行車両とは異なるルールを採用することも可能ではないかと考える。

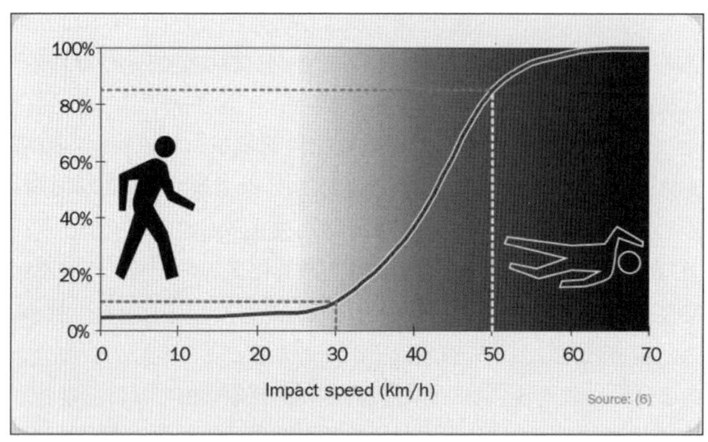

出典：WHO, Speed management—A road safety manual for decision-makers and practitioners—より

(4)　路面電車に関する法的規制について

低速で走行する巡回型の車両については、本稿のはじめに記述した軌道法を利用するか、軌道法が定めるルールを参考にした法規制ということも十分に考慮に値するものと考えている。

軌道法に従った路面電車に関し、道路交通法は、他の交通参加者に対して、「車両（トロリーバスを除く。以下この条及び次条第一項において同じ。）は、左折し、右折し、横断し、若しくは転回するため軌道敷を横切る場合又は危険防止のためやむを得ない場合を除き、軌道敷内を通行してはならない。」（道路交通法21条1項）という義務を設定し、原則として軌道敷内への侵入を禁止している。

しかしながら、上記ルールは厳密なものではなく、道路交通法は、他の交通参加者が、路面電車の通行の妨げない限度において、例外的に軌道敷内に侵入できる場合を規定しており、「車両は、次の各号に掲げる場合においては、前項の規定にかかわらず、軌道敷内を通行することができる。この場合において、車両は、路面電車の通行を妨げてはならない。」「一　当該道路の左側部分から軌道敷を除いた部分の幅員が当該車両の通行のため十分なものでないとき。」「二　当該車両が、道路の損壊、道路工事その他の障害のため当該道路の左側部分から軌道敷を除いた部分を通行することができないとき。」「三　道路標識等により軌道敷内を通行することができることとされている自動車が通行するとき。」（道路交通法 22 条２項）と例外的に軌道敷内への侵入を認めている。

さらに、軌道敷内を通行している際に路面電車の接近があった場合のルールについても道路交通法は定めており、「軌道敷内を通行する車両は、後方から路面電車が接近してきたときは、当該路面電車の正常な運行に支障を及ぼさないように、すみやかに軌道敷外に出るか、又は当該路面電車から必要な距離を保つようにしなければならない。」（道路交通法 22 条３項）と定め、軌道敷内において路面電車が優先することを定めている。

このように、軌道法に基づいて敷設された軌道敷内では、原則として、他の交通参加者は侵入を禁止されているものの、例外的に許容される場合も規定されたうえ、車両の通行よりも路面電車が優先するというルールが定められるなど、柔軟な運用がなされている。

また、路面電車の駐停車についても道路交通法で規定されており、「車両は、道路標識等により停車及び駐車が禁止されている道路の部分及び次に掲げるその他の道路の部分においては、法令の規定若しくは警察官の命令により、又は危険を防止するため一時停止する場合のほか、停車し、又は駐車してはならない。ただし、乗合自動車又はトロリーバスが、その属する運行系統に係る停留所又は停留場において、乗客の乗降のため停車するとき、又は運行時間を調整するため駐車するときは、この限りでない」（道路交通法 44 条１項）として、路面電車は、停留所または停留場において、乗客の乗降のため停車するとき、または運行時間を調整するため駐車が許容されている。

初めに述べたが、自動運転車は、道路法に基づき整備をされた道路上を走行するという側面では自動車であるものの、GPS 情報やカメラ・センサー情報・信号情報など収集された情報を車内外の AI で解析・処理をし、3D 化された地図情報をふまえて、自身の進行を決定することで「見えない軌道」を自ら作成し、そのうえを走行するという特徴を有する軌道車類似の性質を有しているロボットであると評価することも可能であると考えている。

自動運転車の軌道そのものは、見えない場合もあるが、自動運転車の走行帯をあらかじめカラー舗装するなどして路面上に表現することは十分に可能であり、磁気マーカー上を走行する自動運転車であれば、路面上にも表現されている。そのため、自動運転車は、十分に軌道車と同様のルールを設定することは可能であると考える。

何より、上記のような取り扱いを行うことで、自動運転車の走行帯を設定し、歩行者の侵入や非自動運転車の走行を緩やかに排除することにより、混合交通下であっても、自動運転車の円滑な走行を担保するとともに、歩行者や非自動運転車の調和をも確保することが可能になる。さらに、自動運転車専用道を設定するなどするために、ガードレールなどによる歩車分離を完全に図った場合、街の人流が分断されることなどの悪影響を考慮に入れれば、レベル4と言われる車両を走らせるためのルールとして軌道法の考えるルールは極めて親和性を有するルールであると考えている。

(5)　軌道法の適用の許容性や自動運転車の新規性について

軌道法は、路面電車を規定する法律であり、現在19事業体が、この軌道法に規定される路面電車を運行していると言われている[7)]。

この点、鉄道や電車に関する法律は、「軌道法」のほか、「鉄道事業法」という法律が定めている。

この「鉄道事業法」の適用対象と「軌道法」の適用対象の差異は、事業体や車両形式の別から生じたものというよりも、いかなる歴史的経緯によって建設されたものか否か、監督官庁が旧運輸省の管轄する「鉄道事業法」に基づき敷設されたものか、旧内務省の管轄する「軌道法」に基づき敷設されたものか、という差異に由来するものであると言われている。

これらの歴史的経緯は、注7)に詳しいため、当該書籍を参照してほしいが、交通ルールや法律の適用範囲は、新技術の開発時や施行時にすべてが整理されているものではない。

自動運転車は、現時点では自動車と呼称されているが、システムで稼働するロボットであるという側面を有するまったく新しい乗り物であり、既存の観念に縛られることなく、社会全体で受け入れ体制を整備することが必要であるものと考える。

---

7)　西森聡『そうだったのか、路面電車――知られざる軌道系交通の世界』（交通新聞社新書、2018）。

(6) 小　括

以上のとおり、自動運転車は、地域の路面整備状況や環境による差異、地域住民の受け入れ態勢によって、その導入の難易度や導入方法が異なる可能性がある。

そうであれば、低速で走行をするレベル4の自動運転車を地域社会で受け入れる場合の安全審査や認証においては、その危険性の判断基準が異なるという考え方も十分に考慮に値する。

現在、遠隔自動運転に関し、「遠隔型自動運転システムを搭載した自動車の基準緩和認定」がなされ、遠隔型自動運転システムの実証実験が行われている。

今後は、すでにこれらの基準緩和措置が図られていることを参考に、完全自動運転車が初期的に利用される場合、地域の特性に応じた社会実装の仕組みとルールが柔軟に定められるような仕組みを検討することが必要である。また、車両開発についても、地域ごとに必要とされる機能やサービスを考慮し、地域ごとに必要なサービスや機能を取捨選択できるような柔軟な運用のできるモジュール化された自動運転車が開発され、一日も早く実証化されることが望ましいと考える。

5　自動運転車の未来

自動運転車に関しては、さまざまな実証実験がなされており、とりわけみやま市で行われていた実証実験が特色にあふれ、今後の自動運転車普及の一シナリオとして活用されることを期待して紹介をしたいと思う。

みやま市は、推計人口3万7,475人（平成31年3月1日現在）、面積約105 km^2の福岡県南部に位置する都市である。主要産業は農業で、主な特産品はみかん、ハウス栽培で栽培されるセロリやなす等である。市の南部は有明海に面する地域があり、海苔養殖などもなされている。

とりわけ、みやま市の特筆すべき点は、エネルギーの地産地消を目指し、市の出資によりメガソーラー発電会社みやまスマートエネルギー株式会社を設立していることである。

みやま市が、自動運転車の実証実験を行うにあたり提案したビジネスモデルは、中山間地域の課題解決モデルであり、①高齢者・児童の生活の足の確保、②農業生産地と販売拠点の物流強化、③民主導によるエネルギー地産地消の実現を図るものである。

この実証実験では、ビジネスモデルとして、地元エネルギー会社や公共交通機関等で構成される自動運転車サービス提供会社が自動運転サービスを提供し、高齢者等の送迎による外出機会（買物等）の増加を通じた関係企業等からの協力金や、介護活動等の実施による自治体からの補助金等による支援、地元特産の「山川みかん」の輸送による輸送料金の徴収などを挙げている（下図・国土交通省「みやま市における長期実証実験の概要について」より）。

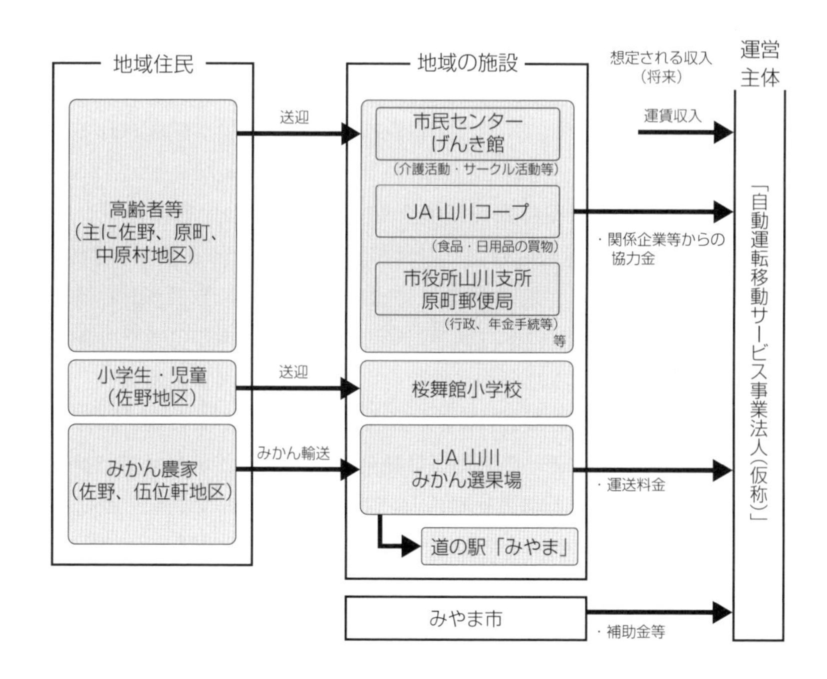

この実証実験では、エネルギーの地産地消を目指し、市の出資によりメガソーラー発電会社みやまスマートエネルギー株式会社が供給する余剰電力をもとに、電気自動車である自動運転車を稼働させるとともに、地域に配布済みの生活支援用タブレット端末を用いて、地域内の生活の足や物流

の確保を目指しているところである。

いずれにせよ過疎地域にとっては自動運転車は、自律型か電磁誘導式かの別に大きく導入費用が異なるが、大きな導入費用を要するサービスになるところ、市の出資した電力会社の余剰電力を用いてサービスを提供し、採算性を向上させる取組みは地域創生や地域の社会受容性を向上させることに大きな影響力を有する取組みであると考える。

各地域の特性に応じたエネルギー供給と社会ルールの策定により、自動運転車が各地域で活躍する未来が近いことを願ってやまない。

6　まとめ

現在、世界中で、多くの法律の改正案やガイドライン作りが行われているが、自動運転車の安全技術のみに焦点が当てられているような印象を受けており、社会環境整備、社会実装化段階における議論が醸成されているとは言い難いものと考えている。

一般社団法人電子情報技術産業協会 ITS 事業委員会／自動走行システム研究会主催の「自動運転車社会における責任問題はどう解決すべきか？」の模擬裁判（第1部第1章事例3参照）では、ODD について、「国は、改正道路交通法の成立を受け、完全自動運転車の走行を許可するにあたり、国民の完全自動運転車に係る社会受容性の向上を目標に、国家公安委員会告示◎◎号「完全自動運転車の走行にあたって」を告示するとともに、国土交通省、警察庁並びに経済産業省及び自動車メーカーなどが共同で、歩行者及び自転車（軽車両）などの道路利用者に対し、改正道路交通法の遵法意識の向上を図るため、積極的なキャンペーンを実施するとともに、歩行者を含めた道路交通法違反についての啓蒙活動及び取り締まり活動を実施した。国は、平成3△年、改正道路交通法の施行を受け、国家公安委員会告示◎◎号「完全自動運転車の走行許可について」を告示し（甲16）、全国の主要国道20線に関し、完全自動運転モードでの利用を許可する旨の告示を発布した。」という改定を行った。

これは、自動運転車の社会実装には、地域住民に対する社会受容性の向上を図るための施策が重要であるという考えに基づき、地域住民に対して、自動運転車両の特性や危険性、利点などを含めた啓蒙活動を実施するとともに、道路交通法の遵守を呼びかけたという形で、社会全体で自動運転車運行の利益を享受する反面、自動運転車運行による不便性をも地域住民に受け入れてもらうことを意図したものである。

今後は、本邦における自動車製造業が、主要な輸出産業ともいうべき産業であることを認識し、その規模は、関連業界を含めると57.7兆円（平成30年度、総務省「平成29年（2017年）工業統計表」）と群を抜いて大きな産業規模を誇るとともに、自動車関連業界の就業人口は539万人に達していることをふまえ、自動運転車の走行を単純な夢物語として終わらすのではなく、利便性と不便性のトレードをどの範囲で行うことが可能なのかという議論が公になされることを希望するものである。

（吉田直可）

第3章　自動運転社会の進展——さまざまな分野における自動運転

1　はじめに

本書では、今までの部分において、市民が普段利用する自動車、その中でも自家用車やトラック等の商用車を念頭に論が進められていたが、自動運転技術が求められるのはこれらの自動車に限られるものではない。同じ自動車でも、農業用車両（農機）や建設用車両（建機）などもあるし、陸上に限らず、水上（海上）を移動する船舶、多くの機体においてすでにオートパイロットが標準となっている航空機や今は「空飛ぶ車」も開発が行われようとしている。さらには、人間の行動が大きく制約される宇宙での活動にも必要不可欠である。宇宙空間もあれば、月面などの他の星の地上面での活動もある。

そこで、本書の最後に、これらのさまざまな分野における自動運転について、特に船舶を中心として紹介すると共に、これからの自動運転社会を俯瞰したい。

2　船舶の自動運転[1)]（自動運航、自律化[2)]）

(1)　世界と日本の海運等

四方を海で囲まれた日本は言うまでもなく海洋国家であり、そうでなけ

1)　なお、ボート等の小型船舶においては、遠隔操縦や自律制御で無人で航行することのできるもの等がすでに実用化されているが、本書では大型化しているコンテナ船やタンカー等に代表される商船を念頭に論じる。

ればならず、船舶の持つ重要性は言うに及ばない。

あらゆる生活、産業等において必要である資源の多くを海外から輸入しなければならず、食料や工業原料はもちろんのこと、特に重要なのはエネルギー資源である。再生可能エネルギー[3)]は今後益々必要かつ重要なものとなるが、現在において、まだまだ原油や石炭といったエネルギー資源は必要不可欠のものであり、その輸入のすべては海上輸送（海運）によるものといって良いであろう。全体で言えば、ごく一部の航空輸送を除けば、日本全体の輸出入（貿易量）のほぼ全ては海上輸送によるものである[4)]。

世界的に見ても、海上輸送量は増大しており、船腹量も増加している。依然、世界においても、輸送の大多数を海運が握っている状態に変わりはない。日本が実質的に保有する船腹量は、ギリシアに次いで世界第２位であり、日本が世界に冠たる海運国であることがわかる。

また、このような外航だけでなく、内航海運にも着目する必要がある。日本における2016年度の平均輸送距離では、内航海運は自動車による陸運の約10倍にもなり、輸送活動量（貨物重量×輸送距離）では国内貨物輸送全体の44％も占める。わが国における内航海運の重要性が見えてくる数字である[5)]。

他方、日本は造船国でもある。2000年以降、その地位は相対的に低下してはいるものの、中国・韓国と並んで世界の三大造船国であることに変わりはなく、造船業もまた日本の重要な産業の一つである。

---

2)　船舶の自動運転における用語に関して、法令上の定義や業界での通説的見解があるわけではないので、「自動運転」や「自動運航」、あるいは「自律化」（遠隔操縦との区別という意味もある）といった用語が使用されているが、本書では主として「自動運航」という語を用いる。

3)　直接本文と関係するものではないが、海事との関係で日本が最先端技術を有していると評価される再生可能エネルギー技術は浮体式洋上風力発電ではないかと考えられる。長崎県五島市沖には2013年に戸田建設株式会社が主導して日本初の商用規模の浮体式洋上風力発電施設が設置され、現在は商用運転も開始し、2021年までに10基体制を目指す方針とのことである。洋上での発電は五島列島のような離島での利活用（自家利用や売電による「地方創生」）のみならず、電気推進船への電力供給等にも利活用できるものであり、自身が大きな離島でもある日本での今後の発展が大いに期待される。

4)　以下本稿においては、公益財団法人日本海事広報協会編集・発行「日本の海運 SHIPPING NOW 2018-2019」におけるデータ等を参照している。

5)　前掲注4）46頁。

(2) 海運・船舶が抱える問題と解決手段としての自動運航

船舶も自動車と同じく交通事故、すなわち海難（事故）が残念ながら発生しているのが現状である。海難は人命に関わることはもちろんの事、経済的損失も大きく、重油漏れなどにより環境に与える損害も見過ごせない。海難の原因には機関故障等もあるが多くが人為的要因によるものであり、平成29年から過去５年間を見ても、日本における海難のうち人為的要因によるものが74％もある[6)]。また、国土交通省によれば、貨物船やタンカー関連のみではあるが、操船関連の人為的要因による海難のうち９割以上が「居眠りや疲労」「他に気を取られていた」「思い込み」等の人間の認知・判断段階に起因するものとのことである。

また、上記のとおり、世界の海上輸送量は増大しており、船員の需要と供給のバランスが崩れてきている。特にわが国では、陸上におけるバスやタクシーなどと同様に、高齢化や船員のなり手の減少が喫緊の問題となっている。船員不足となれば船舶の運用に重大な支障を来すことになるとともに、一人一人の船員にかかる負担が大きくなり、健康問題や労働問題につながっていくことにもなる。昨今叫ばれている「働き方改革」にも通じていくものでもある。

さらに、日本の造船業の国際競争力向上のためにも、世界中でニーズの高まる自動運航技術を船舶に導入していくことは不可欠である。現在、船腹量は供給過剰となり需給ギャップが生じている。その影響もあって、2016年に新規造船受注量は大きく落ち込み、2017年から回復基調にあると評価されつつも、劇的に需給ギャップが解消される可能性は低く、当分の間受注量が低迷、乱高下するなど不安定な状態が続くことが予想される。加えて、ライバルである中国・韓国では、造船業界内での企業等の再編や公的支援により新規受注力を高めており、相対的に日本はシェアを落としている[7)]。

これらの問題を解決する一手段として注目し期待されているのが自動運航船である。自動運航船の明確な定義付けが公式に行われているわけでは

---

6)　海上保安庁「平成29年海難の現況と対策」８頁。

7)　2018年の新規造船受注量で中国を抜いて韓国が世界第１位となったとの報道もある。

ないが、国土交通省では「ICT、データ解析技術、各種センサ等の活用により、外部状況認識、操船、機関制御その他運航に伴うタスクの一部又は全部を高度に自動化又は遠隔化した船舶及びその運航システム」と自動運航船について説明をしている[8)]。

このような機能・システムを有する自動運航船は、人間を支援しまたは人間に代わって、より正確な認知・判断を行い、機関故障等を予測・感知するなどして安全な航行を導くものであると共に、船員不足を補うものとなる。なおかつ、このような高機能・高性能は船舶に対して高付加価値を付与するものであり、他との差別化を図り、日本の造船業の国際競争力向上に資するものといえる。

⑶　自動運航船を取り巻く環境と日本国内外の動向

a　海事イノベーション部会の設置と海事生産性革命

日本の造船業は8割以上の高い国内生産比率を有し、部品の国内調達率も約9割に達するなど空洞化が進んでいない産業の一つであり、大都市圏に比べて地方圏での生産比率が9割以上にもなることから、日本政府の取り組む「地方創生」に通じる産業であるといえる。

そこで、2016年に「海事産業の生産性革命による造船の輸出拡大と地方創生のために推進すべき取組」について、国土交通省交通政策審議会海事分科会に海事イノベーション部会が設置され、海事産業事業者へのヒアリングや部会での審議等をふまえて、同年6月3日答申が取りまとめられた。当該答申では、海運の効率化や造船の輸出拡大を図る「i-Shipping」と海洋開発市場を獲得し、資源確保にも貢献する「j-Ocean」の2つのプロジェクトが掲げられ、「海事生産性革命」を強力に推進していくことが謳われた[9)]。

しかし、「i-Shipping」の中身としては、インターネットやビッグデータ等のICTを活用した船舶・船舶機器の技術開発支援等が進められることに

8)　国土交通省交通政策審議会海事分科会海事イノベーション部会「海事産業の生産性革命深化のために推進すべき取組について～平成28年6月3日答申のフォローアップ～報告書」（2018年6月1日付）19頁参照（http://www.mlit.go.jp/common/001237409.pdf）。

9)　国土交通省海事局「海事レポート2016　地域から、世界へ」5～11頁「海事局最前線」。

はなったものの、当該答申で、具体的に自動運航船にまでふみ込むに至らなかった。

b　変化する世界の潮流と日本の対応

ところが、当該答申が出された後、前述した新規造船受注量の大幅な低下など海事産業にまつわる環境は激変し、世界でも自動運航船の開発・導入の動きが大きく高まった。国際海事機関（IMO）では、2017年6月に開催された第98回海上安全委員会（MSC）[10]において自動運航船の安全に関する検討（自動運航船の規制面での論点整理）を開始することが合意され、海事イノベーション部会においても自動運航船の実用化に向けた基本方針・ロードマップ策定のため議論に着手することとなった。

2018年5月に開催された第99回海上安全委員会においては、自動運航船の国際ルール策定に向けた検討が開始し、自動運航船の定義や自動化のレベルの暫定案が合意されると共に、第100回海上安全委員会までの間に通信部会を設置して、メールベースで検討を加速することまで合意されるに至った。

このような世界の動きを受けて、日本も自動運航船に関する国際ルール等の議論をリードすべく第99回海上安全委員会の直前に国際ワークショップを開催し、自動運航船の実用化に向けた取組みに関する情報交換を行うと共に、技術の発展段階に応じたルール作りを検討する日本の考え方に対する共通理解を醸成するための議論を行った結果、IMOにおいて各国の技術開発動向に関する情報を共有し、これをふまえて安全規制の議論を行う必要があること等が確認されたとの報告がなされた[11]。海事イノベーション部会でも2016年6月3日答申のフォローアップとして、2018年6月1日に新たな報告書を取りまとめた[12]。

この報告書では、「i-Shipping」「j-Ocean」にならんで「自動運航船」が項

10）　船舶の構造・設備、危険物の取扱い、海上の安全に関する手続、人的要因、その他海上の安全に直接影響のある事項を審議し、関連する国際条約の採択、改正および各国への通報、条約の実施を促進する措置の検討等を実施する委員会である（http://www.mlit.go.jp/kaiji/imo/gaiyou_.html）。

11）　国土交通省2018年5月28日付ニュースリリース（http://www.mlit.go.jp/report/press/kaiji06_hh_000167.html）。

12）　国土交通省・前掲注8）

目として記載され、前述の「海運・船舶が抱える問題と解決手段としての自動運航」で触れた問題点や自動運航船による解決について具体的に検討され、自動運航船の存在が強く意識されるものとなった。

c　最近の動向

第100回海上安全委員会は2018年12月に開催され、前述の通信部会において、海上における人命の安全のための条約（SOLAS条約）等の一部の国際基準についてその改正の要否等についての試行的検討が行われた結果を受けて、現行基準の改正の要否や新たに必要となる基準等に関する検討のフレームワークを確定させた[13)]。

すなわち、第一段階として、自動運航船の運航を妨げる、もしくは修正や確認が必要になる可能性のあるIMO規則の特定を2019年9月頃までに完了させ、第二段階として、2020年5月に開催予定である第102回海上安全委員会までに、自動運航船の運航に対応するために最も適切な方法を定めるための分析を行うというものである。第一段階の作業は有志国が分担して行う取り決めとなったが、とりわけ日本はSOLAS条約の第Ⅱ-2章（構造-防火、火災報知及び消火）、第Ⅵ章（貨物の運送及び燃料油）および第Ⅶ章（危険物の運送）、安全なコンテナに関する国際条約（CSC条約）等の検討をリードすることとなった[14)]。

また、2018年10月に国土交通省海事局に新たに「海事イノベーション戦略推進本部」が設置された。同省の説明によれば、同本部はデジタライゼーションの進展や熾烈化する国際競争の中、海事産業のいっそうの発展を目的として、自動運航船も含む今後の海事イノベーション実現に向けた具体策の検討・策定と情報発信等を関係部局とも連携しつつ総合的かつ迅速に進めて行くとのことであり、海事イノベーションを推進する中心としての役割が期待されている。

13）　国土交通省2018年12月12日付ニュースリリース（http://www.mlit.go.jp/report/press/kaiji06_hh_000179.html）。

14）　国際海事機関（IMO）第100回海上安全委員会における審議結果の詳細（別紙）（http://www.mlit.go.jp/common/001264500.pdf）。

(4)　自動運航船の開発に向けて

a　自動運転車と自動運航船の相違

自動運転車の開発は自動運航船と比較して大きく先行しており、自動運航船の開発に当たって自動運転車に使用されている自動運転技術や考え方等を参考にして、自動運航船に応用等をして活かしていくことが必要であり、双方の相違を検討することは有用である。

自動運転車は自動車の操縦、すなわち人間による認知・判断・操作において自動運転化がなされるものであり、基本的にはこれで足り、操縦者は原則として一人である。

これに対して、自動運航船は、船舶の操縦（操船）のみならず、運航のためには、さまざまな船上作業や荷物・機関等の保守管理、異常・非常時の対応等が求められ、自動車にはない離着桟の特殊性や定期整備・点検等にも自動化・自律化を求める必要が出てくることに大いに相違がある。また、これらの作業等は複数人の船員等が行うことも自動車と相違するところである。船舶は「24時間稼働のプラント」であると評価される所以であり、単なる操船ではなくこのプラント維持が必要かつ重要となる。

また、自動車は急停止や急旋回等といった操作性が原則として可能で、道路・信号等の交通インフラによる整備（規制）された場所を移動するのに対して、船舶には自動車のような急停止や急旋回等といった操作性を求めることはできず、避航操船（衝突等を避けるための操船）は船舶独自の研究・検討が必要となる。また、自動車のような交通インフラによる規制を受けるわけではないので、より自律的な周囲の状況の認知や測位衛星からの位置情報などに基づく判断が必要となる。

なおかつ、自動車のように故障等があったとしても、たとえばすぐにJAFや自動車保険会社のような支援を船舶が受けられるわけではない。船舶は言うなれば洋上で孤立しているのであり、保守管理の面でも他者に容易には委ねられない自律化が必要となってくる。

b　ガイドライン等

このように自動運転車とは大きく相違する自動運航船の開発に当たってはその指針が示されることが重要になることから、日本でも2018年6月に一般財団法人日本海事協会が「自動運航、自律運航の概念設計に関するガイドライン（暫定版）」を公表した。

同協会は、「船舶の分野にあっても、ヒューマンエラー防止による安全性の向上や、船員の作業負担の軽減による労働条件の改善、運航の効率化等を目的として、自動運航技術の開発が盛んとなって」いる現状をふまえ、「乗組員が行っている船上作業は極めて多岐に及ぶことから、船舶の自動運航に関する設計開発は、多様な形態やコンセプトのもとで行われることになると予想されます。このため、自動運航技術の開発においては、自動化の対象とする業務、作業を明らかにすると共に、自動化を実現するシステム（機械）と人間との役割分担や関係を明確にし、それを船舶の運航に関わる全ての関係者の間で共通認識」とし、そのような認識の下で「自動運航、自律運航の安全性確保の観点から、概念設計において考慮すべき要素を取り纏め、ガイドラインに規定」したと述べている。また、今後の予定として、当該ガイドラインについては「一定期間の運用を経て、必要な見直しや修正を行い、最終版を確定」し、「自動運航、自律運航の開発や運航に関わるガイドラインについても策定する予定」であるとしている[15)]。

また、一般財団法人日本船舶技術研究協会において、自律型海上輸送システム研究委員会が立ち上げられた。その下には、自動運航船に関する検討・研究を行う「自律型海上輸送システムのビジネスモデル研究委員会」「自律型海上輸送システムの技術コンセプト開発共同研究体[16)]」「自動運航船の開発・実装に係る制度の研究に関する検討会」といった部会が設置され、相互に研究成果等を影響させつつ、検討・研究を進めている。

特に、「自律型海上輸送システムの技術コンセプト開発共同研究体」は、交通運輸技術開発推進制度に基づく国土交通省の委託研究事業であり、「自律型海上輸送システム」の社会実装に必要な技術コンセプトの開発を目的とし、海事産業全体で共有できるビジョンとしての技術開発のロードマップや自動運航船（自律化船）のコンセプトや自動化（自律化）レベルの策定、

15）　2018年6月1日付同協会プレスリリースより一部抜粋（http://www.classnk.or.jp/hp/ja/hp_news.aspx?id=2900&type=press_release&layout=1）。

16）　三井E&S造船株式会社・株式会社商船三井・国立研究開発法人海上・港湾・航空技術研究所・東京海洋大学・一般財団法人日本海事協会・一般財団法人日本船舶技術研究協会・株式会社三井造船昭島研究所が研究コンソーシアムを組む。

社会実装に不可欠である認証評価技術と認証基準を指し示すことなどを最終成果として掲げている。現在すでに策定が試みられているロードマップや自動化レベル（後述）も、さらに「自律型海上輸送システムの技術コンセプト開発共同研究体」における成果をふまえて、精度を高め確定されていくことが期待される。

c　実用化に向けたロードマップ

(i)　未来投資戦略

日本政府が発表している未来投資戦略2017では、自動運航船について「2025年までの「自動運航船」の実用化に向けて、船舶の設備、運航等に係る国際基準の2023年度中の合意を目指すとともに、国内基準を整備する。そのため、来年度には、これらの基準の基礎となる要素技術として、船内機器等のデータ伝送に係る国際規格を我が国主導で策定するとともに、改正後の海上運送法に基づき、運航効率化のための最先端のデータ伝送技術等を活用した先進船舶が、2025年までに250隻程度で導入されることを目指す。」とされ[17]、未来投資戦略2018では、「造船・海運の国際競争力強化のため、平成37年までの「自動運航船」の実用化に向けて、国際的な議論を日本が主導し、平成35年度中の合意を目指す。船舶の設備等に係る国内基準を先んじて検討するとともに本年度から内航で遠隔操作や自動離着桟などの技術実証を開始する。」「海洋調査や離島物流等への今後の活用が期待される遠隔操縦小型船舶に関する安全ガイドラインを本年度中に策定する。」とされた[18]。いずれにしても、2025年までの自動運航船の本格的実用化を目途としており、それまでに技術面、条約・法令等を含む制度面の進展、整備が求められることになる。

(ii)　国土交通省のロードマップ案[19]

国土交通省は、より具体的にフェーズⅠ～Ⅲから成るロードマップ案を

---

17)　内閣官房「未来投資戦略2017」（2017年6月9日）52頁（https: //www.kantei.go.jp/jp/singi/keizaisaisei/pdf/miraitousi2017_t.pdf）。

18)　内閣官房「未来投資戦略2018」（2018年6月15日）26頁（https: //www.kantei.go.jp/jp/singi/keizaisaisei/pdf/miraitousi2018_zentai.pdf）。

19)　国土交通省・前掲注8）26～29頁、別紙1。

公表している。フェーズⅠは、「船舶のネットワーク環境を活用して各種センサ等のデータを収集・通信する機能や、収集データの分析結果に基づいて最適航路の提案やエンジン異常の通知等の判断を支援する機能が備わった船舶（IoT活用船）」を想定しており、2020年頃までに普及期を迎え、フェーズⅡは「船上機器がシステムとして統合・相互に通信しながら一体的に機能し、高度なデータ解析技術やAI技術によって、船員がとるべき行動の具体的な提案を行い、また判断に必要な情報を視聴覚的に提示する船舶や、陸上から船上機器の直接的操作も可能となる船舶」を想定しているが、「依然として最終意思決定者は船員」であるものとする。このような自動運航船が2025年頃までに普及期を迎え、これ以降の時期はフェーズⅢとして「離着桟や各種の航路交通状況、気象海象条件下でも適切に機能するシステムを有した船舶であって、自律性が高く最終意思決定者が船員でない領域が生じうる船舶」を想定している。そして、このようなフェーズの変化に応じて、基準・制度面でも、内航船から可能な措置から順次整備等の安全要件の見直し等を進め、IMOでの議論をリードしながら外航船についても同様の整備を進めていき、条約や法令の改正等も適宜検討、実施していくと共に、人間からシステムへの権限移譲に係る責任関係の（法的）問題についても検討していくものである。

(iii)　さまざまな研究開発事業や実証事業等[20)]

国土交通省は、海運の安全性向上に資する先進船舶技術研究開発に対して補助金を出すことにより研究開発を促進する事業（先進船舶技術研究開発支援事業）を実施し、平成28年度から平成30年度にかけてのべ23件が採択されている。この中には「船舶の衝突リスクと自律操船に関する研究」事業（日本郵船株式会社を中心とする事業者）など自律運航船に関連する事業も含まれている。

また、海上運送法の改正（2017年4月公布、同年10月より施行）等を行い、

20)　本書では紙幅の都合上日本でのこれら事業等の紹介に留めるが、イギリス、ノルウェー、スウェーデン等のヨーロッパの海洋国やその企業（ロールス・ロイス社、コングスベルグ社、ヤラ・インターナショナル社など）・大学・研究機関等で、大小さまざまな実証実験や実船のプロジェクト等が行われている（また、行われる予定である）。

「液化天然ガスを燃料とする船舶その他の海上運送事業を営む者の運送サービスの質を相当程度向上させることができる先進的な技術を用いた船舶であって国土交通省令で定めるもの」を「先進船舶」として（同法39条の10第1項）、その研究開発、製造および導入の促進を図るための計画認定制度を規定し（同法39条の11）、補助金を定めることにより、IoT活用船や代替燃料船の導入等の促進を図っている。これらの「先進船舶」も自動運航船とリンクするものである。

さらに、自動運航船に関する実証事業として、自動運航船の中心的な機能となる「自動操船機能」「遠隔操船機能」および「自動離着桟機能」に関する実証事業を行うことを企図し、実施者を公募した。その結果、「自動操船機能」には株式会社大島造船所、MHIマリンエンジニアリング株式会社、「遠隔操船機能」には株式会社MTI・一般財団法人日本海事協会・国立研究開発法人海上・港湾・航空技術研究所ほか13社、「自動離着桟機能」には三井E&S造船株式会社・東京海洋大学ほか2社が実施者として決定された[21)]。

実証事業では、実船を用いた試験や各種シミュレーション等を行い安全性の検証に必要なデータを収集するなどして、今後の自動運航船の安全要件の策定の検討等につながっていく予定となっている。

d　自動化（自律化）レベル

自動運転車においては、SAEの自動化レベルが公的にも利用され、標準的となっている。これに対して、自動運航船にはまだ標準的に利用されているようなレベル分けはない[22)]。

これは、自動運航船の開発・導入がまだその端緒に過ぎず、レベル分けについても検討過程であることにもよるが、前述のとおり、自動運転車と異なり自動運航船は単に操縦について手動から自動へのレベル分けを行えば足りるものではなく、複雑多岐な作業等についてそれぞれレベル分けが必要になることから、レベル分けを検討するに当たっても多数の分野にお

21）国土交通省2018年7月25日付ニュースリリース（http://www.mlit.go.jp/report/press/kaiji07_hh_000109.html）。

22）海外でも、たとえばイギリスのロイド船級協会は2016年に6段階の自動化レベル（Accessibility Level 0〜5）を発表したが、標準的となっているわけではない。

ける相応の研究・考察と期間を要せざるを得ないことによるところが大きいと思われる。

前掲注8）2018年6月1日付報告書でも、自動運航船の構成システムと自動化（自律化）レベルをマトリックスで表現しており、構成システムとして「操船・通信系システム」「機関・推進系システム」「防火・安全系システム」「荷役系システム」「離着桟系システム」「居住環境系システム」「サイバーセキュリティ系システム」、各システムに対応する自動化レベルとしてレベル1（船上での意思決定支援）、レベル2（船上及び陸上での意思決定支援）、レベル3（積極的な人間参加型）、レベル4（人間監視型）、レベル5（完全な自律）とレベル分けしている。

前述の海上安全委員会においても、船舶の機能・運用上の「複雑さ」、システムと人間の役割と責任の分担としての「自動化レベル[23)]」、そして「人間の存在（役割）」を要素として考え、自動運転車におけるSAEの自動化レベルを参考にし、システムの設計者があらかじめ定める運用設計領域（ODD）概念の導入も推奨しているようである[24)]。

また、人間とシステムの責任分担については、「完全自動運航（自律）」以外のすべての自動化レベルにおいて、人間がなお全体的な船舶の安全性の責任を負うことが想定されているとの指摘もある。

いずれにしても、前述のとおり、自動化レベルの策定は、自動運航船の実用化に向けた造船等各社の共通のビジョンになるものであり、早期に確定していくことが重要であると思われる。

(5)　今後の法（海法）整備[25)]と保険

自動運転車の法整備の場合、本書でも今まで触れているとおり、主とし

23）　Operator controlled、Automatic、Constrained autonomous、Fully autonomousの4段階に分けられている。

24）　国土交通省・前掲注8）26頁では、ODDは地理、交通状況、天候、時間等のシステムの作動条件を示し、特に操船タスクにおいては考慮する必要があると指摘している。

25）　日本において自動運航船との関連で法整備、法的課題について論じる類書は僅少であるが、最近のものとしては公益財団法人日弁連法務研究財団の研究事業の成果としてまとめられた「自動運航の実現に向けた法的課題 報告書」（2018年6月）が詳しい。

て関連してくるのは国際法においては日本が批准しているジュネーヴ交通条約において、運転者による操縦・操作等を前提とする車両概念に関し、遠隔操縦を含む自動運転車を含められるか否か、含められないとして同条約の改正等を行う必要があるか等の議論であり、後は道路交通法に代表される国内法における同様の議論である。

これに対して、海事に関わる国際法の分野は広く、国際海事条約のみならず海事公法および私法を含めて、多岐にわたる。また、インコタームズのような国際的な自主規則等の役割も重要であり、IMO 等の海事に関わる国連機関での議論や策定事項等も重大な影響を与える。その上で国内法の議論に至るのであり、自動運転車と比較して自動運航船で検討すべき法整備の範囲は非常に広大である。

しかしながら、自動運転車において前述のとおり自動車概念が問題となるように、自動運航船についても船舶概念が問題となり、自動運航船が船舶に該当し、各種条例、法令、規則等の海法の適用を受けることができるのかという同様の問題につながる。

また、特に無人遠隔操縦や完全自律での無人船等において、船舶に特有の船員の存在を前提とする海法において、どのように解釈あるいは改正等が行われるべきかという問題もある。

他方、自動車の場合、自賠法における運行供用者責任の適用や強制保険である自賠責保険による損害賠償・被害者救済のシステムがあり、自動運転車（特に完全自動運転）にもこれらのシステムが原則として維持される方向での議論もなされている。しかしながら、船舶にはこのようなシステムはなく、自動運航船の場合には賠償の責任主体の問題も含めて、法制度および任意保険をどのようなものにすべきかについて課題は大きい。

現在は自動運航の技術面に大きくスポットライトが当てられているが、国土交通省のロードマップ案でも示されているとおり、法整備等の制度面での対応も速やかに議論され対応されていく必要がある。

3　宇宙からつながる自動運転

(1)　準天頂衛星「みちびき」(QZSS：Quasi-Zenith Satellite System)

みちびきは、準天頂軌道の衛星（準天頂衛星）が主体となって構成される日本の衛星測位システム（衛星から発信される電波によって位置情報を計算するシステム）である。スマートフォンなどで利用されている GPS（Global Positioning System, Global Positioning Satellite）も衛星測位システムであるが、GPS はアメリカによって運用される衛星測位システムである[26]。

GPS 衛星は 30 機以上の体制であり、地球全体を対象としているが、日本がエリア対象外であるものや低仰角のものもあり、山間部や高層ビルなどが立ち並ぶ都市部では電波の受信が遮られ、測位精度の低下や測位自体が不可能となる事態もあり、必ずしも使い勝手の良いものではなかった。

そこで日本は、高仰角の準天頂衛星であるみちびき初号機を 2010 年 9 月に打ち上げ、翌 2011 年 9 月には 4 機体制[27]とすることが閣議決定されたことから、さらに 3 機が打ち上げられ、2018 年 11 月から 4 機体制での衛星測位等のサービス提供が開始された[28]。さらに、2023 年度を目途に 7 機体制を確立する予定である[29]。

26)　測位衛星システムは、アメリカの他にもロシアの GLONASS、EU の Galileo（ガリレオ）、中国の BeiDou（北斗）、インドの NavIC がある。地球全体を対象とする衛星測位システムは、GNSS（Global Navigation Satellite System,：全球衛星測位システム）とも呼称される。

27)　三次元位置（東西方向、南北方向、高さ）と受信機時計を未知数として計算するため、合計 4 機の衛星が測位には必要となる。準天頂軌道の衛星が 3 機、静止軌道の衛星が 1 機の体制である。

28)　現在、日本国内のみならずアジア・太平洋地域で広く「みちびき」のサービスが利活用されるために、一般財団法人衛星測位利用促進センターが事務局となる高精度衛星測位サービス利用促進協議会等が中心となって普及・推進活動を行っている。

29)　宇宙基本計画（2016 年 4 月閣議決定）による方針。

(2) みちびきと自動運転・自動運航

現在の4機体制のみちびきでは、GPSと一体となった運用を行うことによって、GPSの補完・補強となり、より安定し精度の高い衛星測位をすることができるようになった。

測位精度との関係では、「サブメータ級測位補強サービス」と「センチメータ級測位補強サービス」とがある。自動運転・自動運航では、数10センチメートルから数センチメートルの精度での測位が適合している。みちびきはこのような高精度の衛星測位サービスを提供することができることから、自動運転車・自動運航船の高精度の位置情報を把握するために、今後大いに利活用が進められることが期待される。

特に自動運航船は自動運転車と異なり、主として海上という「道無き道」を航行していくのであり、衛星測位の持つ意味合いは大きい。これまでのさまざまな位置情報を得る手段が用いられてきたが、宇宙から衛星測位により高精度の位置情報を得られることは、航行中はもちろんのこと、離着桟の際にも自動運航を行うに当たって非常に大きな意味を持ってくるであろう[30)]。

(3) みちびきと農業

高齢化やなり手不足の問題の波は、急速に農業分野にも及んでいる。その主たる原因は日本のいびつな人口構成と人口減少等にあり、即効性のある抜本的解決を図ることは困難である。

そこで、農作業の効率化を高め、労務の軽減を図るとともに、そのような「魅力ある農業」を若年層にもアピールし、新規就農者の増加や農業技術の継承につなげていく必要がある。

そのために、農林水産省では、ロボット技術やICTを活用して、超省力・高品質生産を実現する新たな農業、すなわち「スマート農業」を実現、推進していく政策を採り、同省内にも「スマート農業の実現に向けた研究会」

---

30)　自動離着桟については前述の実証事業の他、国土交通省総合政策局技術政策課が「高精度測位技術を活用した船舶の自動離着桟システムに関する技術開発」を民間への委託業務として進めている。

を2013年に設置し、検討を進めてきた。

このスマート農業において、中核を担うのは自動運転の農業機械（農機）である。そこで、同省では同研究会での検討をふまえて、ほ場（圃場）内やほ場周辺から監視しながら農業機械（ロボット農機）を無人で自動運転（同省では「自動走行」と呼称）させる技術の実用化を見据え、安全性確保のためにメーカーや使用者が遵守すべき事項等を規定した「農業機械の自動走行に関する安全性確保ガイドライン[31]」を2017年3月に策定した[32]（その後2018年3月に一部改正）。

また、「農業機械の安全性確保のための自動化レベル」も検討され、遠隔監視下での無人自動走行を行うレベル3までの自動化レベルが策定されている（次頁の図参照）。同ガイドラインの対象となるのはレベル2に位置づけられる。

このような自動運転を行う農業機械において、高精度な位置情報を提供する衛星測位は極めて重要であり、農業機械自身が自分の位置を正確に把握することで自動運転が可能になると共に、その位置における作業を正確に行うことにより、正しく効率的な農作業を行っていくことが可能になるからである。農作業で最も精度が要求される田植えや播種では5 cm程の高精度が必要とされており[33]、まさしくみちびきのセンチメータ級の測位精度が活用される場面であるといえる。

31）　農林水産省「農業機械の自動走行に関する安全確保ガイドライン」（http://www.maff.go.jp/j/kanbo/kihyo03/gityo/g_smart_nougyo/attach/pdf/index-6.pdf）。

32）　農林水産省ウェブページ「スマート農業の実現に向けた研究会」（http://www.maff.go.jp/j/kanbo/kihyo03/gityo/g_smart_nougyo/）。

33）　JAXAウェブページ「農機のロボット化で日本の農業問題を解決したい」（http://www.jaxa.jp/article/special/michibiki/noguchi_j.html）。

農業機械の安全性確保の自動化レベル（概要）

レベル	名称	内容	
レベル0	手動操作	○走行・作業、非常時の緊急操作など、操作の全てを使用者が手動で実施	
レベル1	使用者が搭乗した状態での自動化	○使用者は農機に搭乗 ○直進走行部分などハンドル操作の一部等を自動化 ○自動化されていない部分の操作は、全て使用者が実施	
レベル2	ほ場内やほ場周辺からの監視下での無人状態での自動走行	○農機は、ロボット技術によって、無人状態で自動走行（ハンドル操作、発進・停止、作業機制御を自動化） ○使用者は、自動走行する農機をほ場内やほ場周辺から常時監視し、危険の判断、非常時の操作を実施 ○基本的に、人検知による自動停止装置の装備等によってリスクを低減	⇒安全確保ガイドラインの対象
レベル3	遠隔監視下での無人状態での自動走行	○農機は、ロボット技術によって、無人状態で、常時全ての操作を実施 ○基本的に農機が周囲を監視して、非常時の停止操作を実施（使用者はモニター等で遠隔監視）	

出典：農林水産省「スマート農業の実現に向けた研究会」第6回研究会配付資料　参考資料1（http://www.maff.go.jp/j/kanbo/kihyo03/gityo/g_smart_nougyo/attach/pdf/kenkyu_kai06-11.pdf）
より詳細な整理表は参考資料2（http://www.maff.go.jp/j/kanbo/kihyo03/gityo/g_smart_nougyo/attach/pdf/kenkyu_kai06-10.pdf）

4　これからの自動運転社会

本章ではこれまで、自動運転車以外の自動運転として代表的な自動運航船とこれからの自動運転・自動運航に欠かせない高精度な衛星測位を行う準天頂衛星「みちびき」について取り上げてきた。

自動運転の波は、自動車や船舶にとどまらない。すでにオートパイロットによる運用が長く行われ、ある意味自動運転の最先端であった航空機においても、「無人」という観点において、小型ドローンの普及から大型航空機の「無人」での完全自動運転の技術開発まで進められている。

また、軌道上を走行する電車でも、「無人」運転の観点から、完全自動運転の技術開発が進められている。

自動車についても、自動運転技術と相まって、「空飛ぶ車」の実現が模索されているが、航空法による規制との関係など、まだまだハードルは高いと言われている。

しかし、いずれにしても、あらゆるモビリティが「自動運転」というキーワードでつながり、大きな変革を迎えようとしている。技術と法律・制度が両輪となって、これからの自動運転社会の実現に向けて、なお歩みを進めて行かなければならない。

（柴山将一）

執筆者紹介

監　修

明治大学自動運転社会総合研究所

自動運転・法的インフラ研究会を母体として2018年4月に設立。法律・技術・保険・地方創生の4部門を柱に相互に連携しつつ、自動運転社会の進展に向けた研究および内外の研究成果の結節点としての活動等を展開している。

編　者

中山幸二（なかやま・こうじ）　第Ⅰ部第1章執筆

明治大学専門職大学院法務研究科専任教授。明治大学自動運転社会総合研究所所長。明治大学法科大学院医事法センター長。公益財団法人自動車製造物責任相談センター審査委員会委員長。日本民事訴訟法学会理事、仲裁ADR法学会理事、法科大学院協会事務局長、経済産業省「久米島町ロボットモビリティプロジェクト」有識者会議委員、同省「自動走行の安全に係るガイドライン及びデータベース利活用検討会」有識者会議委員、日本学術会議・総合工学「車の自動運転検討小委員会」委員、経済産業省・国土交通省委託事業「高度な自動走行の社会実装に向けた研究開発・実証事業（自動走行の民事上の責任及び社会受容性に関する研究）」有識者会議・顧問および2017年度模擬裁判WG主査などを歴任。主に模擬裁判の手法を用いて、技術と法律の架橋を目指し、自動運転の法整備に向けた活動を行っている。

中林真理子（なかばやし・まりこ）　第Ⅱ部第3章執筆

明治大学商学部教授。2002年明治大学大学院商学研究科博士後期課程修了（博士（商学））。専門は保険学、リスクマネジメント。明治大学自動運転社会総合研究所主席所員・部門長（保険）。「自動車保険加入時のリスク認知に関する調査（再考）――リスク情報提供と規制の在り方をめぐって」損害保険研究77巻3号（共著）（2015）の他、企業のリスクとしての倫理的課題についての考察を中心に多数論文を発表。2018年より自動運転社会総合研究所で保険部門の代表として研究に従事。日本保険学会理事長、金融庁「自動車損害賠償責任保険審議会」委員、アジア太平洋リスク保険学会（APRIA）前会長など、国内外で広く活躍している。

柳川鋭士（やながわ・えいじ）　第Ⅰ部第２章執筆

明治大学法学部専任講師・弁護士。明治大学自動運転社会総合研究所上級所員。1997年同大学法学部卒業、2008年東京理科大学工学部第二部電気工学科卒業、2012年ジョージタウン大学ローセンター卒業（LL.M.）。2001年弁護士登録（第一東京弁護士会）。外立総合法律事務所（アソシエイト）、渥美総合法律事務所・外国法共同事業（現渥美坂井法律事務所・外国法共同事業）および間宮総合法律事務所（現スクワイヤ外国法共同事業法律事務所）（パートナー）において企業間訴訟を含む企業法務に従事し、2014年より明治大学法学部専任講師、東京桜橋法律事務所客員弁護士。2017年度経済産業省・国土交通省委託事業「高度な自動走行の社会実装に向けた研究開発・実証事業（自動走行の民事上の責任及び社会受容性に関する研究）」模擬裁判WG委員。「民事訴訟手続における電子証拠の原本性と真正性――米国におけるデジタル・フォレンジックの活用場面を参考にして」情報ネットワーク・ローレビュー17巻（2019）、「民事訴訟手続における証拠保存義務――訴え提起前の証拠保存義務を中心として」法論88巻2・3合併号（2015）の他証拠法および審理過程の問題を中心に研究活動を行っている。

柴山将一（しばやま・しょういち）　序・第Ⅴ部第３章執筆

弁護士。日本橋柴山法律事務所代表。東京簡易裁判所民事調停官（非常勤裁判官）。明治大学自動運転社会総合研究所特任主席所員・部門長（船舶等自動運転）。慶應義塾大学総合政策学部卒業後、会社勤務・経営等を経て、明治大学大学院法務研究科法務専攻修了。2008年弁護士登録（第二東京弁護士会）。企業法務全般、保険・交通関連事件を中心とした一般民事事件、家事事件、破産・倒産、刑事事件等幅広い案件に従事。同弁護士会災害対策委員会等の委員を歴任。明治大学法制研究所法律専門職講師。2017年度経済産業省・国土交通省委託事業「高度な自動走行の社会実装に向けた研究開発・実証事業（自動走行の民事上の責任及び社会受容性に関する研究）」模擬裁判WG委員。主な著作として、『業種別ビジネス契約書作成マニュアル』（共編著）（日本加除出版、2015）、『インターネット新時代の法律実務Q&A〔第３版〕』（共編著）（日本加除出版、2017）、『AIビジネスの法律実務』（共著）（日本加除出版、2017）。自動運転社会総合研究所では、陸上のみならず海・空・宇宙と自動運転の関わりについても中心となって研究している。

執筆者

肥塚肇雄（こえづか・ただお）　第Ⅱ部第2章執筆

香川大学法学部教授。小早川法律事務所客員弁護士。明治大学自動運転社会総合研究所客員所員。中央大学法学部法律学科卒、早稲田大学大学院法学研究科修士課程修了、慶應義塾大学大学院法学研究科後期博士課程単位取得満期退学、University of Connecticut, School of Law, Insurance Law Center, LLM in Insurance Law Program, completed、博士（法学、慶應義塾大学）、LLM in Insurance Law（UConn）。下関市立大学経済学部専任講師、助教授、教授を経て香川大学法学部助教授、准教授、教授。経済産業省・国土交通省委託事業「高度な自動走行の社会実装に向けた研究開発・実証事業（自動走行の民事上の責任及び社会受容性に関する研究）」有識者会議および論点整理WG各委員。自動運転車およびMaaS等と保険に関する研究に従事している。

後藤　大（ごとう・だい）　第Ⅴ部第1章執筆

弁護士。晴海パートナーズ法律事務所マネージングパートナー。明治大学自動運転社会総合研究所客員所員。2017年度経済産業省・国土交通省委託事業「高度な自動走行の社会実装に向けた研究開発・実証事業（自動走行の民事上の責任及び社会受容性に関する研究）」模擬裁判WG委員。東京弁護士会リーガルサービスジョイントセンターAI部会長・東京弁護士会AI研究部長。AIに関する法的課題について多数のセミナー講師を務める。日本弁護士連合会業務改革委員会幹事（IT問題PT）。一般社団法人日本ディープラーニング協会公共政策委員会委員。明星大学情報学部非常勤講師。2017年より東京大学産学連携ベンチャー育成プログラムEdgeNEXTメンター。

佐藤昌之（さとう・まさゆき）　第Ⅵ部第2章執筆

明治大学自動運転社会総合研究所特任主席所員。早稲田大学法学部卒業後、本田技研工業株式会社入社。法務部に所属し、会社法務各領域を順次担当。この間欧州および米国に駐在、ECダンピング、米国PL訴訟等を担当。以降新設された情報セキュリティ部門およびコーポレートガバナンス部門のマネージャーならびに総務課長を歴任。その後公益財団法人自動車製造物責任相談センター事務局長、特定非営利活動法人ITS Japan理事、2017年度経済産業省・国土交通省委託事業「高度な自動走行の社会実装に向けた研究開発・実証事業（自動走行の民事上の責任及び社会受容性に関する研究）」模擬裁判WG委員を経て現在は一般社団法人日本ADR協会理事、ITS Japan法務主査、明治大学自動運転社会総合研究所特任主席所員等を兼任し、ITS・自動運転にかかる諸問題の解決に資する活動を進めている。

柴田　龍（しばた・りょう）　第Ⅳ部第１章執筆

立正大学法学部准教授。明治大学自動運転社会総合研究所客員所員。専門は民法（主に不法行為法）。明治大学法学部卒業、明治大学大学院法学研究科博士後期課程単位取得満期退学。明治大学法学部専任助手、明治大学法科大学院教育補助講師などを経て現職。2017年度経済産業省・国土交通省委託事業「高度な自動走行の社会実装に向けた研究開発・実証事業（自動走行の民事上の責任及び社会受容性に関する研究）」模擬裁判WG委員。主な著作に「第3次不法行為法リステイトメントにおける予見可能性の機能」『民事責任の法理——円谷峻先生古稀祝賀論文集』（成文堂、2015）、「過失不法行為における義務付けとしての引受けと政策的考慮——イギリスにおける『責任の引受け』概念を中心に」立正法学50巻2号（2017）などがある。

大良美徳（だいら・よしのり）　第Ⅱ部第１章執筆

一般社団法人日本損害保険協会業務企画部自動車・海上グループ係長。明治大学自動運転社会総合研究所客員所員。明治大学法学部卒業後、2010年一般社団法人日本損害保険協会（業務運営部企画グループ）入職。2014年株式会社損害保険ジャパンに出向。2016年一般社団法人日本損害保険協会（業務企画部自動車・海上グループ）帰任。

中川由賀（なかがわ・ゆか）　第Ⅲ部第１章執筆

中京大学法学部教授。名古屋大学未来社会創造機構客員教授。中川法律経営事務所弁護士。明治大学自動運転社会総合研究所客員所員。慶應義塾大学法学部法律学科卒業。15年間検事として多数の交通事件を含む刑事事件の捜査公判に従事。2015年弁護士登録。2017年度経済産業省・国土交通省委託事業「高度な自動走行の社会実装に向けた研究開発・実証事業（自動走行の民事上の責任及び社会受容性に関する研究）」模擬裁判WG委員。現在、自動運転に関する法律問題の研究に取り組み、論文発表等のほか、webサイト「自動運転と法律の資料室」にて情報発信している。

吉田直可（よしだ・なおよし）　第Ⅴ部第２章執筆

弁護士。法律事務所愛宕山代表。明治大学自動運転社会総合研究所特任主席所員・部門長（実装化）。学校法人成蹊大学法科大学院非常勤講師。サイバー大学特任講師。学校法人明星学苑明星大学非常勤講師。情報ネットワーク法学会所属。一般社団法人電子情報技術産業協会「自動走行システム研究会」オブザーバー。2017年度経済産業省・国土交通省委託事業「高度な自動走行の社会実装に向けた研究開発・実証事業（自動走行の民事上の責任及び社会受容性に関する研究）」模擬裁判WG委員。主な著作として、『企業のための情報セキュリティ』（共著）（レクシスネクシスジャパン、2013）、『証拠収集実務マニュアル〔第３版〕』（共著）（ぎょうせい、2017）。自動運転社会総合研究所では、内外多数の関係者が参加する社会実装化研究会を主宰すると共に医療 AI についても普及に向けた活動を進めている。

自動運転と社会変革
——法と保険

2019年７月23日　初版第１刷発行

監　　修　明治大学自動運転社会総合研究所

編　　者　中　山　幸　二　　中　林　真理子
　　　　　柳　川　鋭　士　　柴　山　将　一

発 行 者　小　宮　慶　太

発 行 所　株式会社 商　事　法　務

〒103-0025 東京都中央区日本橋茅場町3-9-10
TEL 03-5614-5643・FAX 03-3664-8844〔営業部〕
TEL 03-5614-5649〔書籍出版部〕
https://www.shojihomu.co.jp/

落丁・乱丁本はお取り替えいたします。　印刷／三報社印刷㈱

ISBN978-4-7857-2728-4
＊定価はカバーに表示してあります。